华图教育 SINCE 2001 HUATU.COM

华图卓坤——专注医考，精于辅导

考试项目 医疗事业单位 健康管理师 护士资格考试 执业医师考试 执业药师考试 护士职称考试 医学考研 主治医师

图书资料 辅导教材+真题集+习题集+密卷+模拟卷

U0888784

关注我们
医考路上
你我同行

卫人机考
百万医考人
共同的选择

军队文职笔试课程

课程名称	授课内容	授课时长	课程特色	增值服务
军队文职【笔试特训营】	公共科目（基础知识+岗位能力）+N个专业科目	公共科目：21天6晚 专业科目：专业突破N天+专业密训N天	模块深度精讲，夯实基础 大纲考点覆盖，突出重点 强化解题技巧，攻克难点	1.赠送3次线上公共科目套卷模考+1次专业科目套卷模考 2.赠送线上公共科目模块刷题30讲

新浪微博

微信公众平台

扫码关注华图军队文职官方平台

获取更多军队文职招考资讯和课程详情

军队文职笔试
一元大礼包

银行业专业人员初级职业资格考试专用教材

2020
新大纲版

公司信贷

华图银行业专业人员初级职业资格考试研究中心 编著

中国社会科学出版社

图书在版编目(CIP)数据

公司信贷/华图银行业专业人员初级职业资格考试研究中心编著.—北京：中国社会科学出版社，2018.1(2019.12重印)

银行业专业人员初级职业资格考试专用教材

ISBN 978-7-5203-2083-2

Ⅰ.①公… Ⅱ.①华… Ⅲ.①信贷—银行业务—中国—资格考试—自学参考资料 Ⅳ.①F832.4

中国版本图书馆CIP数据核字(2018)第026607号

出版人 赵剑英
责任编辑 黄 山
责任校对 张 敏
责任印制 王 超

出版发行 中国社会科学出版社
社 址 北京鼓楼西大街甲158号(邮编100720)
网 址 http://www.csspw.com.cn
中文域名:中国社科网 010－64070619
发行部 010－84083685
门市部 010－84029450
经 销 新华书店及其他书店

印刷装订 天津市蓟县宏图印务有限公司
版 次 2018年1月第1版
印 次 2019年12月第3次印刷

开 本 787×1092 1/16
印 张 14.5
插 页 0
字 数 362千字
定 价 43.00元

前言

银行业专业人员初级职业资格考试每年举行两次，分别在第二、第四季度举行。考试采用计算机闭卷答题方式。考试科目为《银行业法律法规与综合能力》和《银行业专业实务》。其中，《银行业专业实务》下设《个人理财》《风险管理》《公司信贷》《个人贷款》《银行管理》五个专业类别，考生可任意选择其中一科。考试题型全部为客观题，包括单选题、多选题和判断题。

针对这一变化，本书编委会特邀专家、学者严格依据新版考试大纲，编写了《银行业专业人员初级职业资格考试专用教材》系列丛书，力图帮助考生掌握复习重点，提高复习效率，顺利通过考试。

◆考点精讲

对考试内容及考试特点进行精析、归纳和总结。考点覆盖全面，讲解细致

考点精讲

一、公司信贷理论的发展(★★★)

公司信贷理论的发展大体上经历了真实票据理论、资产转换理论、预期收入理论和超货币供给理论等四个阶段。

◆知识点拨

解析考试重难点，帮助考生加深理解、巩固记忆

贷前调查的主要对象就是借款人、保证人、抵(质)押人、抵(质)押物等。业务人员在开展贷前调查工作时，应围绕这些具体对象从以下方面入手进行全面调查，特别是对贷款合法合规性、安全性和效益性等方面进行调查。

知识点拨

贷前调查是银行发放贷款前最重要的一环，也是贷款发放后能否如数按期收回的关键。

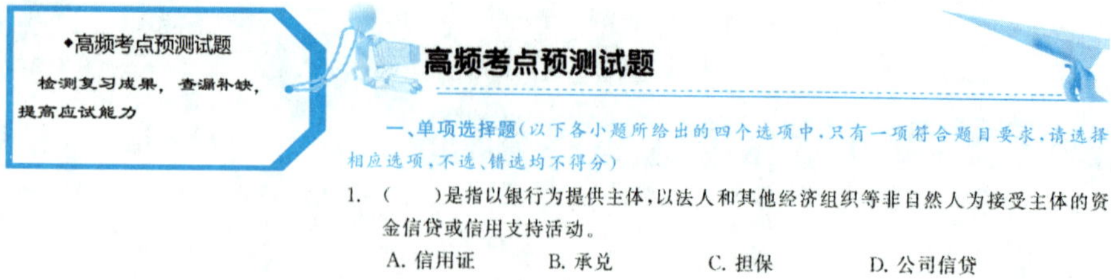

◆高频考点预测试题

检测复习成果，查漏补缺，提高应试能力

高频考点预测试题

一、单项选择题(以下各小题所给出的四个选项中，只有一项符合题目要求，请选择相应选项，不选、错选均不得分)

1. (　　)是指以银行为提供主体，以法人和其他经济组织等非自然人为接受主体的资金信贷或信用支持活动。

A. 信用证　　B. 承兑　　C. 担保　　D. 公司信贷

书中若存在疏漏之处，欢迎广大考生批评指正。预祝广大考生顺利通过考试！

编委会

目录

第一章 公司信贷概述

视频内容：本章考点串讲

扫描二维码，**免费**观看精讲视频，助您轻松高效备考！

视频精讲

思维导图

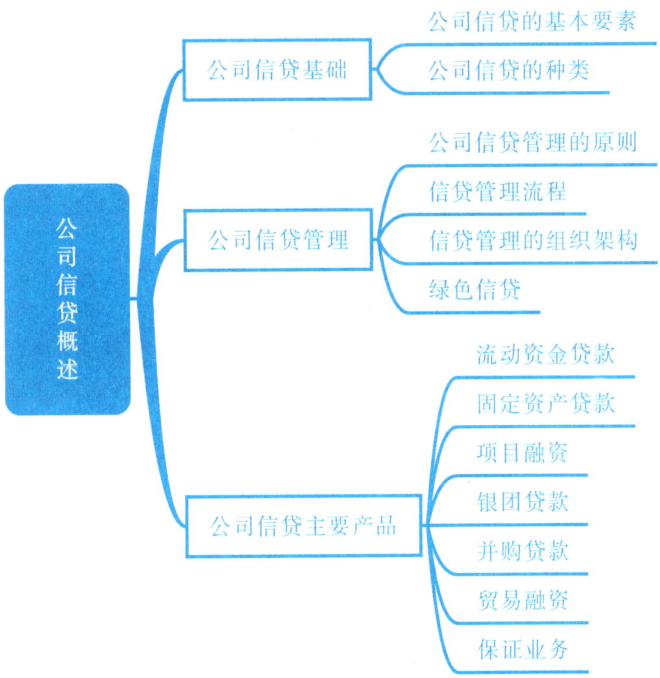

第一节　公司信贷基础

考点精讲

公司信贷是指以银行为提供主体，以法人和其他经济组织等非自然人为接受主体的资金借贷或信用支持活动，主要包括贷款、担保、承兑、信用证、信贷承诺等。

一、公司信贷的基本要素(★★★)

公司信贷的基本要素主要包括交易对象、信贷产品、信贷金额、信贷期限、贷款利率和费率、还款方式、担保方式和约束条件等。

(一)交易对象

公司信贷业务的交易对象包括银行和银行的交易对手，银行的交易对手主要是经工商行政管理机关(或主管机关)核准登记，拥有工商行政管理部门颁发的营业执照的企业法人、事业单位登记管理机关颁发事业单位法人证书的事业法人和其他经济组织等。

(二)信贷产品

信贷产品是指特定产品要素组合下的信贷服务品种，主要包括**贷款、担保、承兑、保函、信用证**等。

(三)信贷金额

信贷金额是指银行向借款人提供的以货币计量的信贷产品数额。

(四)信贷期限

1.信贷期限的概念

信贷期限有广义和狭义两种。广义的信贷期限是指银行承诺向借款人提供以货币计量的信贷产品的整个期间，即从签订合同到合同结束的整个期间。通常分为：①**提款期**，是指从借款合同生效之日起，至合同规定贷款金额全部提款完毕之日为止，或最后一次提款之日为止，期间借款人可按照合同约定分次提款；②**宽限期**，是指从贷款提款完毕之日开始，或最后一次提款之日开始，至第一个还本付息之日为止，介于提款期和还款期之间；③**还款期**，是指从借款合同规定的第一次还款日起至全部本息清偿日止的期间。狭义的信贷期限是指从具体信贷产品发放到约定的最后还款或清偿的期限。

2.《贷款通则》有关期限的相关规定

(1)贷款期限根据借款人的生产经营周期、还款能力和银行的资金供给能力由借贷双方共同商议后确定，并在借款合同中载明。

(2)自营贷款期限最长一般不得超过**10 年**,超过 10 年应当报中国人民银行备案。

(3)纸质票据贴现的期限最长不得超过**6 个月**,贴现期限为从贴现之日起到票据到期日止。

(4)不能按期归还贷款的,借款人应当在贷款到期日之前,向银行申请贷款展期,是否展期由银行决定。

(5)短期贷款展期期限累计不得超过原贷款期限;中期贷款展期期限累计不得超过原贷款期限的一半;长期贷款展期期限累计不得超过**3 年**。

3.电子票据的期限

电子票据较传统纸质票据,实现了以数据电文形式代替原有纸质实物票据、以电子签名取代实体签章、以网络传输取代人工传递、以计算机录入代替手工书写等变化,其**期限延长至 1 年**,使企业融资期限安排更加灵活。

(五)贷款利率和信贷中间业务费率

1.贷款利率

贷款利率即借款人使用贷款时支付的资金价格。贷款利率的种类有:①根据贷款币种的不同,分为本币贷款利率和外币贷款利率;②按照借贷关系持续期内利率水平是否变动,分为固定利率和浮动利率;③法定利率、行业公定利率和市场利率。

基准利率是被用做定价基础的标准利率,**被用做基准利率的利率包括市场利率、法定利率和行业公定利率。**具体贷款中,通常执行的浮动利率采用基准利率基础上确定浮动比例方式,**我国中央银行公布的贷款基准利率是法定利率。**

人民币贷款利率应符合中国人民银行《人民币利率管理规定》(银发〔1999〕77 号)及《关于人民币贷款利率有关问题的通知》(银发〔2003〕251 号)等相关规定,人民币公司贷款的计息和结息方式,由借贷双方协商确定。

短期贷款利率(期限在 1 年以下,含 1 年),按贷款合同签订日的相应档次的法定贷款利率及借贷双方共同商定的浮动比例计息。

中、长期贷款(期限在 1 年以上)利率根据贷款合同确定的期限,按贷款合同生效日相应档次的法定贷款利率及借贷双方共同商定的浮动比例计息,合同期内贷款利率调整由借贷双方按商业原则确定,可在合同期内按月、按季、按年调整,也可采用固定利率的确定方式。

差别利率是对不同种类、不同期限、不同用途的存、贷款所规定的不同水平的利率,差别利率的总和构成利率结构。

利率一般有日利率、月利率和年利率。日利率也称为日息率,以日为计息期,一般按本金的万分比表示;月利率也称为月息率,以月为计息期,一般按本金的千分比表示;年利率也称为年息率,以年为计息期,一般按本金的百分比表示。

按照是否计算复利,计息方式可以分为单利计息和复利计息。**单利计息是指在计息周期内对已计算未支付的利息不计收利息。复利计息是指在计息周期内对已计算未支**

付的利息计收利息。按照计息周期的长短，通常可以分为按日计息、按月计息、按季计息和按年计息四种。

2.信贷中间业务费率

公司信贷中的中间业务收费主要包括担保费、承诺费、承兑费、银团安排费、开证费等，费率一般以信贷业务金额为基数按一定比率计算。

(六)还款方式

还款方式一般分为一次性还款和分次还款，分次还款又分定额还款和不定额还款两种方式。定额还款包括等额还款和约定还款，其中**等额还款通常包括等额本金还款和等额本息还款等方式。**

(七)担保方式

担保是指借款人无力或未按照约定按时还本付息或支付有关费用时贷款的第二还款来源，是审查贷款项目最主要的因素之一。按照我国《担保法》的有关规定，**担保方式包括：保证、抵押、质押、定金和留置五种方式。**其中，保证、抵押、质押是公司信贷中最常用的担保方式。

(八)约束条件

①**提款条件**主要包括：合法授权、政府批准、资本金要求、监管条件落实、其他提款条件。

②**持续维护条件**主要包括：财务维持、股权维持、信息交流、其他持续维护条件。

二、公司信贷的种类(★★★)

(一)按货币种类划分

按照币种不同，贷款可以分为人民币贷款和外汇贷款。人民币贷款是指以我国的法定货币(即人民币)为借贷货币的贷款；外汇贷款是指以外汇作为借贷货币的贷款。现有的外汇贷款币种有美元、港元、日元、英镑和欧元。

(二)按贷款期限划分

按照期限不同，贷款可以分为短期贷款、中期贷款和长期贷款三类。

①短期贷款是指贷款期限在1年以内(含1年)的贷款。

②**中期贷款是指贷款期限在1年以上(不含1年)5年以下(含5年)的贷款。**

③长期贷款是指贷款期限在5年(不含5年)以上的贷款。

(三)按贷款经营模式划分

1.自营贷款

自营贷款是指银行以合法方式筹集的资金自主发放的贷款，**其风险由银行承担，**并由银行收回本金和利息。

2.特定贷款

特定贷款是指**国务院批准**并对贷款可能造成的损失确定相应补救措施后责成银行发放的贷款。

3.委托贷款

委托贷款是指**政府部门、企事业单位及个人等委托人提供资金**，由银行(受托人)根据委托人确定的贷款对象、用途、金额、期限、利率等代为发放、监督使用并协助收回的贷款。委托贷款的风险由委托人承担，银行(受托人)只收取手续费，不承担贷款风险，不代垫资金。

(四)按贷款偿还方式划分

1.一次还清贷款

一次还清贷款是指借款人在贷款到期时一次性还清贷款本息。短期贷款通常采取一次还清贷款的还款方式。

2.分期偿还贷款

分期偿还贷款是指借款人与银行约定在贷款期限内分若干期偿还贷款本金。**中长期贷款采用分期偿还方式。**

(五)按贷款利率划分

1.固定利率贷款

固定利率贷款是指在贷款合同签订时即设定好固定的利率，在贷款合同期内，借款人都按照固定的利率支付利息，不需要“随行就市”。

2.浮动利率贷款

浮动利率贷款是指贷款利率在贷款期限内随市场利率或法定利率波动按约定时间和方法自动进行调整的贷款。

(六)按贷款担保方式划分

1.抵押贷款

抵押贷款是指以借款人或第三人财产作为抵押发放的贷款。如果借款人不能按期归还贷款本息，银行将行使抵押权，处理抵押物以收回贷款。

2.质押贷款

质押贷款是指**以借款人或第三人的动产或权利作为质押物**发放的贷款。

3.保证贷款

保证贷款是指以第三人承诺在借款人不能偿还贷款时，按约定**承担一般保证责任或者连带保证责任**而发放的贷款。银行一般要求保证人提供连带责任保证。

4.信用贷款

信用贷款是指凭借款人信誉发放的贷款。其最大特点是**不需要保证和抵质押等担保**，仅凭借款人的信用就可以取得贷款。

(七)按是否计入资产负债表划分

1.表内业务

公司信贷的表内业务主要包括贷款和票据贴现。

贷款是指商业银行或其他信用机构以一定的利率和按期归还为条件,将货币资金使用权转让给其他资金需求者的信用活动。票据贴现是指银行应客户的要求,买进其未到付款日期的票据,并向客户收取一定的利息的业务。贴现业务形式上是票据的买卖,但实际上是信贷业务。

2.表外业务

公司信贷的表外业务主要包括保证、承兑和信用证。

保证是银行根据申请人要求,向受益人承诺申请人不履行债务等责任或符合约定条件时,银行按照约定以支付一定货币的方式履行债务或者承担责任的行为。承兑是银行在商业汇票上签章承诺按出票人指示到期付款的行为。信用证是一种由开证银行根据信用证相关法律规范应申请人要求并按其指示向受益人开立的载有一定金额的、在一定期限内凭符合规定的单据付款的书面文件。

第二节　公司信贷管理

考点精讲

一、公司信贷管理的原则(★★)

(一)全流程管理原则

全流程贷款管理原则强调,要将有效的信贷风险管理行为贯穿到贷款生命周期中的每一个环节。强调贷款全流程管理,可以推动银行业金融机构传统贷款管理模式的转型,**真正实现贷款管理模式由粗放型向精细化的转变**,有助于提高银行业金融机构贷款风险管理的有效性及贷款质量,提升银行业金融机构信贷资产的精细化管理水平。

(二)诚信申贷原则

诚信申贷主要包含两层含义:**一是借款人恪守诚实守信原则**,按照贷款人要求的具体方式和内容提供贷款申请材料,并且承诺所提供材料是真实、完整、有效的;**二是借款人应证明其信用记录良好、贷款用途和还款来源明确合法等。**

(三)协议承诺原则

协议承诺原则要求**银行业金融机构作为贷款人**,应与借款人乃至其他相关各方通过签订完备的贷款合同等协议文件,规范各方有关行为,明确各方权利义务,调整各方法律关系,明确各方法律责任。

(四)贷放分控原则

贷放分控是指**银行业金融机构将贷款审批与贷款发放作为两个独立的业务环节,分别管理和控制**,以达到降低信贷业务操作风险的目的。推行贷放分控,一方面可以加强商业银行的内部控制,防范操作风险;另一方面可以践行全流程管理的理念,建设流程银行,提高专业化操作,强调各部门和岗位之间的有效制约,避免前台部门权力过于集中。

(五)实贷实付原则

实贷实付是指银行业金融机构根据借款人的有效贷款需求,主要通过贷款人受托支付的方式,将贷款资金支付给符合合同约定的借款人交易对象的过程。**实贷实付原则的关键是让借款人按照贷款合同的约定用途使用贷款资金,减少贷款挪用的风险。**

(六)贷后管理原则

贷后管理是指商业银行在贷款发放以后所开展的信贷风险管理工作。贷后管理原则的主要内容是:监督贷款资金按用途使用;对借款人账户进行监控;强调借款合同的相关约定对贷后管理工作的指导性和约束性;明确贷款人按照监管要求进行贷后管理的法律责任。

二、信贷管理流程(★★)

科学合理的信贷业务管理过程实质上是规避风险、获取效益,以确保信贷资金的安全性、流动性、盈利性的过程。一般来说,一笔贷款的管理流程分为九个环节。

表 1-1　信贷管理流程

流程环节	具体内容
贷款申请	借款人需用贷款资金时,应按照贷款人要求的方式和内容提出贷款申请,并恪守诚实守信原则,承诺所提供材料的真实、完整、有效
	申请基本内容:借款人名称、企业性质、经营范围,申请贷款的种类、期限、金额、方式、用途,用款计划,还本付息计划等,并根据贷款人要求提供其他相关资料
受理与调查	银行业金融机构在接到借款人的借款申请后,应由分管客户关系管理的信贷员采用有效方式收集借款人的信息,对其资质、信用状况、财务状况、经营情况等进行调查分析,评定资信等级,评估项目效益和还本付息能力
	信贷员根据调查内容撰写书面报告,提出调查结论和信贷意见报公司业务经营部门及所在机构分管领导审核

续表

流程环节	具体内容
审查及风险评价	银行业金融机构信贷人员将调查结论和初步贷款意见经所在机构分管领导审核同意后提交负责审查或风险评价的部门，由审查或风险评价部门对贷前调查报告等贷款申报资料进行全面审查，依据相关规则标准，对借款人情况、信贷方案、还款来源、担保情况等进行全面风险评价，并提出审查评价意见供有权审批人员决策。风险评价隶属于贷款决策过程，是贷款全流程管理中的关键环节之一
贷款审批	银行业金融机构要按照“审贷分离、分级审批”的原则由有权审批人员对信贷资金的投向、金额、期限、利率等贷款内容和条件进行最终决策，签署审批意见
合同签订	合同签订强调协议承诺原则
	基本内容：金额、期限、利率、借款种类、用途、支付、还款保障、违约条款及风险处置等要素和有关细节
贷款发放	贷款人应设立独立的责任部门或岗位，负责贷款发放审核
贷款支付	贷款人应设立独立的责任部门或岗位，负责贷款支付审核和支付操作
贷后管理	贷后管理是银行业金融机构在贷款发放后对合同执行情况及借款人经营管理情况进行检查或监控的信贷管理行为
贷款回收与处置	贷款回收与处置直接关系到银行业金融机构预期收益的实现和信贷资金的安全，贷款到期按合同约定足额归还本息，是借款人履行借款合同、维护信用关系当事人各方权益的基本要求
	做好信贷档案管理

三、信贷管理的组织架构(★★)

表 1-2　　商业银行信贷业务经营管理组织架构

董事会及其专门委员会	董事会是商业银行的最高风险管理和决策机构，承担商业银行风险管理的最终责任，负责审批风险管理的战略政策，确定商业银行可以承受的总体风险水平，确保商业银行能够有效识别、计量、监测和控制各项业务所承担的各种风险
	董事会通常下设风险委员会，审定风险管理战略，审查重大风险活动，对管理层和职能部门履行风险管理和内部控制职责的情况进行定期评估，并提出改进要求
监事会	监事会是我国商业银行所特有的监督部门，对股东大会负责，从事商业银行内部尽职监督、财务监督、内部控制监督等工作

高级管理层	高级管理层的主要职责是执行风险管理政策，制定风险管理的程序和操作规程，及时了解风险水平及其管理状况，并确保商业银行具备足够的人力、物力和恰当的组织结构、管理信息系统及技术水平，以有效地识别、计量、监测和控制各项业务所承担的各项风险
信贷业务前中后台部门	信贷前台部门负责客户营销和维护，也是银行的“利润中心”，如公司业务部门、个人贷款业务部门
	信贷中台部门负责贷款风险的管理和控制，如信贷审批及管理部门、风险管理部门、合规部门、授信执行部门等
	信贷后台部门负责信贷业务的配套支持和保障，如财务会计部门、稽核部门、IT 部门等
	按照贷款新规的要求，商业银行应确保其前、中、后台各部门的独立性，前、中、后台均应设立“防火墙”，确保操作过程的独立性

四、绿色信贷(★)

近些年来，监管机构对银行业金融机构绿色信贷的指导和要求日益健全和完善。2012 年原银监会下发了《绿色信贷指引》，对银行业金融机构开展绿色信贷提出了明确要求。银行业金融机构需要明确绿色信贷的支持方向和重点领域，实行有差别、动态的授信政策，实施风险敞口管理机制；建立健全绿色信贷标识和统计制度，完善相关信贷管理系统；在授信流程中强化环境风险和社会风险管理。

2013 年，原银监会发布了《关于绿色信贷工作的意见》，主要是对《绿色信贷指引》的具体落实。2014 年，原银监会又发布了《绿色信贷实施情况关键评价指标》，要求各银行对照绿色信贷实施情况关键评价指标，认真组织开展本机构绿色信贷实施情况自评价工作。2015 年，原银监会与国家发展改革委联合印发《能效信贷指引》，鼓励和指导银行业金融机构积极开展能效信贷业务。

能效信贷是指银行业金融机构为支持用能单位提高能源利用效率、降低能源消耗而提供的信贷融资。《能效信贷指引》从能效项目特点、能效信贷业务重点、业务准入、风险审查要点、流程管理、产品创新等方面，提出具有可操作性的指导意见，通过专业化、针对性的业务创新和风险管控要求，为银行业金融机构提升产业服务水平提供了指导和帮助。

知识点拨

银行业金融机构应至少每 2 年开展一次绿色信贷的全面评估工作，并向银行业监管机构报送自我评估报告。还需建立绿色信贷考核评价和奖惩体系，公开绿色信贷战略、政策及绿色信贷发展情况。

第三节 公司信贷主要产品

考点精讲

一、流动资金贷款(★★★)

表 1-3 流动资金贷款

<table>
<tr><td>定义</td><td colspan="2">是指贷款人向企(事)业法人或国家规定可以作为借款人的其他组织发放的用于借款人日常生产经营周转的本外币贷款</td></tr>
<tr><td>用途</td><td colspan="2">满足借款人日常生产经营周转资金需要,贷款人应根据借款人生产经营的规模和周期特点,合理设定流动资金贷款的额度及业务期限,以满足借款人生产经营的合理资金需求,实现对贷款资金回笼的有效控制</td></tr>
<tr><td rowspan="3">按具体用途及还款来源分类</td><td>一般周转类流动资金贷款</td><td>还款来源通常为借款人的综合经营现金流,贷款期限通常与借款人生产经营周期相匹配</td></tr>
<tr><td rowspan="2">专项流动资金贷款</td><td>为满足某笔特定经营业务资金需求</td></tr>
<tr><td>还款来源主要为所支持特定业务的销售回笼资金,期限通常与该业务的资金回笼时间相匹配,具有自偿性特征</td></tr>
</table>

二、固定资产贷款(★★★)

表 1-4 固定资产贷款

<table>
<tr><td>定义</td><td colspan="2">是指贷款人向企(事)业法人或国家规定可以作为借款人的其他组织发放的,用于借款人固定资产投资的本外币贷款</td></tr>
<tr><td>用途</td><td colspan="2">满足借款人固定资产投资的资金需要,用途具体明确;
固定资产投资是建造或购置固定资产的活动</td></tr>
<tr><td rowspan="2">按所支持固定资产投资性质差异分类</td><td>基本建设贷款</td><td>用于支持以外延扩大再生产为主的新建或扩建固定资产项目建设</td></tr>
<tr><td>技术改造贷款</td><td>用于支持借款人以内涵扩大再生产或扩大产品品种、提高产品品质及生产效率为目的对原有固定资产设施进行更新和技术改造</td></tr>
<tr><td>还款来源</td><td colspan="2">通常为所支持固定资产投资项目未来实现收益(包括固定资产折旧对应的现金流入)</td></tr>
</table>

三、项目融资(★★★)

表 1-5　**项目融资**

<table>
<tr><td>定义</td><td colspan="2">是指符合以下特征的贷款：
①贷款用途通常是用于建造一个或一组大型生产装置、基础设施、房地产项目或其他项目，包括对在建或已建项目的再融资；
②借款人通常是为建设、经营该项目或为该项目融资而专门组建的企事业法人，包括主要从事该项目建设、经营或融资的既有企事业法人；
③还款资金来源主要依赖该项目产生的销售收入、补贴收入或其他收入，一般不具备其他还款来源</td></tr>
<tr><td rowspan="3">与一般固定资产贷款的联系</td><td colspan="2">项目融资是一种特殊形式的固定资产贷款</td></tr>
<tr><td rowspan="2">区别</td><td>一般固定资产贷款通常具有公司融资属性，还款资金来源较广泛，除项目自身收入外，还包括借款人除项目之外的其他经营、投资等收入，也可以通过追加第三方担保等方式，获得其他补充还款来源</td></tr>
<tr><td>项目融资借款人通常为项目公司，且未提供第三方担保，还款来源单一，主要依赖项目自身收入，银行对融资项目的选择标准及准入门槛较高，适用于经营风险小、收益稳定、自身还款来源充足的优质项目</td></tr>
</table>

四、银团贷款(★★★)

表 1-6　**银团贷款**

<table>
<tr><td>定义</td><td colspan="4">又称辛迪加贷款，是一种特殊的贷款组织形式。银团贷款是指由两家或两家上银行基于相同贷款条件，依据同一贷款合同，按约定时间和比例，通过代理行向借款人提供的本外币贷款或授信业务</td></tr>
<tr><td rowspan="9">银团成员</td><td colspan="4">参与银团贷款的银行均为银团成员</td></tr>
<tr><td colspan="4">银团成员应按照“信息共享、独立审批、自主决策、风险自担”的原则自主确定各自授信行为，并按实际承担份额享有银团贷款项下相应的权利</td></tr>
<tr><td rowspan="6">分类</td><td rowspan="5">按在银团贷款中的职能和分工</td><td rowspan="2">牵头行</td><td>是指经借款人同意，负责发起组织银团、分销银团贷款份额的银行。单家银行担任牵头行时，其承贷份额原则上不少于银团融资总金额的20%；分销给其他银团成员的份额原则上不得低于50%</td></tr>
<tr><td>按照牵头行对贷款最终安排额所承担的责任，银团牵头行分销银团贷款可以分为全额包销、部分包销和尽最大努力推销三种类型</td></tr>
<tr><td rowspan="2">代理行</td><td>是指银团贷款合同签订后，按相关贷款条件确定的金额和进度归集资金向借款人提供贷款，并接受银团委托按银团贷款合同规定进行银团贷款事务管理和协调活动的银行</td></tr>
<tr><td>代理行经银团成员协商确定，可以由牵头行或者其他银行担任。代理行应当代表银团利益，借款人的附属机构或关联机构不得担任代理行</td></tr>
<tr><td colspan="2">参加行</td></tr>
<tr><td colspan="3">按实际规模与需要在银团内部增设副牵头行、联合牵头行等</td></tr>
</table>

五、并购贷款(★★★)

表 1-7 并购贷款

定义	并购贷款	是指商业银行向并购方或其子公司发放的,用于支付并购交易价款的贷款
	并购	是指境内并购方企业通过受让现有股权、认购新增股权,或收购资产、承接债务等方式以实现合并或实际控制已设立并持续经营的目标企业的交易行为
按并购目标企业不同分类	同行业并购	主要目的为获取目标企业技术、市场及客户资源等补充,提高市场占有率及行业竞争力,实现协同效应
	上下游企业并购	主要目的为获得稳定、优质、低成本原材料供应,或通过向下游市场渗透,控制下游渠道、实现协同效应,提高产业链价值
	跨行业并购	为并购方提供快速进入其他行业,分享目标行业收益及成长性,实现多元化、分散行业集中度风险的机会
办理要求	银行办理并购贷款需合理评估并购目标企业价值及并购交易价格合理性,**并购交易价款中并购贷款所占比例不应高于 60%;并购贷款期限一般不超过 7 年**	

六、贸易融资(★★★)

商业银行贸易融资是基于商品交易买卖双方信用需求提供的融资,融资主体可以是买方,也可以是卖方。

(一)国内贸易融资

表 1-8 国内贸易融资

业务基础	国内贸易融资业务基础是境内客户之间进行的境内商品或服务贸易,其融资标的可以是交易中产生的存货、预付款、应收账款等资产

续表

<table>
<tr><td rowspan="4">业务种类</td><td rowspan="2">国内保理</td><td>保理业务是以债权人转让其应收账款为前提，集应收账款催收、管理、坏账担保及融资于一体的综合性金融服务</td></tr>
<tr><td>按照商业银行在应收账款付款人拖欠或无法偿付应收账款时，是否可以要求保理申请人（应收账款收款人）回购应收账款或归还融资，分为有追索权保理和无追索权保理</td></tr>
<tr><td>国内信用证</td><td>是开证银行依照申请人（基础交易买方）的申请向受益人（卖方）开出的有一定金额、在一定期限内凭信用证规定的单据支付款项的书面承诺</td></tr>
<tr><td>国内信用证项下打包贷款</td><td>是商业银行基于国内信用证、对国内信用证受益人（交易卖方）提供规定用于采购或生产信用证项下货物资金需求的专项贷款</td></tr>
</table>

（二）国际贸易融资

表 1-9 **国际贸易融资**

<table>
<tr><td>业务基础</td><td colspan="3">国际贸易融资业务基础是境内外客户之间进行的跨境商品或服务贸易，按银行提供服务对象的不同分为：①进口方银行为进口商提供的服务；②出口方银行为出口商提供的服务</td></tr>
<tr><td rowspan="4">业务种类</td><td>信用证</td><td colspan="2">是银行有条件的付款承诺，即开证银行依照开证申请人（即进口商）的要求和指示，承诺在符合信用证条款的情况下，凭规定的单据向受益人（即出口商）或其指定人进行付款，或承兑；或授权另一家银行进行该项付款，或承兑；或授权另一家银行议付</td></tr>
<tr><td>打包贷款</td><td colspan="2">又称信用证抵押贷款，是指出口商收到境外开来的信用证，出口商在采购这笔信用证有关的出口商品或生产出口商品时，资金出现短缺，用该信用证作为抵押，向银行申请本、外币流动资金贷款，用于出口货物进行加工、包装及运输过程出现的资金缺口</td></tr>
<tr><td rowspan="2">押汇（按进出口方的融资用途分类）</td><td>出口押汇</td><td>是指银行凭借获得货运单据质押权利有追索权地对信用证项下或出口托收项下票据进行融资的行为。出口押汇在国际上也称议付，即给付对价的行为</td></tr>
<tr><td>进口押汇</td><td>指银行应进口申请人的要求，与其达成进口项下单据及货物的所有权归银行有的协议后，银行以信托收据的方式向其释放单据并代其对外付款的行为。进口押汇包括进口信用证项下押汇和进口代收项下押汇。目前，银行主要办理进口信用证项下的进口押汇业务</td></tr>
</table>

续表

业务种类	保理	又称为保付代理、托收保付，是贸易中以托收、赊账方式结算货款时，出口方为了加快回笼资金或规避收款风险而采取的一种请求第三者（保理商）提供信用支持的做法。保理业务是一项集贸易融资、商业资信调查、应收账款管理及信用风险担保于一体的综合性金融服务
		国际保理按进出口双方是否都要求银行保理分为： ①单保理，是指由出口银行与出口商签订保理协议，并对出口商的应收账款承做保理业务； ②双保理，是进、出口银行都与进、出口商签订保理协议
	福费廷	也称为包买票据或买断票据，是指银行（或包买人）对国际贸易延期付款方式中出口商持有的远期承兑汇票或本票进行无追索权的贴现（即买断）
		从业务运作的实质来看，福费廷是远期票据贴现。但又不同于一般的票据贴现业务，如银行（包买人）放弃了对出口商的追索权，只能基于真实贸易背景开立票据的偿付，融资的条件较为严格，银行（包买人）承担了票据拒付的所有风险，带有较长期限固定利率融资的性质

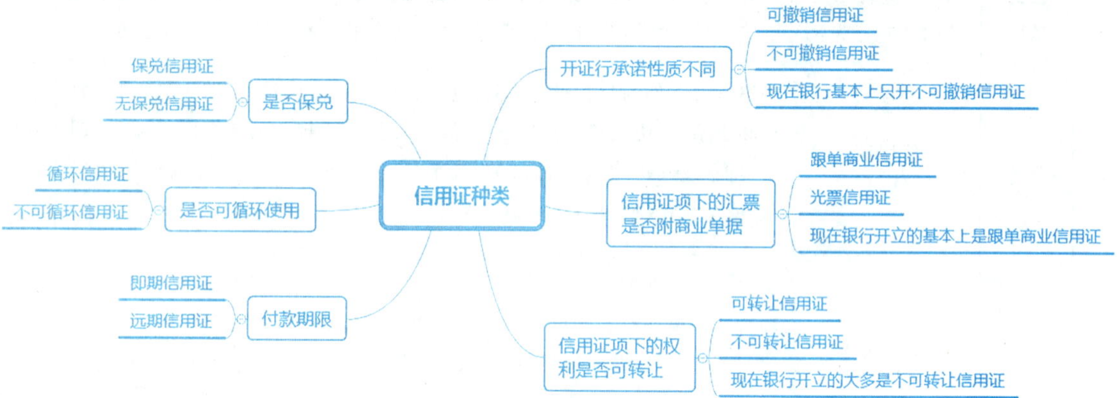

图　信用证的种类

（三）商业汇票的承兑与贴现

表 1-10　　商业汇票的承兑与贴现

商业汇票的承兑	是指银行作为付款人，根据出票人的申请，承诺在汇票到期日对收款人或持票人无条件支付汇票金额的票据行为。商业汇票承兑是银行的表外信贷业务

续表

<table>
<tr><td rowspan="2">商业汇票贴现</td><td colspan="2">是指商业汇票的合法持票人，在商业汇票到期以前为获取票款，由持票人或第三人向金融机构贴付一定的利息后，以背书方式将票据转让给金融机构</td></tr>
<tr><td>分类</td><td>按贴现票据承兑人不同，商业汇票贴现业务分为：①银行承兑汇票贴现；②商业承兑汇票贴现</td></tr>
</table>

七、保证业务(★★★)

表 1-11 保证业务

<table>
<tr><td>定义</td><td colspan="3">是指银行应申请人的请求，向受益人开立书面信用担保凭证，保证在申请人未能按双方协议履行其责任或义务时，由银行代其履行一定金额的某种支付或经济赔偿责任的信贷业务产品。保证业务一般以保函形式出具，又称保函业务</td></tr>
<tr><td rowspan="7">分类</td><td rowspan="2">融资性保证业务</td><td>借款保证</td><td rowspan="2">借款(或债券偿付)保证是指银行应借款方(或债券发行人)的要求，向贷款方(或债券合法持有人)保证，如借款方(或债券发行人)未按期偿还借款(或债券)本息，银行将受理贷款方(或债券合法持有人)的索赔，按照保函约定承担保证责任</td></tr>
<tr><td>债券偿付保证</td></tr>
<tr><td rowspan="5">非融资性保证业务</td><td>投标保证</td><td>是指银行应投标方的要求，向招标方保证，如投标方中标后在投标有效期内撤销投标书、中标后在规定期限内不签订招投标项下的合同或者未在规定的期限内提交银行履约保函等，银行将受理招标方的索赔，按照保函约定承担保证责任</td></tr>
<tr><td>履约保证</td><td>是指银行应保函申请人(通常为施工单位)的要求，向其交易对手(通常为工程业主)保证，如申请人未履行合同约定的义务，银行将受理其交易对手的索赔，按照保函约定承担保证责任</td></tr>
<tr><td>预收(付)款退款保证</td><td>是指银行应预收款人要求，向预付款人保证，如预收款人没有履行合同或不按合同约定使用预付款，银行将受理预付款人的退款要求，按照保函约定承担保证责任</td></tr>
<tr><td>质量保证</td><td>是指银行应卖方要求，向买方保证，如交付货物不符合合同约定而卖方又不能及时更换或修复时，银行将受理买方的索赔，按照保函约定承担保证责任</td></tr>
<tr><td>付款保证</td><td>是指银行应买方的要求，向卖方保证，如卖方按买卖双方合同约定合格履行了其合同义务，买方不支付货款，银行将受理卖方的索赔，按照保函约定承担保证责任</td></tr>
</table>

高频考点预测试题

一、单项选择题(以下各小题所给出的四个选项中,只有一项符合题目要求,请选择相应选项,不选、错选均不得分)

1. (　　)是指以银行为提供主体,以法人和其他经济组织等非自然人为接受主体的资金借贷或信用支持活动。
   A. 信用证　　B. 承兑
   C. 担保　　D. 公司信贷
2. (　　)是指从合同生效日起到合同规定的贷款金额全部提款完毕之日(或最后一次提款日)止的时间段。
   A. 还款期　　B. 提款期
   C. 宽限期　　D. 贷款期限
3. 下列不属于公司信贷管理原则的是(　　)。
   A. 全流程管理原则
   B. 贷前管理原则
   C. 诚信申贷原则
   D. 贷放分控原则
4. 监事会是我国商业银行所特有的监督部门,下列不属于监事会职责的是(　　)。
   A. 外部监督
   B. 财务监督
   C. 内部控制监督
   D. 内部尽职监督
5. 根据《贷款通则》的相关规定,自营贷款期限最长一般不得超过(　　)年,超过此年限应当报监管部门备案。
   A. 3　　B. 5
   C. 10　　D. 15
6. 根据《贷款通则》的规定,长期贷款的展期期限累计不得超过(　　),短期贷款的展期期限累计不得超过(　　)。
   A. 原贷款期限一半;原贷款期限的一半
   B. 3 年;原贷款期限
   C. 原贷款期限一半;原贷款期限
   D. 3 年;原贷款期限一半
7. (　　)是国家实现宏观调控的一种政策工具。
   A. 固定利率
   B. 市场利率
   C. 法定利率
   D. 行业公定利率
8. 下列关于我国计算利息传统标准的说法,不正确的是(　　)。
   A. 日息几毫用万分之几表示
   B. 月息几厘用千分之几表示
   C. 我国计算利息传统标准是分、厘、毫
   D. 每 10 毫为 1 分
9. 借款人需要将其动产或权利凭证移交银行占有的贷款方式为(　　)。
   A. 质押贷款　　B. 抵押贷款
   C. 信用贷款　　D. 留置贷款
10. 某银行推出一种新的贷款品种,该品种的利率每年根据通货膨胀率调整一次,则该贷款属于(　　)品种。
    A. 市场利率
    B. 浮动利率
    C. 固定利率
    D. 行业公定利率
11. 贷款期限在 5 年的贷款属于(　　)。
    A. 长期贷款　　B. 短期贷款
    C. 中期贷款　　D. 周期贷款
12. 下列属于流动资金贷款用途的是(　　)。
    A. 用于支付并购交易价款
    B. 用于采购或生产信用证项下货物资金需求
    C. 满足固定资产设施更新和技术改造的资金需求

D. 满足借款人日常生产经营周转资金需要

13. 银行办理并购贷款需合理评估并购目标企业价值及并购交易价格合理性，并购交易价款中并购贷款所占比例不应高于（　　）。

A. 20%　　B. 40%

C. 50%　　D. 60%

二、多项选择题（以下各小题所给出的五个选项中，有两个或两个以上符合题目要求，请选择相应选项，多选、少选、错选均不得分）

1. 下列属于信贷管理流程的有（　　）。

A. 贷款申请

B. 风险评价

C. 贷款审查

D. 贷后管理

E. 贷款回收与处置

2. 下列贷款方式中，银行不用承担贷款风险的有（　　）。

A. 自营贷款

B. 委托贷款

C. 特定贷款

D. 银团贷款

E. 辛迪加贷款

3. 担保是审查贷款项目最主要的因素之一，我国《担保法》规定的担保方式包括（　　）。

A. 保证　　B. 抵押

C. 质押　　D. 定金

E. 留置

4. 下列关于固定利率和浮动利率的说法，正确的有（　　）。

A. 固定利率和浮动利率的区别是借贷关系持续期内利率水平是否变化

B. 浮动利率是指借贷期限内利率随着市场利率或其他因素的变化而相应调整的利率

C. 浮动利率的特点是可以灵敏地反映金融市场上资金的供求状况

D. 浮动利率借贷双方所承担的利率变动风险较大

E. 在贷款合同期内，无论市场利率如何变化，固定利率的借款人都按照固定的利率支付利息

5. 银团成员应按照（　　）的原则自主确定各自授信行为。

A. 信息共享　　B. 自主决策

C. 风险共担　　D. 风险自担

E. 独立审批

6. 公司信贷中的中间业务收费主要包括（　　）。

A. 担保费　　B. 开证费

C. 承兑费　　D. 承诺费

E. 银团安排费

7. 国内贸易融资业务的融资标的包括（　　）。

A. 存货　　B. 预付款

C. 应收账款　　D. 预收账款

E. 应付票据

三、判断题（请对以下各题的描述作出判断，正确选A，错误选B）

1. 贷款期限根据借款人的生产经营周期、还款能力和银行的资金供给能力由借贷双方共同商议后确定，并在借款合同中载明。（　　）

2. 短期流动资金贷款均为固定利率贷款。（　　）

3. 抵押贷款是指以借款人或第三人的动产或权利作为抵押发放的贷款。（　　）

4. 一般商业银行信贷资金周转速度越快，流动性越强，安全性越强，效益性越强。（　　）

5. 自营贷款的风险由银行承担，委托贷款的风险由委托人承担。（　　）

参考答案及解析

一、单项选择题

1. D [解析]公司信贷是指以银行为提供主体，以法人和其他经济组织等非自然人为接受主体的资金借贷或信用支持活动。

2. B [解析]提款期是指从借款合同生效之日起到合同规定的贷款金额全部提款完毕之日(或最后一次提款日)止的时间段。在此期间，借款人可以按照合同规定分次提款。

3. B [解析]公司信贷管理的原则包括：全流程管理原则、诚信申贷原则、协议承诺原则、贷放分控原则、实贷实付原则、贷后管理原则。

4. A [解析]监事会是我国商业银行所特有的监督部门，对股东大会负责，从事商业银行内部尽职监督、财务监督、内部控制监督等工作。

5. C [解析]根据《贷款通则》的规定，自营贷款期限最长一般不得超过10年，超过10年应当报中国人民银行备案。

6. B [解析]根据《贷款通则》的规定，短期贷款展期期限累计不得超过原贷款期限；中期贷款展期期限累计不得超过原贷款期限的一半；长期贷款展期期限累计不得超过3年。

7. C [解析]法定利率是由政府金融管理部门或央行所确定的利率，是国家实现宏观调控的一种政策工具。

8. D [解析]我国计算利息传统标准是分、厘、毫，每10厘为一分，每10毫为一厘。年息几分用百分之几表示，月息几厘用千分之几表示，日息几毫用万分之几表示。

9. A [解析]质押贷款是指以借款人或第三人的动产或权利作为质押物发放的贷款。

10. B [解析]浮动利率是指借贷期限内利率随物价、市场利率或其他因素变化相应调整的利率。根据题意，此银行所推出贷款品种的利率在借贷期限内每年随通货膨胀率变化，因而为浮动利率品种。

11. C [解析]中期贷款是指贷款期限在1年以上(不含1年)5年以下(含5年)的贷款。长期贷款是指贷款期限在5年(不含5年)以上的贷款。

12. D [解析]流动资金贷款用途是满足借款人日常生产经营周转资金需要，贷款人应根据借款人生产经营的规模和周期特点，合理设定流动资金贷款的额度及业务期限，以满足借款人生产经营的合理资金需求，实现对贷款资金回笼的有效控制。

13. D [解析]银行办理并购贷款需合理评估并购目标企业价值及并购交易价格合理性，并购交易价款中并购贷款所占比例不应高于60%。

二、多项选择题

1. ABDE [解析]信贷管理流程主要包括：贷款申请；受理与调查；风险评价；贷款审批；合同签订；贷款发放；贷款支付；贷后管理；贷款回收与处置。

2. BC [解析]B项，委托贷款是由委托人提供资金，银行作为受托人代委托人发放、监督使用并协助收回的贷款，其间银行只收手续费，不代垫资金，也不承担贷款风险；C项，特定贷款是由国务院批准并对贷款可能造成的损失采取补救措施后责成银行发放的贷款，因而银行不需承担贷款风险。

3. ABCDE [解析]担保是指借款人无力或未按照约定按时还本付息或支付有关费用时贷款的第二还款来源，按照我国《担保法》的有关规定，担保方式包括保证、抵押、质押、定金和留置5种方式。

4. ABCE [解析]按照借贷关系持续期内利率水平是否变动来划分，利率可分为固定利率与浮动利率。浮动利率是指借贷期限内利率随物价、市场利率或其他因素变化相应调整的利率。浮动利率的特点是可以灵敏地反映金融市场上资金的供求状况，借贷双方所承担的利率变动风险较小。固定利率是指在贷款合同签订时即设定好固定的利率，在贷款合同期内，不论市场利率如何变动，借款人都按照固定的利率支付利息，不需要“随行就市”。

5. ABDE ［解析］参与银团贷款的银行均为银团成员。银团成员应按照“信息共享、独立审批、自主决策、风险自担”的原则自主确定各自授信行为，并按实际承担份额享有银团贷款项下相应的权利，履行相应的义务。

6. ABCDE ［解析］公司信贷中的中间业务收费主要包括担保费、承诺费、承兑费、银团安排费、开证费等，费率一般以信贷业务金额为基数按一定比率计算。

7. ABC ［解析］国内贸易融资业务基础是境内客户之间进行的境内商品或服务贸易，其融资标的可以是交易中产生的存货、预付款、应收账款等资产。D、E 选项属于企业负债。

三、判断题

1. A ［解析］根据《贷款通则》的规定，贷款期限根据借款人的生产经营周期、还款能力和银行的资金供给能力由借贷双方共同商议后确定，并在借款合同中载明。

2. A ［解析］短期流动资金贷款的贷款期限一般在 1 年以内，按季结息或按月结息，在如此短的期限内，市场利率一般不会发生太大变化，因而短期贷款利率一般执行合同利率，期间不对利率进行调整。

3. B ［解析］抵押贷款是指以借款人或第三人财产作为抵押发放的贷款。质押贷款是以借款人或第三人的动产或权利作为质押物发放的贷款。

4. B ［解析］在信贷资金总量一定情况下，商业银行信贷资金周转速度越快，流动性、安全性越强，此时效益性越差。信贷资金总量不一定时，二者不一定存在此关系。

5. A ［解析］自营贷款是指银行以合法方式筹集的资金自主发放的贷款，其风险由银行承担，并由银行收回本金和利息。委托贷款是指政府部门、企事业单位及个人等委托人提供资金，由银行（即受托人）根据委托人确定的贷款对象、用途、金额、期限、利率等代为发放、监督使用并协助收回的贷款。委托贷款的风险由委托人承担，银行（受托人）只收取手续费，不承担贷款风险，不代垫资金。

第二章 贷款申请受理和贷前调查

视频内容：本章考点串讲

扫描二维码，**免费**观看精讲视频，助您轻松高效备考！

视频精讲

思维导图

- 贷款申请受理和贷前调查
  - 借款人
    - 借款人应具备的资格和基本条件
    - 借款人的权利和义务
    - 借款人分类
  - 贷款申请受理
    - 面谈访问
    - 内部意见反馈
    - 贷款意向阶段
  - 贷前调查
    - 贷前调查的方法
    - 贷前调查的内容
    - 贷前调查报告内容要求

第一节 借款人

考点精讲

一、借款人应具备的资格和基本条件(★★)

(一)借款人应具备的资格

公司信贷的借款人应当是经工商行政管理机关(或主管机关)核准登记的**企(事)业法人**。

(二)借款人应具备的基本条件

①根据《固定资产贷款管理暂行办法》的规定,固定资产贷款借款人应具备以下条件:借款人依法经工商行政管理机关或主管机关核准登记;借款人信用状况良好,无重大不良记录;借款人为新设项目法人的,其控股股东应有良好的信用状况,无重大不良记录;国家对拟投资项目有投资主体资格和经营资质要求的,符合其要求;借款用途及还款来源明确、合法;项目符合国家的产业、土地、环保等相关政策,并按规定履行了固定资产投资项目的合法管理程序;符合国家有关投资项目资本金制度的规定;贷款人要求的其他条件。

②根据《流动资金贷款管理暂行办法》的规定,流动资金贷款借款人应具备以下条件:**借款人依法设立;借款用途明确、合法;借款人生产经营合法、合规;借款人具有持续经营能力,有合法的还款来源;借款人信用状况良好,无重大不良信用记录;贷款人要求的其他条件。**

(三)借款人应符合的要求

表 2-1 借款人应符合的要求

"诚信申贷"的基本要求	贷款申请应遵循"诚信申贷"的基本要求:①借款人恪守**诚实守信原则**,按照贷款人要求的具体方式和内容提供贷款申请材料,并且承诺所提供材料的真实性、完整性和有效性;②借款人应证明其设立合法、经营管理合规合法、信用记录良好、贷款用途以及还款来源明确合法等

续表

借款人的主体资格要求	借款人的主体资格要求包括:企业法人依法办理工商登记,取得营业执照;事业法人依照《事业单位登记管理条例》的规定办理登记备案;**特殊行业须持有相关机关颁发的营业或经营许可证**
借款人经营管理的合法合规性	借款人的经营活动应符合国家相关法律法规规定;符合国家产业政策和区域发展政策;符合营业执照规定的经营范围和公司章程;新建项目企业法人所有者权益与所需总投资的比例不得低于国家规定的投资项目资本金比例
借款人信用记录良好	借款人必须资信状况良好,**有按期偿还贷款本息的能力**。通过中国人民银行征信系统查询未发现借款人有贷款逾期、欠息的情况,未发现借款人被起诉查封的情况,借款人必须长期遵守贷款合同,诚实守信
贷款用途及还款来源明确合法	借款人必须以**真实有效的商务基础合同、购买合同或其他证明文件**为依据,说明贷款的确切用途和实际使用量,不得挪用信贷资金,不使用虚假信息来骗取银行业金融机构的信贷资金

二、借款人的权利和义务(★★)

(一)借款人的权利

①可以自主向主办银行或其他银行的经办机构申请贷款并依条件取得贷款。

②**有权按合同约定提取和使用全部贷款。**

③有权拒绝借款合同以外的附加条件。

④有权向银行的上级监管部门反映、举报有关情况。

⑤**在征得银行同意后,有权向第三方转让债务。**

(二)借款人的义务

①应当如实提供银行要求的资料(法律规定不能提供者除外),应当向银行如实提供所有开户行、账号及存贷款余额情况,配合银行的调查、审查和检查。

②应当接受贷款人对其使用信贷资金情况和有关生产经营、财务活动的监督。

③应当**按借款合同约定用途使用贷款。**

④应当按借款合同的约定及时清偿贷款本息。

⑤**将债务全部或部分转让给第三方的,应当取得贷款人的同意。**

⑥有危及银行债权安全的情况时,应当及时通知银行,同时采取保全措施。

三、借款人分类(★★)

根据《国家统计局关于印发〈统计上大中小微型企业划分办法(2017)〉的通知》要求,按照借款人的行业门类、大类、中类和组合类别,依据从业人员、营业收入、资产总额等指标或替代指标,可以将其划分为大型、中型、小型、微型等四种类型,个体工商户参照本标准进行划分。具体划分标准见表 2-2。

表 2-2 统计上大中小微型企业划分标准

行业名称	指标名称	计量单位	大型	中型	小型	微型
农、林、牧、渔业	营业收入(Y)	万元	Y≥20000	500≤Y<20000	50≤Y<500	Y<50
工业	从业人员(X)	人	X≥1000	300≤X<1000	20≤X<300	X<20
	营业收入(Y)	万元	Y≥40000	2000≤Y<40000	300≤Y<2000	Y<300
建筑业	营业收入(Y)	万元	Y≥80000	6000≤Y<80000	300≤Y<6000	Y<300
	资产总额(Z)	万元	Z≥80000	5000≤Z<80000	300≤Z<5000	Z<300
批发业	从业人员(X)	人	X≥200	20≤X<200	5≤X<20	X<5
	营业收入(Y)	万元	Y≥40000	5000≤Y<40000	1000≤Y<5000	Y<1000
零售业	从业人员(X)	人	X≥300	50≤X<300	10≤X<50	X<10
	营业收入(Y)	万元	Y≥20000	500≤Y<20000	100≤Y<500	Y<100
交通运输业	从业人员(X)	人	X≥1000	300≤X<1000	20≤X<300	X<20
	营业收入(Y)	万元	Y≥30000	3000≤Y<30000	200≤Y<3000	Y<200
仓储业	从业人员(X)	人	X≥200	100≤X<200	20≤X<100	X<20
	营业收入(Y)	万元	Y≥30000	1000≤Y<30000	100≤Y<1000	Y<100
邮政业	从业人员(X)	人	X≥1000	300≤X<1000	20≤X<300	X<20
	营业收入(Y)	万元	Y≥30000	2000≤Y<30000	100≤Y<2000	Y<100
住宿业	从业人员(X)	人	X≥300	100≤X<300	10≤X<100	X<10
	营业收入(Y)	万元	Y≥10000	2000≤Y<10000	100≤Y<2000	Y<100
餐饮业	从业人员(X)	人	X≥300	100≤X<300	10≤X<100	X<10
	营业收入(Y)	万元	Y≥10000	2000≤Y<10000	100≤Y<2000	Y<100
信息传输业	从业人员(X)	人	X≥2000	100≤X<2000	10≤X<100	X<10
	营业收入(Y)	万元	Y≥100000	1000≤Y<100000	100≤Y<1000	Y<100
软件和信息技术服务业	从业人员(X)	人	X≥300	100≤X<300	10≤X<100	X<10
	营业收入(Y)	万元	Y≥10000	1000≤Y<10000	50≤Y<1000	Y<50

续表

行业名称	指标名称	计量单位	大型	中型	小型	微型
房地产开发经营	营业收入(Y)	万元	Y≥200000	1000≤Y<200000	100≤Y<1000	Y<100
	资产总额(Z)	万元	Z≥10000	5000≤Z<10000	2000≤Z<5000	Z<2000
物业管理	从业人员(X)	人	X≥1000	300≤X<1000	100≤X<300	X<100
	营业收入(Y)	万元	Y≥5000	1000≤Y<5000	500≤Y<1000	Y<500
租赁和商务服务业	从业人员(X)	人	X≥300	100≤X<300	10≤X<100	X<10
	资产总额(Z)	万元	Z≥120000	8000≤Z<120000	100≤Z<8000	Z<100
其他未列明行业	从业人员(X)	人	X≥300	100≤X<300	10≤X<100	X<10

第二节　贷款申请受理

考点精讲

一、面谈访问(★★★)

面谈访问属于公司信贷的**前期调查阶段**。前期调查的主要目的在于确定是否能够受理该笔贷款业务，是否投入更多的时间和精力进行后续的贷款洽谈，以及是否需要正式开始贷前调查工作。

(一)面谈准备

初次面谈前，调查人员应当做好充分准备，拟定详细的面谈工作提纲。提纲内容应包括客户总体情况、客户信贷需求和拟向客户推介的信贷产品等。

(二)面谈内容

面谈过程中，调查人员可以按照国际通行的信用**"6C"标准原则**，即**品德**(Character)、**能力**(Capacity)、**资本**(Capital)、担保(Collateral)、**环境**(Condition)和**控制**(Control)，从客户的公司状况、贷款需求、还贷能力、抵押品的可接受性以及客户目前与银行的关系等方面集中获取客户的相关信息。

二、内部意见反馈(★★★)

(一)**面谈情况汇报**

客户经理在面谈后，应向主管汇报了解到的客户信息。反映情况应做到及时、全面、准确，避免上级领导掌握信息出现偏差。同时通过其他渠道，如银行信贷咨询系统，对客户情况进行初步查询。

(二)**撰写会谈纪要**

面谈后，业务人员须及时撰写会谈纪要，为公司业务部门上级领导提供进行判断的基础性信息。撰写内容包括贷款面谈涉及的重要主体、获取的重要信息、存在的问题与障碍以及是否需要做该笔贷款的倾向性意见或建议。会谈纪要的撰写应力求条理清晰、言简意赅、内容详尽、准确客观。

三、贷款意向阶段(★★★)

在该阶段，客户经理应做到：及时以合理的方式(如通过口头、电话或书面方式)告知客户贷款正式受理，或者根据贷款需求出具正式的贷款意向书；要求客户提供正式的贷款申请书及更为详尽的材料；将储备项目纳入贷款项目库。

(一)贷款意向书的出具

1.贷款意向书与贷款承诺的区别

①贷款意向书和贷款承诺都是贷款程序中不同阶段的成果，**常见于中长期贷款**。

②**贷款意向书**表明该文件是为贷款进行下一步的准备和商谈而出具的一种意向性的书面声明，但该声明**不具备法律效力**，银行可以不受意向书任何内容的约束。贷款承诺是借贷双方就贷款的主要条件已经达成一致，银行同意在未来特定时间内向借款人提供融资的书面承诺(这就表明贷款承诺不是在贷款意向阶段作出的)，**贷款承诺具有法律效力。**

2.出具贷款意向书和贷款承诺的权限

①出具贷款意向书的权限。在项目建议书批准阶段或之前，各银行可以对符合贷款条件的项目出具**贷款意向书，一般没有权限限制，超所在行权限的项目须报上级行备案。**

②出具贷款承诺的权限。项目在可行性研究报告批准阶段，各银行应按批准贷款的权限，根据有关规定，**对外出具贷款承诺，超基层行权限的项目须报上级行审批。**

③出具贷款意向书和贷款承诺的要求。在出具贷款意向书和贷款承诺时要谨慎处理、严肃对待，注意**不得擅自越权对外出具贷款承诺**，以免造成工作上的被动或使银行卷入不必要的纠纷。

3.注意事项

①银企合作协议涉及的贷款安排一般属于贷款意向书性质。

②贷款意向书、贷款承诺须按内部审批权限批准后方可对外出具。

(二)贷款申请资料的准备

在实际操作中,客户经理需要根据不同贷款种类性质收集不同材料,避免遗漏或重复收集。

1.对借款申请书的要求

客户需向银行提供一份正式的借款申请书。主要包括的内容有:借款人概况、申请借款金额、借款币别、借款期限、借款用途、借款利息、还款来源、还款保证、用款计划、还款计划及其他事项。此外,业务人员还应要求法定代表人或其授权人在借款申请书上签字并加盖借款人公章。

2.对借款人提供其他资料的要求

为了获取客户进一步的信息,除借款申请书外,业务人员要求客户提供的基本材料包括:

①注册登记或批准成立的有关文件;

②企业征信报告;

③借款人的验资证明;

④借款近 3 年和最近一期的财务报表;

⑤借款人预留印鉴卡及开户证明;

⑥法人代表或负责人身份证明及其必要的个人信息;

⑦借款人自有资金、其他资金来源到位或能够计划到位的证明文件;

⑧相关交易合同、协议。

如借款人为外商投资企业或股份制企业,应提交关于同意申请借款的董事会决议和借款授权书正本。

3.根据贷款类型,借款人还需要提供的其他材料

如为保证形式,则需提交:经银行认可,有担保能力的担保人的营业执照复印件;担保人经审计的近 3 年的财务报表;如担保人为外商投资企业或股份制企业,应提交关于同意提供担保的董事会决议和授权书正本。

如为抵(质)押形式,则需提交:抵(质)押物清单;抵(质)押物价值评估报告;抵(质)押物权属证明文件;如抵(质)押人为外商投资企业或股份制企业,应出具同意提供抵(质)押的董事会决议和授权书。

如为流动资金贷款,则需提交:原辅材料采购合同,产品销售合同或进出口商务合同;营运计划及现金流量预测;如为出口打包贷款,应出具进口方银行开立的信用证;如为票据贴现,应出具承兑的汇票(银行承兑汇票或商业承兑汇票);如借款用途涉及国家实施配额、许可证等方式管理的进出口业务,应出具相应批件。

如为固定资产贷款,则需提交:符合国家有关投资项目资本金制度的规定的证明文件,项目可行性研究报告及有关部门对研究报告的批复,其他配套条件落实的证明文件;

如为转贷款、国际商业贷款及境外借款担保项目,应提交国家计划部门关于筹资方式、外债指标的批文;政府贷款项目还需提交该项目列入双方政府商定的项目清单的证明文件。

(三)注意事项

(1)对企业提交的经审计和未审计的财务报表应区别对待,对企业财务状况的分析应以经权威部门审计的财务报表为主,其他财务资料为辅。

(2)如为新建项目,对于提供财务报表可不作严格要求,但应及时获取借款人重要的财务数据。

(3)应认真借阅借款人或担保人公司章程的具体规定,以确信该笔贷款是否必须提交董事会决议或股东(大)会决议。

(4)借款人提供复印件需加盖公章,业务人员应对借款人提供的复印件与相应的文件正本进行核对,核对无误后,业务人员在复印件上签字确认。

第三节 贷前调查

考点精讲

一、贷前调查的方法(★★★)

贷前调查是贷款决策的基本组成部分,是指银行受理借款人申请后,对借款人的信用状况以及借款的合法性、安全性、盈利性等情况进行调查,核实抵(质)押物、保证人情况的过程。

商业银行贷前调查的重点是收集整理借款人、主要股东或实际控制人以及贷款项目(如有)的相关信息,并对借款人和项目(如有)的合规风险、经营风险、财务风险等进行综合分析、评估、判断。

(一)现场调研

现场调研是最常用、最重要也是一般情况下必须采用的贷前调查方法,主要包括实地考察和现场会谈两个方面。

①现场会谈时,应当约见尽可能多的、不同层次的成员,通过会谈获取重要信息。会谈应侧重了解其关于企业经营战略和发展的思路、企业内部的管理情况,从而获取对借款人及其高层管理人员的感性认识。

②实地考察时,业务人员必须亲自参观客户的生产经营场所,亲眼目测公司的厂房、库存、用水量、用电量、设备或生产流水线。实地考察应侧重调查公司的生产设备运转情

况、实际生产能力、产品结构情况、订单、应收账款和存货周转情况、固定资产维护情况、周围环境状况等。

(二)非现场调查

1.**搜寻调查**

搜寻调查指通过各种媒介物搜寻有价值的资料开展调查。这些媒介物包括:有助于贷前调查的杂志、书籍、期刊、互联网资料、官方记录等。搜寻调查应注意信息渠道的**权威性**、**可靠性**和**全面性**。

2.**委托调查**

委托调查就是通过中介机构或银行自身网络开展调查。

3.其他方法

业务人员可通过接触客户的关联企业、竞争对手或个人获取有价值信息,还可通过行业协会(商会),政府的职能管理部门(如工商局、税务机关、公安部门等机构)了解客户的真实情况。

二、贷前调查的内容(★★★)

贷前调查的主要对象就是借款人、保证人、抵(质)押人、抵(质)押物等。业务人员在开展贷前调查工作时,应围绕这些具体对象从以下方面入手进行全面调查,特别是对贷款合法合规性、安全性和效益性等方面进行调查。

知识点拨

贷前调查是银行发放贷款前最重要的一环,也是贷款发放后能否如数按期收回的关键。

(一)贷款**合规性**调查

贷款的合规性是指银行业务人员对借款人和担保人的资格合乎法律和监管要求的行为进行调查、认定。调查的内容应包括:

①认定借款人、担保人合法主体资格。

②认定借款人、担保人的法定代表人、授权委托人、法人的公章和签名的真实性和有效性,并依据授权委托书所载明的代理事项、权限、期限认定授权委托人是否具有签署法律文件的资格、条件。

③对需董事会决议同意借款和担保的,信贷业务人员应调查认定董事会同意借款、担保决议的真实性、合法性和有效性。

④对需股东(大)会决议同意借款和担保的,信贷业务人员应调查认定股东(大)会同意借款、担保决议的真实性、合法性和有效性。

⑤对抵押物、质押物清单所列抵(质)押物品或权利的合法性、有效性进行认定。

⑥对贷款使用合法合规性进行认定。

⑦对购销合同的真实性进行认定。

⑧对借款人的借款目的进行调查。

（二）贷款**安全性**调查

贷款的安全性是指银行应当尽量避免各种不确定因素对其资产和贷款等方面的影响，保证银行稳健经营和发展。贷款是商业银行最主要的资产业务，银行要承担多方面的风险。银行业务人员必须对借款人的风险状况和资质作出判断。调查的内容应包括：

①对借款人、保证人及其法定代表人的品行、业绩、能力和信誉精心调查，熟知其经营管理水平、公众信誉，了解其履行协议条款的历史记录。

②考察借款人、保证人是否已建立良好的公司治理机制。

③对借款人、保证人的财务管理状况进行调查。

④对借款人过去3年的经营效益状况进行调查。

⑤对原到期贷款及应付利息清偿情况进行调查。

⑥对有限责任公司和股份有限公司对外股本权益性投资和关联公司情况进行调查。

⑦对抵押物的价值评估情况作出调查。

⑧对于申请外汇贷款的客户，业务人员要调查认定借款人、保证人承受汇率、利率风险的能力，尤其要注意汇率变化对抵(质)押担保额的影响程度。

（三）贷款**效益性**调查

贷款的效益性是指贷款经营的盈利情况，是商业银行经营管理活动的主要动力。调查内容包括如下方面：

①结合当期资金成本、拨备等监管要求，计算该笔贷款的利差及风险调整后的收益情况。

②对借款人**过去和未来给银行带来的收入、存款、贷款、结算、结售汇等综合效益情况**进行调查、分析和预测。

三、贷前调查报告内容要求(★★)

（一）贷前调查报告内容一般要求

信贷业务人员要将贷前调查与信用风险分析结果形成贷前调查报告，供风险管理部门或风险评审委员会评审、批准。在贷前调查阶段就应参照各商业银行要求安排调查提纲和计划。

调查报告一般包括以下内容：

①借款人基本情况；

②借款人生产经营及经济效益情况；

③借款人财务状况；

④借款人资信及与银行往来情况；

⑤资金用途；

⑥还款能力；

⑦担保情况；

⑧银行业金融机构收益预测；

⑨风险评估意见；

⑩结论性意见。

(二)固定资产贷款贷前调查报告内容的特殊要求

固定资产贷款贷前调查报告内容除需满足贷前调查报告内容一般要求外，还需包括有关用款项目的以下内容：

①项目合法性要件取得情况；

②投资估算与资金筹措安排情况；

③项目建设必要性及技术情况；

④项目配套条件落实情况；

⑤项目效益情况；

⑥项目风险分析。

(三)流动资金贷款贷前调查报告内容的特殊要求

流动资金贷款贷前调查报告除需满足贷前调查报告内容一般要求外，还需包括借款人流动资金需求分析与测算的内容：主要包括分析借款人经营规模及运作模式、季节性、技术性及结算方式等因素对借款人流动资金需求量的影响。流动资金贷款需求量测算是以企业产销规模为参照指标，并借助一定的计量方法，测算出企业一定时期内与产销相匹配的流动资金贷款需求规模，然后按照经济运行状况、行业发展规律和借款人的有效信贷需求及未来发展前景等情况，在合理预测的基础上，对定量估算结果进行必要调整，进而确定实际流动资金贷款需求量。

高频考点预测试题

一、单项选择题(以下各小题所给出的四个选项中，只有一项符合题目要求，请选择相应选项，不选、错选均不得分)

1. 流动资金贷款借款人应具备的条件不包括(　　)。

A. 借款人依法成立

B. 借款人信用状况良好

C. 借款资金来源明确

D. 借款用途合法

2. 下列各项中，属于借款人的权利的是(　　)。

A. 将债务全部或部分转让给第三方的，应当取得银行的同意

B. 应当接受银行对其使用信贷资金情况和有关生产经营、财务活动的监督

C. 按借款合同的约定及时清偿贷款本息

D. 在征得银行同意后，有权向第三方转让债务

3. 贷款合规性审查中,被审查人除借款人外,还可能有(　　)。

A. 关联方　　B. 债权人

C. 债务人　　D. 担保人

4. (　　)综合反映了商业银行经营管理的水平。

A. 贷款安全性

B. 贷款发放额

C. 存款吸收额

D. 贷款效益性

5. 根据《贷款通则》的规定,银行信贷业务人员要将贷前调查与信用风险分析结果形成(　　)。

A. 倾向性意见

C. 综合性诊断结果

C. 贷前调查报告

D. 纪要文件

6. 贷款安全性调查中,对于申请外汇贷款的客户,业务人员尤其要注意(　　)变化对抵(质)押担保额的影响程度。

A. GDP 增长率

B. 汇率

C. 通货膨胀率

D. 存款准备金率

7. 下列关于业务人员面谈结束后的做法,不正确的是(　　)。

A. 在了解客户总体情况后,业务人员应及时对客户贷款申请作出必要的反应

B. 对于合理的贷款申请,业务人员可立即作出受理的承诺

C. 如果客户的贷款申请不予考虑,业务人员可向客户建议其他融资渠道

D. 业务人员在与客户面谈结束之后,应进行内部意见反馈

8. 应包含项目合法性要件取得情况的贷前调查报告为(　　)。

A. 商业银行固定资产贷款贷前调查报告

B. 银行流动资金贷款贷前调查报告

C. 担保贷款贷前调查报告

D. 抵押贷款贷前调查报告

9. 商业银行最主要的资产业务为(　　)。

A. 存款　　B. 贷款

C. 投资　　D. 中间业务

10. (　　)是贷款发放后能否如数按期收回的关键。

A. 贷前调查

B. 贷款审核

C. 贷款发放

D. 贷款担保

11. 下列选项中,不属于非现场调查方法的是(　　)。

A. 委托调查

B. 搜寻调查

C. 实地考察

D. 通过接触客户的竞争对手获取信息

12. 下列不属于贷款合规性调查的内容的是(　　)。

A. 认定借款人的法人资格

B. 对借款人的借款目的进行调查

C. 考察借款人是否建立了良好的公司治理机制

D. 认定担保人的签名的真实性和有效性

13. 下列关于贷款申请受理的说法,不正确的是(　　)。

A. 客户面谈后进行内部意见反馈的原则适用于每次业务面谈

B. 业务人员在撰写会谈纪要时,不应包含是否需要做该笔贷款的倾向性意见

C. 业务人员可通过银行信贷咨询系统等其他渠道对客户情况进行初步查询

D. 风险管理部门可以对是否受理贷款提供意见

14. 下列选项中,不属于贷款效益性调查的内容的是(　　)。

A. 该笔贷款的利差计算

B. 借款人过去 3 年的经营效益状况

C. 风险调整后的收益情况

D. 借款人过去和未来给银行带来的收入、存

款、结算、结售汇等综合效益

15. 公司贷款安全性调查的内容不包括(　　)。

A. 对借款人法定代表人的品行进行调查

B. 对公司借款人财务经理个人信用卡的额度进行核准

C. 对保证人的财务管理状况进行调查

D. 对股份有限公司对外股本权益性投资情况进行调查

16. (　　)可表明贷款可正式予以受理。

A. 主管领导同意后

B. 银行审查通过后

C. 银行确立贷款意向

D. 银行出具贷款意向书后

17. 实务操作中,判断贷款申请是否受理时,业务人员应坚持将(　　)放在第一位。

A. 维持客户

B. 客户信用

C. 贷款收益

D. 贷款安全性

18. 初次面谈中了解客户贷款需求状况时,除贷款目的、贷款金额、贷款期限、贷款利率、贷款条件外,还应了解(　　)。

A. 经济走势

B. 宏观政策

C. 经营现状

D. 贷款用途

二、多项选择题(以下各小题所给出的五个选项中,有两个或两个以上符合题目要求,请选择相应选项,多选、少选、错选均不得分)

1. 在商业银行贷前调查报告中,借款人资信及与银行往来情况包括(　　)。

A. 在银行长短期贷款情况

B. 借款人与其他银行的关系

C. 新增贷款后银行新增的存款

D. 抵(质)押的合法性

E. 借款人的或有负债情况

2. 贷款合规性调查的内容包括(　　)。

A. 认定借款人合法主体资格

B. 认定担保人签名的真实性和有效性

C. 考察借款人是否已建立良好的公司治理机制

D. 对借款人的借款目的进行调查

E. 对抵押物的价值评估情况进行调查

3. 贷前调查方法中的搜寻调查可以通过(　　)开展调查。

A. 在互联网搜索资料

B. 查看官方记录

C. 阅读有关杂志

D. 从其他银行处购买客户信息

E. 搜索行业相关期刊登载的文章

4. 根据贷款安全性调查的要求,良好的公司治理机制包括(　　)。

A. 激励约束机制

B. 长远的发展战略

C. 保守的会计原则

D. 健全负责的董事会

E. 严格的目标责任制

5. 在进行贷前调查的过程中,开展现场调研工作的方法通常包括(　　)。

A. 搜寻调查

B. 现场会谈

C. 实地考察

D. 委托调查

E. 通过商会了解客户的真实情况

6. 商业银行信贷业务人员在面谈中需要了解的客户信息有(　　)。

A. 资本构成

B. 贷款目的

C. 现金流量构成

D. 抵押品变现难易程度

E. 信用履约记录

7. 国际通行的信用“6C”标准原则包括(　　)。

A. 品德(Character)

B. 竞争(Competition)

C. 资本(Capital)

D. 环境(Condition)

E. 控制(Control)

三、判断题(请对以下各题的描述作出判断,正确选A,错误选B)

1. 委托调查是指通过互联网等媒介搜寻有价值的资料并展开调查。 ( )

2. 银企合作中,协议涉及的贷款安排一般属于贷款意向书性质,如果要求协议具有法律效力,则对其中的贷款安排应以借款合同来对待。 ( )

3. 贷款承诺就是商业银行在贷款意向阶段向客户提供的书面承诺。 ( )

4. 商业银行信贷业务人员只需对那些向银行提出贷款需求的客户安排面谈,进行前期调查。 ( )

参考答案及解析

一、单项选择题

1. C [解析]根据《流动资金贷款管理暂行办法》的规定,流动资金贷款借款人应具备以下条件:借款人依法设立;借款用途明确、合法;借款人生产经营合法、合规;借款人具有持续经营能力,有合法的还款来源;借款人信用状况良好,无重大不良信用记录;贷款人要求的其他条件。

2. D [解析]A、B、C三项属于借款人的义务。

3. D [解析]贷款的合规性审查主要指银行业务人员对借款人和担保人的资格合乎法律和监管要求的行为进行的调查、认定。

4. D [解析]贷款的效益性是指贷款经营的盈利状况,综合反映了商业银行经营管理的水平。

5. C [解析]根据《贷款通则》的规定,信贷业务人员要将贷前调查与信用风险分析结果形成贷前调查报告,供风险管理部门或风险评审委员会评审、批准。

6. B [解析]对于申请外汇贷款的客户,业务人员要调查认定借款人、保证人承受汇率、利率风险的能力,尤其要注意汇率变化对抵(质)押担保额的影响程度。

7. B [解析]在对客户总体情况了解之后,调查人员应及时对客户的贷款申请(此时的申请通常不正式)作出必要反应。如客户的贷款申请可以考虑(但还不确定是否受理),调查人员应当向客户获取进一步的信息资料,并准备后续调查工作,注意不得超越权限轻易作出有关承诺。如客户的贷款申请不予考虑,调查人员应留有余地地表明银行立场,向客户耐心解释原因,并建议其他融资渠道,或寻找其他业务合作机会。业务人员在与客户面谈以后,应当进行内部意见反馈,使下一阶段工作顺利开展。

8. A [解析]商业银行固定资产贷款贷前调查报告内容除需满足贷前调查报告内容一般要求外,还需包括:①项目合法性要件取得情况;②投资估算与资金筹措安排情况;③项目建设必要性及技术情况;④项目配套条件落实情况;⑤项目效益情况;⑥项目风险分析。

9. B [解析]贷款是商业银行最主要的资产业务,商业银行从广大储户那里吸收存款(负债业务)后,将这笔资金以更高的利率贷放出去,从而形成银行资产,贷款资产一般都占商业银行资产的绝大部分。

10. A [解析]贷前调查是银行发放贷款前最重要的一环,本阶段银行会花费相当的时间和精力,通过现场调研等各种方法对借款人的合法性、安全性、效益性等进行调查,核实各种情况,确保贷款具有必要的基础和条件,因而是贷款发放后能否如数按期收回的关键。

11. C [解析]非现场调查的方法包括:①搜寻调查;②委托调查;③其他方法,如业务人员可通过接触客户的关联企业、竞争对手或个人获取有价值信息,还可通过行业协会、政府的职能管理部门了解客户的真实情况。实地考察属于现场调研的方法之一。

12. C [解析]贷款的合规性是指银行业务人员对借款人和担保人的资格合乎法律的行为进行调查、认定。调查的内容应包括:①认定借款人、担保人合法主体资格;②认定借款人、担保人的法定代表人、授权委托人、法人公章、签名的真实性和有效性,并依据授权委托书所载明的代理事项、权限、期限认定授权委托人是否具有签署法律文件的资格、条件;③对需董事会决议同意借款和担保的,信贷业务人员应调查认定董事会同意借款、担保决议的真实性、合法性和有效性;④对需股东(大)会决议同意借款和担保的,信贷业务人员应调查认定股东(大)会同意借款、担保决议的真实性、合法性和有效性;⑤对抵押物、质押物清单所列抵(质)押物品或权利的合法性、有效性进行认定;⑥对贷款使用合法合规性进行认定;⑦对购销合同的真实性进行认定;⑧对借款人的借款目的进行调查。

13. B [解析]业务人员在与客户面谈以后,应当进行内部意见反馈,使下一阶段工作顺利开展。这一原则适用于每次业务面谈。必要时业务人员可通过其他渠道,如银行信贷咨询系统,对客户情况进行初步查询。面谈后,业务人员须及时撰写会谈纪要,为公司业务部门上级领导提供进行判断的基础性信息。撰写内容包括贷款面谈涉及的重要主体、获取的重要信息、存在的问题与障碍,以及是否需要做该笔贷款的倾向性意见或建议。为确保受理贷款申请的合理性,在必要情况下,业务人员还应将有关书面材料送交风险管理部门征求意见,或者按程序汇报主管行领导。

14. B [解析]贷款的效益性是指贷款经营的盈利情况,是商业银行经营管理活动的主要动力。业务人员开展的调查内容应包括:①结合当期资金成本、拨备等监管要求,计算该笔贷款的利差及风险调整后的收益情况。②对借款人过去和未来给银行带来收入、存款、贷款结算、结售汇等综合效益情况进行调查、分析、预测。B项是对贷款安全性调查的内容。

15. B [解析]贷款安全性调查的内容包括:①对借款人、保证人及其法定代表人的品行、业绩、能力和信誉精心调查,熟知其经营管理水平、公众信誉,了解其履行协议条款的历史记录;②考察借款人、保证人是否已建立良好的公司治理机制;③对借款人、保证人的财务管理状况进行调查;④对借款人过去3年的经营效益情况进行调查;⑤对原到期贷款及应付利息清偿情况进行调查,认定不良贷款数额、比例并分析成因;对没有清偿的贷款本息,要督促和帮助借款人制订切实可行的还款计划;⑥对有限责任公司和股份有限公司对外股本权益性投资和关联公司情况进行调查;⑦对抵押物的价值评估情况作出调查;⑧对于申请外汇贷款的客户,业务人员要调查认定借款人、保证人承受汇率、利率风险的能力,尤其要注意汇率变化对抵(质)押担保额的影响程度。

16. C [解析]如果银行确立了贷款意向,则表明该笔贷款可正式受理。出具贷款意向书在确立贷款意向之后发生。

17. D [解析]实务操作中,贷款受理阶段作为风险防范的第一道关口,业务人员应在贷款的派生收益与贷款本身安全性的权衡上,坚持将贷款安全性放在第一位,对安全性较差的项目在受理阶段须持谨慎态度。

18. D [解析]初次面谈时,对客户贷款需求状况的调查主要包括六个方面:①贷款目的;②贷款用途;③贷款金额;④贷款条件;⑤贷款期限;⑥贷款利率。

二、多项选择题

1. ABCE [解析]D项是贷前调查报告中担保情况的内容。

2. ABD [解析]贷款合规性调查的内容应包括:①认定借款人、担保人合法主体资格;②认定借款人、担保人的法定代表人、授权委托人、法人公章、签名的真实性和有效性；③对需董事会决议同意借款和担保的，信贷业务人员应调查认定董事会同意借款、担保决议的真实性、合法性和有效性；④对需股东(大)会决议同意借款和担保的，信贷业务人员应调查认定股东(大)会同意借款、担保决议的真实性、合法性和有效性；⑤对抵押物、质押物清单所列抵(质)押物品或权利的合法性、有效性进行认定；⑥对贷款使用合法合规性进行认定；⑦对购销合同的真实性进行认定；⑧对借款人的借款目的进行调查。

3. ABCE [解析]搜寻调查指通过各种媒介物搜寻有价值的资料开展调查。这些媒介物包括：有助于贷前调查的杂志、书籍、期刊、互联网资料、官方记录等。从其他银行处购买客户信息违反了银行业从业人员职业操守。

4. ADE [解析]进行贷款安全性调查，要考察借款人、保证人是否已建立良好的公司治理机制，主要包括是否制定清晰的发展战略、科学的决策系统、执行系统和监督系统、审慎的会计原则、严格的目标责任制及与之相适应的激励约束机制、健全的人才培养机制和健全负责的董事会。

5. BC [解析]贷前调查的方法包括现场调研、搜寻调查、委托调查和其他方法。开展现场调研工作通常包括现场会谈和实地考察两个方面。搜寻调查、委托调查和通过商会了解客户的真实情况都不属于现场调研。

6. ABCDE [解析]面谈中需了解的信息包括：①客户的公司状况。包括历史沿革、股东背景、资本构成、组织构架、产品情况、经营现状等。②客户的贷款需求状况。包括贷款目的、贷款用途、贷款期限、贷款条件等。③客户的还贷能力。包括现金流量构成、经济效益、还款资金来源、保证人的经济实力等。④抵押品的可接受性。包括抵押品种类、权属、价值、变现难易程度等。⑤客户与银行关系。包括客户与本行及他行的业务往来状况、信用履约记录等。

7. ACDE [解析]面谈过程中，调查人员可以按照国际通行的信用“6C”标准原则，即品德(Character)、资本(Capital)、能力(Capacity)、担保(Collateral)、环境(Condition)和控制(Control)，从客户的公司状况、贷款需求、还贷能力、抵押品的可接受性以及客户目前与银行的关系等方面集中获取客户的相关信息。

三、判断题

1. B [解析]委托调查可通过中介机构或银行自身网络开展调查。

2. A [解析]银企合作协议涉及的贷款安排一般属于贷款意向书性质。如果要求协议具有法律效力，则对其中的贷款安排应以借款合同来对待。因此，签订银企合作协议时业务人员首先应明确协议的法律地位，并据此谨慎对待协议条款。

3. B [解析]贷款承诺是借贷双方就贷款的主要条件已经达成一致，银行同意在未来特定时间内向借款人提供融资的书面承诺(这就表明贷款承诺不是在贷款意向阶段作出的)，贷款承诺具有法律效力。

4. B [解析]无论对于商业银行主动营销的客户还是向商业银行提出贷款需求的客户，信贷业务人员都应尽可能通过安排面谈等方式进行前期调查。

第三章 借款需求分析

视频精讲

视频内容：本章考点串讲

扫描二维码，**免费**观看精讲视频，助您轻松高效备考！

思维导图

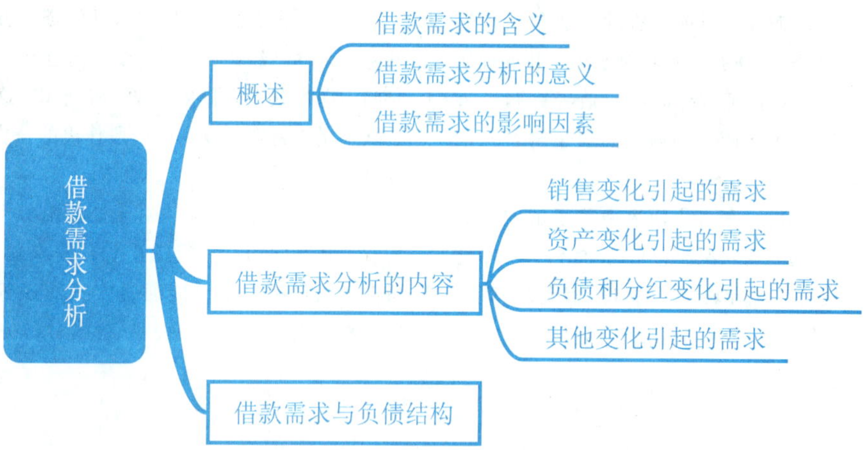

第一节 概述

考点精讲

一、借款需求的含义(★★)

借款需求是指公司由于各种原因造成了资金的短缺,即公司对现金的需求超过了公司的现金储备,从而需要借款。

借款需求与借款目的是两个紧密联系,但又相互区别的概念。借款需求指的是公司为什么会出现资金短缺并需要借款。借款需求的原因可能是由于长期性资本支出以及季节性存货和应收账款增加等导致的现金短缺。因此,公司的借款需求可能是多方面的。而借款目的主要是指借款用途,一般来说,长期贷款用于固定资产等非流动资产,短期贷款用于流动资产。

二、借款需求分析的意义(★★)

借款需求与还款能力和风险评估紧密相连,是决定贷款金额、期限、品种等要素的重要因素。通过了解借款企业在资本运作过程中导致资金短缺的关键因素和事件,银行能够更有效地评估风险,更合理地确定贷款期限,并帮助企业提供融资结构方面的建议。

三、借款需求的影响因素(★★)

影响公司借款需求的因素主要包括:季节性销售增长、长期销售增长、资产效率下降、固定资产重置及扩张、长期投资、商业信用的减少及改变、债务重构、利润率下降、红利支付、一次性或非预期支出等。

借款需求分析的基础是公司客户提供的财务报表,即资产负债表、利润表和现金流量表。

从资产负债表来看,季节性销售增长、长期销售增长、流动资产周转率下降可能导致流动资产增加;商业信用的减少及改变、债务重构可能导致流动负债的结构变化;固定资产的重置及扩张、长期投资可能导致长期资产的增加;红利支付可能导致资本净值的减少。从利润表来看,一次性或非预期支出、利润率的下降均可能影响企业的收支,进而影响企业的借款需求。

第二节　借款需求分析的内容

考点精讲

一、销售变化引起的需求(★★)

(一)季节性销售增长

具有季节性销售特点的公司将经历存货和应收账款等资产的季节性增长,存货增长通常会出现在销售旺季期间或之前,而应收账款增加则主要是由销售增长引起的。在季节性增长之后,这些资产会随着销售旺季的结束而减少,同时销售量也逐渐降低,公司经营将进入低谷时期。

知识点拨

季节性资产增加的主要融资渠道:

①季节性商业负债增加:应付账款和应计费用;

②内部融资,来自公司内部的现金和有价证券;

③银行贷款。

(二)长期销售收入增长

1.资产增长的模式

核心流动资产指的是在资产负债表上始终存在的那一部分流动资产。这部分资产应当由长期融资来实现。当一个公司的季节性销售收入和长期性销售收入同时增长时,流动资产的增长体现为核心流动资产和季节性资产的共同增长。留存收益是支撑销售长期增长的重要资金来源。用于支持长期销售增长的资本性支出(主要包括内部留存收益和外部长期融资),其融资业必须通过长期融资实现。

银行判断公司长期销售收入增长是否产生借款需求的方法一般有以下几种:

(1)快速简单的方法是判断持续的销售增长率是否足够高,比如年增长率超过10%。然而在很多情况下,这种粗略的估计方法并不能准确地判断实际情况。

(2)更为准确的方法是确定是否存在以下三种情况:销售收入保持稳定、快速的增长;经营现金流不足以满足营运资本投资和资本支出的增长;资产效率相对稳定,表明资产增长是由销售收入增加而不是效率的下降引起的。

2.可持续增长率的计算

可持续增长率是公司在没有增加财务杠杆情况下可以实现的长期销售增长率。

可持续增长率的假设条件如下:①公司的资产使用效率将维持当前水

平;②公司的销售净利率将维持当前水平,并且可以涵盖负债的利息;③公司保持持续不变的红利发放政策;④公司的财务杠杆不变;⑤公司未增发股票,增加负债是其唯一的外部融资来源。

内部融资的资金来源是净资本、留存收益和增发股票。

如果一个公司能够通过内部融资维持高速的销售增长,这意味着公司的利润水平要足够高,并且留存收益足以满足销售增长的资金需要。**一个公司的可持续增长率取决于以下四个变量**:①**利润率**:利率越高,销售增长越快;②**留存利润**:用于分红的利润越少,销售增长越快;③**资产使用效率**:效率越高,销售增长越快;④**财务杠杆**:财务杠杆越高,销售增长越快。

可持续增长率的具体计算公式为:

$$SGR=ROE\times RR/(1-ROE\times RR)$$

其中:SGR 表示可持续增长率;ROE 为资本回报率,即净利润与所有者权益的比率;RR 为留存比率,RR=1-红利支付率。

3.**可持续增长率的作用**

通过对可持续增长率的分析,可以获得以下重要信息,这些信息与可持续增长率的四个影响因素有关:

(1)在不增加财务杠杆的情况下,利润率、资产使用效率、红利支付率均保持不变,公司的销售增长速度如何?

(2)在红利支付率、资产使用效率和财务杠杆保持不变,利润率可变的情况下,公司的销售增长情况如何?

(3)如果公司的资产使用效率改变了,要保持公司目前的经营杠杆、利润率和红利分配政策,销售增长情况将如何变化?

(4)在资产效率和利润率不变的情况下,公司通过外部融资增加财务杠杆,销售增长情况将如何?

(5)如果公司提高了红利支付率,这将对公司的内部融资能力产生什么样的影响?

如果公司的运营情况基本稳定,以上问题可以通过替代可持续增长率的四个影响因素或引入新的假设来衡量。为了分解并解释每个变量的变化影响,公式中 ROE 可以分解为如下三个组成因子:①净利润率,即净利润与销售收入的比率;②总资产周转率,即销售收入与总资产的比率;③杠杆率,即总资产与所有者权益的比率或 1+负债/所有者权益。由此,可以得到如下表达式:

$$\begin{aligned}ROE&=\text{利润率}\times\text{总资产周转率}\times\text{财务杠杆率}\\&=\frac{\text{净利润}}{\text{销售收入}}\times\frac{\text{销售收入}}{\text{总资产}}\times\frac{\text{总资产}}{\text{所有者权益}}\end{aligned}$$

$$SGR=\frac{\frac{\text{净利润}}{\text{销售收入}}\times\frac{\text{销售收入}}{\text{总资产}}\times\frac{\text{总资产}}{\text{所有者权益}}\times RR}{1-(\frac{\text{净利润}}{\text{销售收入}}\times\frac{\text{销售收入}}{\text{总资产}}\times\frac{\text{总资产}}{\text{所有者权益}}\times RR)}$$

银行接到一笔新的贷款业务时，可持续增长率是需要重点关注的。当资产净值无法维持公司的增长时，如公司股东不增资，公司必然会寻求增加负债，加大财务杠杆。

二、资产变化引起的需求(★★)

(一)资产效率的下降

如果公司的现金需求超过了现金供给，那么资产效率下降和商业信用减少可能成为公司贷款的原因。**通常，应收账款、存货的增加，以及应付账款的减少将引起现金需求。资产效率的下降主要表现为应收账款和存货的增加，及应付账款的减少。**这三项对资金需求的影响可参考下列公式：

应收账款引起的资金变化量＝(期末应收账款周转天数－期初应收账款周转天数)×期末销售收入/360

存货引起的资金变化量＝(期末存货周转天数－期初存货周转天数)×期末销售成本/360

应付账款引起的资金变化量＝(期末应付账款周转天数－期初应付账款周转天数)×期末主营业务成本/360

营业周期(也称经营周期)是指公司用现金购得产品或服务，然后出售给顾客获得现金所经历的时间。一般公司运营除了受到季节因素影响外，也会表现出营业周期变动。营业周期与资金周转周期同应收账款周转天数、存货周转天数和应付账款周转天数相关。

银行在进行借款需求分析时，可根据以上内容大致判定客户借款需求是否由资产效率下降而引起，及其相应的规模，并做出正确的贷款决策。

(二)固定资产的重置和扩张

1.固定资产的重置

固定资产重置的原因主要是设备自然老化和技术更新。与公司管理层进行必要的沟通，有助于了解固定资产重置的需求和计划。

借款公司在向银行申请贷款时，通常会提出明确的融资需求，同时银行也能通过评估以下几方面来达到预测需求的目的：

①**公司的经营周期，资本投资周期，设备的使用年限和目前状况；**

②**影响固定资产重置的技术变化率。**

如果一个公司在运营中需要大量的固定资产，并且固定资产已近乎完全折旧，这就可能需要重置一些固定资产，可以使用“固定资产使用率”这一指标来评估重置固定资产的潜在需求：

$$\text{固定资产使用率}=\frac{\text{累计折旧}}{\text{总折旧固定资产}}\times 100\%$$

其中，在“总折旧固定资产”中要排除不需要折旧的固定资产。比如，在会计上，土地是不折旧的，因此，土地也无须重置。

结合固定资产使用率，银行可以对剩余的固定资产寿命作出一个粗略的估计，进一步推测未来固定资产的重置时机。"固定资产剩余寿命"可以用来衡量公司全部固定资产的平均剩余寿命：

$$\text{固定资产剩余寿命}=\frac{\text{净折旧固定资产}}{\text{折旧支出}}$$

2.固定资产扩张

通过分析销售和净固定资产的发展趋势，银行可以初步了解公司的未来发展计划和设备扩张需求之间的关系，这时销售收入/净固定资产比率是一个相当有用的指标。通常来讲，如果该比率较高或不断增长，则说明固定资产的使用效率较高。然而，超过一定比率以后，生产能力和销售增长就变得相当困难了，此时销售增长所要求的固定资产扩张便可以成为企业借款的合理原因。如果银行能够获得公司的行业信息，然后将公司销售收入与净固定资产比率同相关行业数据进行比较，也能获得很多有价值的信息。

（三）股权投资

最常见的长期投资资金需求是收购子公司的股份或者对其他公司的相似投资。长期投资属于一种战略投资，其风险较大，因此，**最适当的融资方式是股权性融资**。在发达国家，银行会有选择性地为公司并购或股权收购等提供债务融资，其选择的主要标准是收购的股权能够提供控制权收益，从而形成借款公司部分主营业务。

三、负债和分红变化引起的需求(★★)

（一）商业信用的减少和改变

应付账款被认为是公司的无成本融资来源，因为公司在应付账款到期之前可以充分利用这部分资金购买商品和服务等。如果应付账款还款期限缩短了，那么公司的管理者将不得不利用后到期的应付账款偿还已经到期的应付账款，从而减少在其他方面的支出，这就可能造成公司的现金短缺，从而形成借款需求。

（二）债务重构

如果销售收入增长足够快，且核心流动资产的增长主要是通过短期融资而不是长期融资实现的，那么，这时就需要将短期债务重构为长期债务。替代债务的期限取决于付款期缩短和财务不匹配的原因，以及公司产生现金流的能力。

在某些情况下，公司可能仅仅想用一个债权人取代另一个债权人，原因可能是：①对现在的银行不满意；②想要降低目前的融资利率；③想与更多的银行建立合作关系，增加公司的融资渠道；④为了规避债务协议的种种限制，想要归还现有的借款。

（三）红利发放

银行可以通过以下方面来衡量公司发放红利是否为合理的借款需求：

(1)公司为了维持在资本市场的地位或者满足股东的最低期望，通常会定期发放股利。在公司申请借款时，银行要判断红利发放的必要性，如果公司的股息发放压力并不是很大，那么红利就不能成为合理的借款需求原因。

(2)通过经营现金流量分析来判断公司的经营净现金流是否为正，偿还债务、资本支出和预期红利发放是否存在缺口。判断借款资金需求的合理性。

(3)对于定期支付红利的公司来说，银行要判断其红利支付率和发展趋势。如果公司持续盈利及获取现金能力以及未来的发展已经无法满足现在的红利支付水平，那么红利发放就不能成为合理的借款需求原因。

四、其他变化引起的需求(★)

(一)利润率下降

公司如果连续几年利润较低或几乎没有利润，就需要依靠银行借款来应付各种支出。因为低利润经营的公司很难获得现金收入，也就不可能积累足够的资金用于季节性支出和非预期性支出，所以，低利润就有可能引起借款需求。

银行可以通过分析公司的利润表和经营现金流量表来评估公司盈利能力下降所产生的影响。其中，共同比利润表将收益和支出量化为销售百分比的形式，使得相互之间的关系更清晰。

(二)非预期性支出

公司可能会遇到意外的非预期性支出，比如保险之外的损失、与公司重组和员工解雇相关的费用、法律诉讼费等，一旦这些费用超过了公司的现金储备，就会导致公司的借款需求。在这种情况下，银行要结合其他借款需求的分析方法来判断公司的借款需求，要弄清楚公司为什么会没有足够的现金应付目前的问题。

第三节　借款需求与负债结构(★★)

考点精讲

短期资金需求要通过短期融资来实现，长期资金需求要通过长期融资来实现。但实际中，一些与流动资产和营运资金有关的融资需求也可能与长期融资需求相关。

1.季节性销售模式

季节性融资一般是短期的。在季节性资金需求增长期间，这时往往需要通过外部融资来弥补公司资金的短缺。银行对公司的季节性融资通常在一年以内，而还款期安排在季节性销售低谷之前或之中，此时，公司的流动资金需求下降，能够收回大量资金。期限匹配的目的就是保证银行发放的短期贷款只用于公司的短期需求，从而确保银行能够按时收回所发放的贷款。

2.销售增长旺盛时期

没有流动资产和固定资产的支持，稳定、长期的销售增长是不可能实现的。**公司大量的核心流动资产和固定资产投资需求超出净经营现金流，必然需要额外的融资。**对核心资产的大量投资所需的融资需求，表面上看是一种短期融资需求，实际上则是一种长期资金占用。

3.资产使用效率下降

应收账款和存货周转率的下降可能成为长期融资和短期融资需求的借款原因。公司流动资产周转效率的下降，即应收账款和存货周转率的下降可能导致长期融资需求，也可能导致短期融资需求，银行在发放贷款时必须有效识别借款需求的本质，从而保证贷款期限与公司借款需求相互匹配。

4.固定资产重置或扩张

对于厂房和设备等固定资产重置的支出，其融资需求是长期的，银行在作出贷款决策时应当根据公司的借款需求和未来的现金偿付能力决定贷款的金额和期限。

5.长期投资

用于长期投资的融资应当是长期的。除了维持公司正常运转的生产设备外，其他投资需求可能具有更大的不确定性，银行应当谨慎受理，以免加大信用风险暴露。

6.商业信用的减少和改变

商业信用的减少反映在公司应付账款周转天数的下降，这就意味着公司需要额外的现金及时支付给供货商。**如果现金需求超过了公司的现金储备，那么应付账款周转天数的下降就可能会引起借款需求。**类似于应收账款周转率和存货周转率的变化，分析人员应当判断这种变化是长期的还是短期的。

7.债务重构

银行除了评价公司的信誉状况和重构的必要性，还应当判断所要重构的债务是长期的还是短期的。**主要的相关因素包括：**①借款公司的融资结构状况；②借款公司的偿债能力。

8.盈利能力不足

如果公司的盈利能力不足只是借款需求的间接原因，即公司的目前盈利能够满足日常的经营支出，但没有足够的现金用于营运资本和厂房设备的投资，银行受理此种贷款申请时也要非常谨慎。其原因是，在缺少内部融资渠道（比如股东出资）的情况下，盈利能力不足会引起其他借款需求；此外，盈利能力不足也可能会增加公司的财务杠杆，从而加大债权人的风险暴露。

9.额外的或非预期性支出

一些借款需求从表面上看可能是短期融资，但实际上可能是长期融资。如果银行在发放贷款时不能够有效识别借款需求的本质，就可能出现贷款到期后借款公司无法归还贷款的情况，从而加大银行的风险。银行在受理借款申请时，应进行有效的借款需求分析，判断借款原因和实质，从而在长期贷款和短期贷款之间作出合理安排。

高频考点预测试题

一、单项选择题（以下各小题所给出的四个选项中，只有一项符合题目要求，请选择相应选项，不选、错选均不得分）

1. 下列不会形成企业的借款需求的是（　　）。
   A. 应收账款的增加
   B. 存货的增加
   C. 存货的减少
   D. 应付账款的减少

2. 某公司2018年初拥有总资产10 839万元，总负债5 973万元，所有者权益4 866万元，实现销售额14 981万元，销售净利润786元，计划将其中304万元发放红利，则公司的可持续增长率为（　　）。
   A. 0.10　　B. 0.11
   C. 0.12　　D. 0.15

3. 以下不属于公司负债和分红变化引起的借款需求的是（　　）。
   A. 债务重构
   B. 股权投资
   C. 商业信用的减少和改变
   D. 红利的变化

4. 如果某公司的固定资产使用率（　　），就意味着投资和借款需求很快将会上升，具体由（　　）决定。
   A. 小于20%或30%；行业技术变化比率
   B. 小于20%或30%；设备使用年限
   C. 大于60%或70%；行业技术变化比率
   D. 大于60%或70%；设备使用年限

5. 借款需求分析中，通过了解借款企业导致（　　）的关键因素和事件，银行能够更有效地评估风险。
   A. 盈利　　B. 资金短缺
   C. 现金流入　　D. 现金流出

6. 如果某公司固定资产的累计折旧为50万元，总固定资产为100万元，总折旧固定资产为80万元，则该公司的固定资产使用率为（　　）。
   A. 62.5%　　B. 50%
   C. 80%　　D. 100%

7. 某企业向银行申请短期季节性融资，银行经借款需求分析，发现该企业比以往季节性融资时所持现金少很多，原因是该企业新近购买了一台长期设备，此时银行应向企业提供（　　）。
   A. 短期贷款
   B. 长期贷款
   C. 固定资产贷款
   D. 长、短期贷款相结合的贷款

8. 某公司2018年初拥有总资产8 500万元，总负债4 500万元，公司2017全年共实现销售净利润600万元，计划将其中270万元发放红利，则公司的可持续增长率为（　　）。
   A. 3.25%　　B. 4%
   C. 7.24%　　D. 8.99%

9. 下列选项中，公司发放红利不是合理的借款需求原因的是(　　)。
   A. 公司股息发放的压力很大
   B. 公司的经营净现金流不能满足偿还债务、资本支出和预期红利发放的需要
   C. 定期支付红利的公司未来发展无法满足现有的红利支付水平
   D. 公司的投资者不愿在经营状况不好时削减红利

10. 当公司(　　)时，资产效率下降和商业信用减少可能成为公司贷款的原因。
   A. 现金需求低于现金供给
   B. 现金需求高于现金供给
   C. 现金需求增加
   D. 现金供给减少

11. 借款需求是公司对(　　)的需求超过自身储备，从而需要借款。
   A. 流动资金　　B. 资产
   C. 资金　　D. 现金

12. 对于长期销售增长企业，(　　)对于销售收入增长显得非常重要。
   A. 科学技术　　B. 资产效率
   C. 资产增加　　D. 季节因素

13. 下列情形中，可能导致长期资产增加的是(　　)。
   A. 季节性销售增长
   B. 长期销售收入增长
   C. 资产效率下降
   D. 固定资产扩张

14. 下列关于借款需求和借款目的的说法，不正确的是(　　)。
   A. 借款需求是指公司对现金的需求超过了公司的现金储备，从而需要借款
   B. 未分配利润增加会产生借款需求
   C. 借款目的主要指借款用途
   D. 一般来说，长期贷款用于长期融资的目的

15. 对于长期销售增长的企业，下列比率最适合作为判断公司是否需要银行借款依据的是(　　)。
   A. 可持续增长率　B. 年度增长率
   C. 成本节约率　　D. 生产效率

16. 下列关于应付账款的说法，不正确的是(　　)。
   A. 应付账款被认为是公司的无息融资来源
   B. 当公司出现现金短缺时，通常会向供应商请求延期支付应付账款
   C. 如果公司经常无法按时支付应付账款，其商业信用会减少
   D. 应付账款还款期限延长，可能造成公司的现金短缺，从而形成借款需求

17. 季节性资产增加中，应付账款、应计费用属于(　　)融资渠道。
   A. 季节性负债
   B. 季节性资产
   C. 间接融资
   D. 直接融资

18. 营运资本投资是指公司对(　　)的投资。
   A. 流动资金
   B. 季节性资产
   C. 季节性负债
   D. 季节性资产超过季节性负债部分

19. 用于支持企业长期销售增长的资本性支出，主要包括内部留存收益与(　　)。
   A. 内部短期融资
   B. 内部长期融资
   C. 外部短期融资
   D. 外部长期融资

20. 在估计可持续增长率时，通常假设内部融资资金的主要来源是(　　)。
   A. 净资本　　B. 留存收益
   C. 增发股票　　D. 增发债券

二、多项选择题（以下各小题所给出的五个选项中，有两个或两个以上符合题目要求，请选择相应选项，多选、少选、错选均不得分）

1. 对于借款公司的债务重构，银行应当评价的因素包括（　　）。
   A. 公司的信誉状况
   B. 公司进行债务重构的必要性
   C. 公司的融资结构状况
   D. 公司的偿债能力
   E. 重构债务的期限
2. 就银行借款而言，公司债务重构的原因可能是（　　）。
   A. 对现在银行不满意
   B. 逃避借款银行的监管
   C. 降低现有贷款的利率
   D. 想同多家银行合作以拓宽融资渠道
   E. 规避现有贷款协议的某些规定
3. 某公司上一年度的净利润为 570 万元，销售收入为 9 700 万元，总资产为 12 000 万元，所有者权益为 6 700 万元，则该公司上一年度的（　　）。
   A. ROE 为 9%
   B. ROE 为 8.5%
   C. 净利润率为 5.9%
   D. 净利润率为 6.9%
   E. 总资产周转率为 80.8%
4. 固定资产使用率指标的不足之处有（　　）。
   A. 虽然固定资产基础可能相对较新，但有一些资产可能仍需要重置
   B. 公司可能使用完全折旧但未报废的机械设备
   C. 公司可能在设备完全折旧之前就重置资产
   D. 固定资产使用价值会因折旧会计政策的变化和经营租赁的使用而被错误地理解
   E. 在计算时没有考虑土地
5. 银行判断公司销售收入增长是否会产生借款需求的方法有（　　）。
   A. 判断其持续销售增长率是否足够高
   B. 判断利润增长率
   C. 判断成本节约率
   D. 判断其资产效率是否相对稳定，销售收入是否保持稳定、快速增长，且经营现金流是否不足以满足营运资本投资和资本支出的增长
   E. 比较若干年的“可持续增长率”与实际销售增长率
6. 下列情形中，可能会导致公司借款需求的有（　　）。
   A. 存货和应收账款的季节性增加
   B. 源自长期销售增长的核心流动资产增长
   C. 公司连续几年利润较低
   D. 面临高额的法律诉讼费支出
   E. 出现保险之外的损失
7. 对于固定资产重置引起的融资需求外，除了借款公司自己提出明确的融资需求外，银行还可以通过评估（　　）来预测。
   A. 公司的经营周期
   B. 资本投资周期
   C. 设备的折旧情况
   D. 设备的目前状况
   E. 影响非流动资金周转的因素
8. 下列情形中，可能带来长期借款需求的有（　　）。
   A. 债务重构
   B. 资产效率降低
   C. 固定资产重置
   D. 应付账款周转天数减少
   E. 非预期性支出

三、判断题(请对以下各题的描述作出判断,正确选A,错误选B)

1. 银行在分析借款企业因固定资产扩张导致借款需求时,可将公司销售收入/净固定资产比率与银行相似客户进行比较,能获得很多有价值的信息。 ( )
2. 公司借款需求与借款目的区别在于:借款需求强调借款发生的原因,而借款目的强调借款的用途。 ( )
3. 固定资产重置的原因主要是设备自然老化和技术更新。 ( )
4. 总折旧固定资产中应当包含土地。 ( )
5. 可持续增长率是在不增发新股的条件下,企业销售所能增长的最大比率。 ( )

参考答案及解析

一、单项选择题

1. C [解析] 通常,应收账款、存货的增加,以及应付账款的减少将形成企业的借款需求。

2. B [解析] 根据题干信息可得:ROE=净利润÷所有者权益=786÷4 866=0.16。红利支付率=股息分红÷净利润=304÷786=0.39。RR=1-红利支付率=1-0.39=0.61。SGR=(ROE×RR)÷(1- ROE×RR)=(0.16×0.61)÷(1- 0.16×0.61)=0.11。

3. B [解析] 股权投资属于资产变化引起的需求。

4. C [解析] 如果一个公司的固定资产使用率大于60%或70%,这就意味着投资和借款需求很快将会上升,具体由行业技术变化比率决定。

5. B [解析] 借款需求分析中,通过了解借款企业在资本运作中导致资金短缺的关键因素和事件,银行可以找到潜在风险源,更全面、更有效地评估风险,更合理地确定贷款期限,并为企业提供融资结构方面的建议。

6. A [解析] 该公司固定资产使用率=(累计折旧 /总折旧固定资产)×100%=(50÷80)×100%=62.5%。

7. D [解析] 题中该企业真正的资金需求应为购买新设备导致的需求,因而其除了短期季节性融资需求外,还需要长期的设备融资,相应地,银行应当使用短期贷款和长期贷款相结合的方式来满足公司贷款的不同需求。

8. D [解析] 根据题中信息可得:该公司的净资产=总资产-总负债=8 500-4 500=4 000(万元),ROE=净利润/净资产=600÷4 000=0.15;红利支付率=股息分红/净利润=270÷600=0.45,留存比率=1-红利支付率=1-0.45=0.55,则该公司的可持续增长率为SGR=ROE×RR/(1-ROE×RR)=0.15×0.55÷(1-0.15×0.55)=0.089 9,即为8.99%。

9. C [解析] 银行可以通过以下方面来衡量公司发放红利是否为合理的借款需求:①公司为了维持在资本市场的地位或者满足股东的最低期望,通常会定期发放股利。在公司申请借款时,银行要判断红利发放的必要性,如果公司的股息发放压力并不是很大,那么红利就不能成为合理的借款需求原因。②通过经营现金流量分析来判断公司的经营净现金流是否为正,偿还债务、资本支出和预期红利发放是否存在资金缺口。判断借款资金需求的合理性。③对于定期支付红利的公司来说,银行要判断其红利支付率和发展趋势。如果公司持续盈利及获取现金能力以及未来的发展已经无法满足现在的红利支付水平，那么红利发放就不能成为合理的借款需求原因。

10. B ［解析］如果公司的现金需求超过了现金供给，资产效率的下降和商业信用的减少可能成为公司贷款的原因。因为资产效率的下降和商业信用的减少可能导致公司经营周期发生变化（暂时或永久的），这必然会要求企业增加额外的现金。通常，应收账款和存货的增加、应付账款的减少（反映商业信用的减少）将导致企业的借款需求。

11. D ［解析］借款需求是指公司对现金的需求超过了公司现金的储备，从而需要借款。这里现金是指央行发行的处于流通中的人民币，包含纸币与硬币，它只是货币的一部分，而货币就是资金。

12. C ［解析］对于一个企业，要维持销售收入持续稳定的增长，只有通过资产增加或资产效率上升，但通常资产效率很难实现长期持续增长，此时资产的增加对销售收入增长就十分重要。

13. D ［解析］从资产负债表看，季节性销售增长、长期销售收入增长、资产效率下降可能导致流动资产增加。固定资产重置及扩张、长期投资可能导致长期资产的增加。

14. B ［解析］借款需求是指公司由于各种原因造成了资金的短缺，即公司对现金的需求超过了公司的现金储备，从而需要借款。借款目的主要指借款用途，一般来说，长期贷款用于长期融资的目的，短期贷款用于短期融资的目的。未分配利润增加会增加现金，不产生借款需求。

15. A ［解析］可持续增长率是公司在没有增加财务杠杆情况下可实现的长期销售增长率，也就是指主要依靠内部融资可实现的增长率。在得到若干年的可持续增长率之后，可将其与公司的实际销售增长率相比较，如果实际销售增长率明显高于可持续增长率，表明仅靠内部融资难以长久支撑如此高的销售增长率，即企业需要借款。但可持续增长率需在满足一定假设条件下才可用。

16. D ［解析］应付账款被认为是公司的无成本融资来源，因为公司在应付账款到期之前可以充分利用这部分资金购买商品和服务。当公司出现现金短缺时，通常会向供应商请求延期支付应付账款。但如果公司经常无法按时支付货款，商业信用就会大幅减少，供货商就会要求公司交货付款。如果应付账款还款期限缩短了，那么公司的管理者将不得不利用后到期的应付账款偿还已经到期的应付账款，从而减少在其他方面的支出，这就可能造成公司的现金短缺，从而形成借款需求。应付账款还款期限延长，不会导致公司借款需求的产生。

17. A ［解析］应付账款、应计费用均属于随着季节性企业销售收入和资产的季节性波动而发生季节性波动的负债，因而被称为季节性负债。在生产经营中，由于应付账款、应计费用从发生到支付有一定的时间间隔，因而在此期间这两笔费用可等同为自有资金，被拿来为企业季节性资产增加融资。

18. D ［解析］通常状况下，季节性负债增加难以满足季节性资产增长所产生的资金需求，当季节性资产数量超过季节性负债时，超出部分就需要通过公司内部融资或银行贷款来补充，这部分融资就称为营运资本投资。

19. D ［解析］资本性支出主要包括内部留存收益与外部长期融资两种，其中，内部留存收益是靠公司生产经营积累的、未作为红利发放出去的收益。但即使是利润率很高的公司，仅靠内部融资也很难满足持续、快速的销售收入增长的需求，此时就要从外部融资，如银行贷款。

20. B ［解析］内部融资的资金来源主要是净资本、留存收益和增发股票。一般情况下，企业不能任意发行股票，因此，在估计可持续增长率时通常假设内部融资的资金来源主要是留存收益。

二、多项选择题

1. ABCDE [解析] 银行除了评价公司的信誉状况和重构的必要性，还应当判断所要重构的债务是长期的还是短期的。主要的相关因素包括：①借款公司的融资结构状况；②借款公司的偿债能力。

2. ACDE [解析] 在某些情况下，公司可能仅仅想用一个债权人取代另一个债权人，原因可能是：①对现在的银行不满意；②想要降低目前的融资利率；③想与更多的银行建立合作关系，增加公司的融资渠道；④为了规避债务协议的种种限制，想要归还现有的借款。在这种情况下，银行要通过与公司管理层的详细交谈了解债务重构的原因是否真实，并进一步判断是否适合发放贷款。

3. BCE [解析] 该公司上一年度的ROE＝净利润/所有者权益＝570÷6700≈8.5%；净利润率＝净利润/销售收入＝570÷9 700≈5.9%；总资产周转率＝销售收入/总资产＝9 700÷12 000≈80.8%。

4. ABCD [解析] 固定资产使用率粗略地反映了固定资产的折旧程度，但也存在以下不足之处：①该比率中的固定资产价值代表了一个公司的整个固定资产基础，而固定资产基础可能相对较新，但有一些个人资产可能仍需要重置。②折旧并不意味着用光。就公司而言，使用完全折旧但未报废的机械设备是很正常的。③为了提高生产力，公司可能在设备完全折旧之前就重置资产。④固定资产使用价值会因折旧会计政策的变化和经营租赁的使用而被错误理解。在计算固定资产使用率时，总折旧固定资产要排除不需要折旧的固定资产。比如，在会计上，土地是不折旧的。

5. AD [解析] 银行判断公司长期销售收入增长是否会产生借款需求的方法主要有2种：①快速简单的方法是判断持续的销售增长率是否足够高。②更为准确的方法是确定是否存在以下情况：销售收入保持稳定、快速增长；经营现金流不足以满足营运资本投资和资本支出的增长；资产效率相对稳定。

6. ABCDE [解析] 存货和应收账款等资产的季节性增加需要现金去满足其增长的需要，一个主要的融资渠道是银行贷款。源自长期销售增长的核心流动资产增长，必须由长期融资来实现，向银行申请贷款是融资渠道之一。公司如果连续几年利润较低或几乎没有利润，就会损失掉大量现金，因而，公司就需要依靠银行借款来应付各种支出。公司可能会遇到意外的非预期性支出，比如保险之外的损失、设备安装、与公司重组和员工解雇相关的费用、法律诉讼费等，一旦这些费用超过了公司的现金储备，就会导致公司的借款需求。

7. ABD [解析] 拟进行固定资产重置的借款公司在向银行申请贷款时，通常会提出明确的融资需求，但是银行也能通过评估以下几方面来达到预测需求的目的：①公司的经营周期，资本投资周期，设备的使用年限和目前状况；②影响固定资产重置的技术变化率。

8. ABCDE [解析] 债务重构、资产效率降低、固定资产重置、应付账款周转天数减少、非预期性支出都可能带来长期借款需求。

三、判断题

1. B [解析] 银行在分析借款企业因固定资产扩张导致的借款需求时，将公司销售收入/净固定资产比率同行业相关数据进行比较，可获得很多有价值的信息。

2. A [解析] 借款需求与借款目的的区别在于：借款需求是指公司为什么会出现资金短缺而需要借款，其原因可能是由于长期性资本支出、季节性存货、应收账款增加等，因此公司的借款需求可能是多方面的；而借款目的主要指借款的用途，一般来说，长期贷款用于长期融资的目的，短期贷款则用于短期融资的目的。

3. A [解析] 固定资产重置的原因主要是

设备自然老化和技术更新。

4. B [**解析**] 在总折旧固定资产中要排除不需要折旧的固定资产。在会计上，土地是不折旧的，因此，土地也无须重置。

5. B [**解析**] 可持续增长率是公司在没有增加财务杠杆情况下可以实现的长期销售增长率，也就是说主要依靠内部融资即可实现的增长率。

第四章 贷款环境风险分析

视频内容：本章考点串讲

扫描二维码，**免费**观看精讲视频，助您轻松高效备考！

视频精讲

思维导图

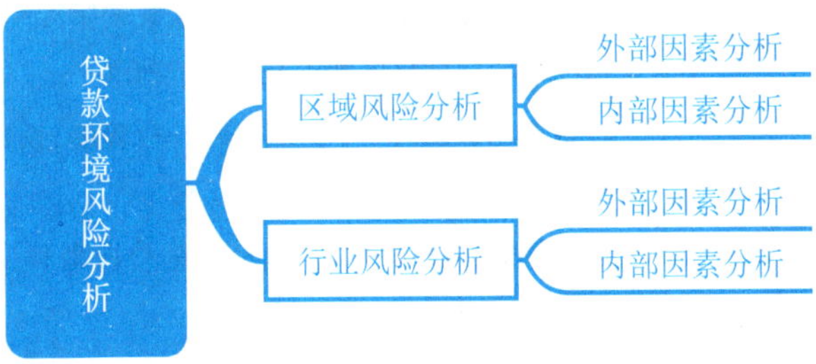

第一节 区域风险分析

区域风险是指受特定区域的自然、社会、经济、文化和银行管理水平等因素的影响，而使信贷资产遭受损失的可能性。这既包括外部因素引发的区域风险，也包括内部因素导致的区域风险。

一、外部因素分析(★★)

1.区域经济发展水平

经济是金融风险的源泉，一个地区经济发展水平决定了该地区金融生态环境的基本面。地方经济出现问题，必定会影响当地金融业健康发展。

表 4-1 区域经济发展水平指标

指标	相关说明
地区生产总值(GRDP)(或地区人均 GRDP 水平)	该指标能够反映区域总体经济水平和实力
地区 GRDP 增长率	该指标反映区域经济发展的态势和前景
地方财政收入(或可支配财力)	该指标反映地方政府财政实力和财政支出的能力
固定资产投资总量	固定资产投资是拉动国民经济增长的重要引擎，该指标能够反映区域经济活跃程度和未来增长的前景
实际利用外资总额	该指标能够反映一个地区对外开放程度、投资环境和投资吸引力情况
进出口贸易总量	该指标能够反映一个地区经济的外向型程度和在国际化分工中的竞争实力
人均社会零售商品总额	该指标能够反映一个地区居民购买力和物质文化生活水平
第三产业经济增加值占比	该指标能够反映一个地区经济结构转型和优化的程度，一般来说该指标越高，说明地区服务业对经济贡献程度越大，经济增长质量越好

2.区域金融发展水平

区域金融发展水平直接决定商业银行经营环境，影响银行业务发展规模、质量和结构。

表 4-2　　区域金融发展水平指标

指标	相关说明
地区存(贷)款总量及增长率	该指标能够反映一个地区金融总量及变化趋势
地区社会融资规模	该指标反映的是一定时期和一定区域内实体经济从金融体系获得的资金总额，是增量概念。反映了一个地区非金融企业通过直接和间接渠道获得的融资总规模
地区存贷比水平	该指标能够反映一个地区储蓄转换投资的效率情况
地区直接融资占比	该指标能够反映一个地区金融市场发育程度

3.地方政府债务水平

地方政府债务水平影响地方金融稳定，也影响银行信贷资金安全。

表 4-3　　地方债务水平指标

指标	相关说明
地方政府负债率	该指标指的是地方政府债务余额与地区生产总值之比，国际通行警戒标准为 60%
地方政府债务率	该指标是指地方政府债务余额与综合财力之比，国际货币基金组织建议警戒标准为 90%—150%

4.区域社会信用水平

区域社会信用水平在很大程度上影响商业银行信贷经营的资产质量和经济效益。

表 4-4　　区域社会信用水平指标

指标	相关说明
区域不良贷款率及其变化	该指标能够反映一个地区整体信用水平及变化趋势
银行诉讼债权回收率	该指标能够反映一个地区金融执法效率
其他指标	包括区域企业的欠税情况、政府性债务拖欠情况、商务合同违约情况、企业逃废债情况

二、内部因素分析(★★)

银行自身的风险内控管理水平对信贷经营质量也具有重要影响。风险内控能力通常会体现在银行的经营指标和数据上，因此可选取一些重要的内部指标来进行分析。**常用内部指标包括三个方面：信贷资产质量(安全性)、盈利性和流动性。**

1.信贷资产质量(安全性)

区域信贷资产质量是对区域信贷风险状况的直接反映，它是衡量内部风险最重要的指标。**信贷资产质量好，则表明该区域信贷风险低。**信贷资产质量可以用如下几个指标来评价，见下表。

表 4-5 信贷资产质量指标

指标	相关说明
不良贷款率	该指标从静态上反映了目标区域信贷资产整体质量
相对不良率	该指标反映目标区域信贷资产质量水平在银行系统中所处的相对位置。指标越高，区域风险越高。该指标大于 1 时，说明目标区域信贷风险高于银行一般水平
不良率变幅	该指标反映目标区域信贷资产质量和区域风险变化的趋势指标为负，说明资产质量上升，区域风险下降；指标为正，说明资产质量下降，区域风险上升
信贷余额扩张系数	该指标反映目标区域信贷规模变动对区域风险的影响指标小于 0 时，目标区域信贷增长相对较慢，负数较大意味着信贷处于萎缩状态；指标过大则说明区域信贷增长速度过快。扩张系数过大或过小都可能导致风险上升。该指标通常考察因区域信贷投放速度过快而产生扩张性风险
不良贷款生成率	该指标通过当年新生成不良贷款与年初贷款余额比值，反映目标区域信贷资产质量变化趋势。该指标越高，目标区域信贷资产质量恶化速度就越快，潜在风险越高
不良贷款剪刀差	该指标通过逾期 90 天以上贷款与不良贷款比值，反映目标区域贷款质量分类准确性和不良贷款真实水平情况，该指标越大，反映目标区域潜在风险越高
到期贷款现金回收率	该指标反映目标区域信贷资产不通过借新还旧、展期等方式正常回收情况
利息实收率	该指标反映目标区域信贷资产的收益实现情况

2.盈利性

信贷资产的利差边际和盈利能力是抵御风险的重要保证，目标区域信贷资产盈利性越好，抵御区域风险能力相对就越强。商业银行通常用以下指标来衡量目标区域的盈利性：

（1）净息差。该指标通过净利息收入与生息资产比值，反映目标区域信贷资产盈利能力。该指标越高，说明目标区域信贷资产收益能力越强。

（2）经济资本回报率（又称经风险调整后资本收益率 RAROC）。RAROC 是指信贷资产扣除资金成本、运营成本、风险成本（预期损失）、税收成本后的净收入相对经济资本（经济资本描述的是在一定的置信度水平上，银行经营某项资产，为了弥补该项资产为银行带来的非预计损失所需要的资本）的收益率水平。该指标越高，说明目标区域信贷资产实际盈利能力越好、机构风险定价能力越强。

（3）经济增加值（EVA）。该指标反映的是信贷资产扣除资金成本、运营成本、风险成本（预期损失）、税收成本及资本成本后的绝对收益。EVA>0，说明信贷资产为银行股东创造价值，EVA<0，说明信贷资产不仅没有为目标机构创造价值，相反还实际损害了银行股东利益。

3.流动性

分支机构流动性考核指标通常包括：

(1)存量存贷比率(又称“存贷比”或“贷存比”)，是指目标机构全部贷款余额与存款余额比例，该指标反映机构整体流动性水平。一家机构存贷比水平，应保持适中水平，指标值过高，会增加流动性风险；指标值过低，亦会影响机构收益水平。

(2)增量存贷比率，是指目标机构新增贷款与新增存款余额比，该指标反映一家机构存贷比动态趋势。增量存贷比率高于存量存贷比率，机构流动性将进一步降低或恶化。

第二节 行业风险分析

考点精讲

行业风险是指由于一些不确定因素的存在，导致对某行业生产、经营、投资或授信后偏离预期结果而造成损失的可能性。

一、外部因素分析(★★)

(一)行业成熟度

一般行业发展是要经过多个阶段的，不同的阶段又具有不同的特点。

表 4-6　行业发展各阶段的特点及风险分析

阶段	特点	风险分析
启动阶段	行业发展迅速，年增长率可以达到100%以上。但企业将来获得成功的几率很难估算。销售：由于价格比较高，销售量很小。利润：因为销售量低而成本相对很高，利润为负值。现金流：低销售，高投资和快速的资本成长需求造成现金流也为负值	处在启动阶段的行业代表着最高的风险
成长阶段	行业通常年增长率会超过20%。销售：产品价格下降的同时产品质量却取得了明显提高，销售大幅增长。利润：由于销售大幅提高、规模经济的效应和生产效率的提升，利润转变成正值。现金流：销售快速增长，现金需求增加，所以这一阶段的现金流仍然为负	成长阶段的企业代表中等程度的风险

续表

阶段	特点	风险分析
成熟阶段	一般年增长率在5%—10%之间。销售:产品价格继续下跌,销售额增长速度开始放缓。产品更多地倾向于特定的细分市场,产品推广成为影响销售的最主要因素。利润:由于销售的持续上升加上成本控制,这一阶段利润达到最大化。现金流:资产增长放缓,营业利润创造连续而稳定的现金增值,现金流最终变为正值	成熟期的行业代表着最低的风险
衰退阶段	销售额在很长时间内都是处于下降阶段。销售:通常以较为平稳的速度下降,但在一些特殊行业中有可能出现快速下降。利润:慢慢地由正变为负。现金流:先是正值,然后慢慢减小,现金流维持在正值的时间跨度一般长于利润的时间跨度	处在衰退期的行业代表相对较高的风险

(二)行业内竞争程度

竞争越激烈,企业面临的不确定性越大,企业的经营风险就越大,借款银行所要承担的信用风险就越大。

竞争程度的大小受很多因素影响,其中最主要和最普遍的因素包括:①行业分散和行业集中。②高经营杠杆增加竞争。③产品差异越小,竞争程度越大。④市场成长越缓慢,竞争程度越大。⑤退出市场的成本越高,竞争程度越大。⑥竞争程度一般在动荡期会增加。⑦在经济周期达到谷底时,企业之间的竞争程度达到最大。

知识点拨

行业分散是指一个行业中拥有大量数目的竞争企业,这种行业的竞争较激烈。

行业集中是指某一行业仅仅被数量很少的企业所控制,这种行业的竞争程度较低。

(三)替代品潜在威胁

替代品指的是来自于其他行业或者海外市场的产品。这些产品或者服务对需求和价格的影响越强,风险就越高。

(四)成本结构

成本结构指的是某一行业内企业的固定成本和可变成本之间的比例。成本结构可以影响行业和运营风险、利润和行业中企业的竞争性质。成本结构主要由以下几项所组成:

(1)固定成本。固定成本通常不随销售量的变化而变化,它一般包括固定资产的折旧、企业日常开支(水、电等)、利息、租赁费用、管理人员工资等花费。

(2)变动成本。变动成本随着生产和销售水平的变化而变化,它一般包括原材料、生产过程中的费用、广告及推广的费用、销售费用、人工成本(生产过程产生的)等。

(3)经营杠杆。如果一个行业固定成本占总成本的较大比例,我们就说这个行业的经营杠杆较高。在高经营杠杆行业中的企业在产销量越高的情况下获得的利润越高。

经营杠杆较高的行业，产品平均成本随着产销量的增加迅速下降。企业成本会随着生产销售的增加被分配到每一个产品中去，这一现象也被称作“规模经济效益”。对于高经营杠杆的成熟行业来说，维持市场占有率是保证盈利能力的关键因素。

(4)盈亏平衡点。盈亏平衡点是某一企业销售收入与成本费用相等的那一点。盈亏平衡点与经营杠杆有着直接的联系：高经营杠杆行业中的企业需要达到较高水平的销售收入来抵消较高的固定成本，这些企业的盈亏平衡点普遍也较高，如果盈亏平衡点较高，很小的销售下滑便有可能会导致较大的利润下滑。反过来说，盈亏平衡点越低，影响盈利水平的风险越小。

(五)经济周期

经济周期也称商业周期，是指市场经济体制下经济增长速度或者其他经济活动自然的上升和下降。经济周期会影响盈利能力和整个经济或行业的现金流，所以经济周期是信贷分析的关键要素。

经济周期通常包括四阶段或五阶段，五阶段的划分方法是把一个完整的经济周期划分为：顶峰、衰退、谷底、复苏和扩张五个阶段。

根据与经济周期变化趋势的异同，行业可以划分为：周期性行业、反周期性行业和非周期性行业。

商业银行在分析经济周期对行业风险的影响时，首先应当做到的是判断此行业是周期性、反周期性还是非周期性，然后需要判断周期对销售、利润和现金流的影响程度。经济周期对行业销售、利润和现金流的影响越大，信用风险就越大。风险度最高的行业是对经济周期敏感度最高，经济萧条或者长期的衰退会造成大量企业破产的行业；风险度低的行业通常受到经济周期的影响很小。

信贷业务人员必须了解行业周期性才可以合理地规划出短期贷款和长期贷款。这里面主要注意两点：其一，识别现行经济处于经济周期中的阶段，并预测今后几年的经济趋势；其二，对行业销售额、利润和现金流量进行量化分析。

(六)行业进入壁垒

进入壁垒是指行业内既存企业对于潜在企业和刚刚进入这个行业的新企业所具有的某种优势，即想进入或者刚刚进入这个行业的企业与既存企业竞争时可能遇到的种种不利因素。它具有保护行业内现有企业的功能，也是潜在竞争者进入市场时必须首先克服的困难。进入壁垒的高低，既反映了市场内已有企业优势的大小，也反映了新企业所遇障碍的大小。进入壁垒的高低是影响该行业市场垄断和竞争关系的一个重要因素，一般进入壁垒较高的行业，企业面临的竞争风险较小，它们维持现有高利润的机会就越大。

(七)行业政策法规

政策法规主要包括防污控制、水质、产品标准、保护性关税或者是价格控制等。不论是国家性的还是地区性的政策法规都随时可能发生变化，这就在商业环境中制造了很大的不确定性和行业风险。贷款企业受政策法规的影响程度决定了风险水平，企业受政策法规的影响越大，风险越大。

二、内部因素分析(★★)

银行内部相关行业资产质量情况，是行业风险最直接的表现。统计指标包括但不限于以下内容：行业不良率(及逾期率)、行业不良贷款变化率、行业不良贷款生成率、行业风险资产比例(关注类与不良合计/资产总额)、行业到期贷款现金回收率、行业不良贷款剪刀差等。

高频考点预测试题

一、单项选择题(以下各小题所给出的四个选项中，只有一项符合题目要求，请选择相应选项，不选、错选均不得分)

1. 成熟阶段行业的现金流：资产增长放缓，营业利润创造连续而稳定的现金增值，现金流最终(　　)。
   A. 变为负值　　B. 变为正值
   C. 变为零　　D. 无法确定
2. (　　)是指某一行业内企业的固定成本和可变成本之间的比例。
   A. 财务报表结构
   B. 成本结构
   C. 经营杠杆
   D. 盈亏平衡点
3. 下列关于衡量区域信贷资产质量的内部指标，说法正确的是(　　)。
   A. 利息实收率主要用于衡量目标区域盈利能力
   B. 信贷余额扩张系数过大或过小都可能导致信贷风险上升
   C. 不良率变幅大于1时，表明区域风险下降；小于1时，表明区域风险上升
   D. 信贷资产相对不良率为正时，说明目标区域信贷风险高于银行一般水平
4. 银行信贷专员小王在运用相关指标对B区域风险状况进行分析时，发现该银行的信贷资产相对不良率小于1、不良率变幅为负、贷款实际收益率较高，如果小王仅以以上信息来判断，则该区域风险(　　)。
   A. 较大，不适合发展信贷业务
   B. 较小，可发展信贷业务
   C. 根据前两项指标判断，信贷资产质量较差，导致区域风险较大；以第三项判断，盈利性较高，区域风险较小
   D. 根据前一项指标判断，信贷资产质量较差，区域风险较大；以第二、第三项判断，信贷区域风险较小
5. 下列关于行业风险分析的说法，正确的是(　　)。
   A. 目的在于识别同一行业所有企业面临的某方面的风险，并评估风险对行业未来信用度的影响
   B. 银行可根据各行业风险的特点，给予不同的信贷政策
   C. 行业风险评估的方法有两种，即波特五力模型与行业风险分析框架

D. 波特五力模型与行业风险分析框架中各因素是按重要程度先后排列的

6. 在行业发展的四阶段模型中，“行业动荡期”一般会出现在(　　)。

A. 启动阶段　　B. 成长阶段

C. 成熟阶段　　D. 衰退阶段

7. 在经济周期经过顶峰后，企业出现突如其来的销售增长下滑，这时(　　)。

A. 企业需要增加存货来增加资产持有

B. 即使出现了经济衰退，企业的信用度也不会下滑

C. 离最终的经济停滞甚至经济下滑还有很长一段时间

D. 信贷人员应等到经济出现负增长时才开始应对信贷风险

8. 下列关于行业风险分析框架中成本结构的说法，正确的是(　　)。

A. 指某一行业内长期成本与短期成本的比例

B. 企业固定成本主要指原材料、广告费用等

C. 经营杠杆较低行业成功的关键在于保持较高的销售量和维持市场占有率

D. 行业的经营杠杆越高，行业风险(信用风险)越高

9. 下列选项中，不属于度量银行风险内控管理水平指标的是(　　)。

A. 信贷资产质量　B. 稳定性

C. 盈利性　　D. 流动性

10. 下列各项中，反映区域信贷资产质量的指标是(　　)。

A. 信贷平均损失比率

B. 流动比率

C. 存量存贷比率

D. 增量存贷比率

二、多项选择题(以下各小题所给出的五个选项中，有两个或两个以上符合题目要求，请选择相应选项，多选、少选、错选均不得分)

1. 衡量区域流动性的指标包括(　　)。

A. 资产负债率　　B. 流动比率

C. 速动比率　　D. 存量存贷比率

E. 增量存贷比率

2. 成熟阶段行业的销售、利润和现金流的特点包括(　　)。

A. 产品价格继续下跌，销售额增长速度开始放缓

B. 产品更多地倾向于特定的细分市场，产品推广成为影响销售的最主要因素

C. 利润在这一阶段达到最大化

D. 资产增长加快

E. 营业利润创造连续而稳定的现金增值

3. 下列关于启动阶段行业的说法，正确的有(　　)。

A. 企业管理者一般都缺乏行业经验

B. 资金应当主要来自商业银行

C. 由于价格比较高，导致销售量很小

D. 销售量低而成本相对很高

E. 现金流为正值

4. 下列关于评价信贷资产质量的指标的说法，正确的有(　　)。

A. 不良贷款率从静态上反映了目标区域信贷资产整体质量

B. 信贷资产相对不良率小于1时，说明目标区域信贷风险低于银行一般水平

C. 不良率变幅为负时，说明资产质量下降

D. 利息实收率用于衡量目标区域信贷资产的收益实现情况

E. 不良贷款生成率用于衡量目标区域信贷资产的质量变化趋势

5. 影响行业风险的因素有(　　)。

A. 经济周期

B. 产业发展周期

C. 产业组织结构

D. 地区生产力布局

E. 产业链的位置

6. 处于成长阶段的行业特点包括(　　)。

A. 产品已经形成一定的市场需求

B. 相应的产品设计和技术问题已经得到有效的解决,并广泛被市场接受

C. 已经可以运用经济规模学原理来大规模生产

D. 由于竞争和生产效率的增加,产品价格出现下降

E. 产品和服务有较强的竞争力

三、判断题(请对以下各题的描述作出判断,正确选 A,错误选 B)

1. 行业风险是指由于一些不确定因素的存在,导致对某行业生产、经营、投资或授信后偏离预期结果而造成损失的可能性。(　　)

2. 体现银行内控能力常用的内部指标包括三个方面:信贷资产质量、盈利性和流动性。(　　)

参考答案及解析

一、单项选择题

1. B [解析] 成熟阶段行业的现金流:资产增长放缓,营业利润创造连续而稳定的现金增值,现金流最终变为正值。

2. B [解析] 成本结构指的是某一行业内企业的固定成本和可变成本之间的比例。同一行业中的企业资产周转周期非常相似,所以它们的财务报表结构和成本结构也较为相似。

3. B [解析] A 选项利息实收率主要用于衡量目标区域信贷资产的收益实现情况,本质上考察的是信贷资产的安全性,而不是盈利能力。B 选项信贷余额扩张系数主要反映目标区域信贷资产增长速度,该指标若过大,说明区域信贷增长速度过快,区域信贷风险会上升;反之,该指标若过小甚至为负数,则意味着区域信贷增长相对缓慢或正在萎缩,区域风险也会上升,因而该指标过大或过小都不好。C 选项不良率变幅反映目标区域不良贷款的变化趋势,若该指标为负,说明资产质量上升,区域风险下降;反之说明资产质量下降,区域风险上升。D 选项信贷资产相对不良率反映目标区域信贷资产质量水平在银行系统中所处的相对位置,一般当该指标大于 1 时,表明区域风险高于银行一般水平。

4. B [解析] 信贷资产相对不良率小于 1 时,表明该区域信贷风险低于银行一般水平,因而区域风险相对较低。不良率变幅为负时,表明该区域不良资产率在下降,区域风险下降;资产实际收益率较高,表明该区域信贷业务能创造较大的价值,区域风险相对较低。综合起来,以上 3 项指标都表明该区域的风险较小,因而可发展信贷业务。

5. B [解析] A 选项行业风险分析的目的是识别同一行业中所有企业所面临的主要风险,然后评估这些风险将会对行业的未来信用度所产生的影响;C 选项评估行业风险有很多种,并不仅限于波特五力模型与行业风险分析框架两种;D 选项在两个模型分析框架中,各个因素对评估行业风险都很重要,行业风险是由这些因素综合决定的。

6. B [解析] 在成长阶段的末期,行业中

也许会出现一个短暂的“行业动荡期”。出现这种情况的原因是：很多企业可能无法拥有足够的市场占有率或产品不被接受；也有可能是因为没有实现规模经济及生产效率提高，从而无法获得足够的利润。

7. C ［解析］A选项在经济周期经过顶峰后，突如其来的销售增长下滑将会导致企业存货上升和价格下降，这时企业需要降低多余的存货来增加现金流入；B选项即使在经济周期中，经济衰退的幅度较小，不会出现经济萧条，企业的信用度也会大幅下滑；D选项在经济增长停滞甚至出现负增长的时候，信贷人员才开始重视信贷风险，通常难以挽回信贷损失。

8. D ［解析］A选项在行业风险分析框架中，成本结构是指某一行业内企业固定成本与可变成本间的比例。B选项固定成本是指不随销售量变化而变化的成本，主要指固定资产折旧、企业日常开支、利息等，原材料、广告费用均属于变动成本。C选项如果一个行业固定成本占总成本比例很高，则称行业的经营杠杆很高。在高经营杠杆行业中，企业生产量越高，获得利润越高，并且企业平均成本会随生产销售的增加而降低，因而经营杠杆高的行业成功的关键在于保持高市场占有率和高销售量。D选项对于高杠杆企业，当经济恶化或销售量降低时，企业成本无法随之大幅削减，因而盈利水平大幅降低，此时容易发生信用风险。

9. B ［解析］风险内控能力通常会体现在银行的经营指标和数据上，因此可选取一些重要的内部指标来进行分析。常用的内部指标包括3个方面：信贷资产质量（安全性）、盈利性和流动性。

10. A ［解析］评价信贷资产质量主要有以下几个指标：①信贷平均损失比率；②信贷资产相对不良率；③不良率变幅；④信贷余额扩张系数；⑤利息实收率；⑥加权平均期限。

二、多项选择题

1. BDE ［解析］衡量区域流动性的三个指标为：流动比率、存量存贷比率和增量存贷比率。

2. ABCE ［解析］成熟阶段行业的销售、利润和现金流分别有以下特点：①销售方面，产品价格继续下跌，销售额增长速度开始放缓，产品更多地倾向于特定的细分市场，产品推广成为影响销售的最主要因素；②利润方面，由于销售的持续上升加上成本控制，这一阶段利润达到最大化；③现金流方面，资产增长放缓，营业利润创造连续而稳定的现金增值，现金流最终变为正值。

3. ACD ［解析］因为行业相对较新，企业管理者一般都缺乏行业经验。由于启动阶段的企业将来获得成功的几率很难估算，所以这一阶段的资金应当主要来自于企业所有者或者风险投资者，而不应该是来自商业银行。启动阶段行业的销售、利润和现金流分别有以下特点：①销售方面，由于价格比较高，故销售量很小；②利润方面，因为销售量低而成本相对很高，故利润为负值；③现金流方面，低销售、高投资和快速的资本成长需求造成现金流也为负值。

4. ABDE ［解析］不良贷款率从静态上反映了目标区域信贷资产整体质量，故A选项说法正确。信贷资产相对不良率大于1时，说明目标区域信贷风险高于银行一般水平，反之，目标区域信贷风险低于银行一般水平，故B选项说法正确。不良率变幅为负时，说明资产质量上升，区域风险下降，故C选项说法不正确。利息实收率用于衡量目标区域信贷资产的收益实现情况，故D选项说法正确。不良贷款生成率用于衡量目标区域信贷资产的质量变化趋势，故E选项说法正确。

5. ABCDE ［解析］行业风险的产生主要受以下因素影响：①经济周期；②产业发展周期；③产业组织结构；④地区生产力布局；⑤国家政策；⑥产业链。

6. ABCDE ［解析］处于成长阶段的行业

通常年增长率会超过20%。这个阶段的行业特点是：产品已经形成一定的市场需求；相应的产品设计和技术问题已经得到有效的解决，并广泛被市场接受；已经可以运用经济规模学原理来大规模生产；由于竞争的增加和生产效率的提高，产品价格出现下降；产品和服务有较强的竞争力；产能需求确定并且已经投入了大量的投资来提高产能。

三、判断题

1. A [解析] 行业风险是指由于一些不确定因素的存在，导致对某行业生产、经营、投资或授信后偏离预期结果而造成损失的可能性。

2. A [解析] 银行内控能力通常会体现在银行的经营指标和数据上，常用的内部指标包括三个方面：信贷资产质量（安全性）、盈利性和流动性。

第五章 客户分析与信用评级

视频精讲

视频内容：本章考点串讲

扫描二维码，**免费**观看精讲视频，助您轻松高效备考！

思维导图

- 客户分析与信用评级
  - 客户品质分析
    - 客户品质的基础分析
    - 客户经营管理状况分析
  - 客户财务分析
    - 概述
    - 资产负债表分析
    - 利润表分析
    - 现金流量表分析
    - 财务报表综合分析
  - 客户信用评级
    - 客户评级的基本概念
    - 《巴塞尔新资本协议》下的客户信用评级
    - 客户评级对象的分类
    - 客户评级因素及方法
    - 客户评级主标尺
    - 客户评级流程

第一节　客户品质分析

考点精讲

一、客户品质的基础分析(★★)

(一)客户历史分析

在对客户进行历史分析时,主要关注以下内容:

1.成立动机

客户的组建基于6个方面的动机:人力资源、技术资源、客户资源、行业利润率或发展前景、产品分工、产销分工。

2.经营范围

信贷人员对于客户经营范围及变化需要重点关注以下内容:

①要注意目前客户所经营的业务是否超出了注册登记的范围,经营特种业务是否取得经营许可证,对于超范围经营的客户应当给予足够的警觉。

②要注意客户经营范围特别是主营业务的演变,对于频繁改变经营业务的客户应当警觉。客户主营业务的演变情形:行业转换型、产品转换型、技术转换型、股权变更型、业务停顿型。

③要注意客户经营的诸多业务之间是否存在关联性,同时也应关注客户的主营业务是否突出。对于所经营的行业分散、主营业务不突出的客户应警觉。

3.名称变更

客户的名称往往使用时间越久知名度越高,一般不会轻易变更。信贷人员对于客户在其发展过程中改变名称,一定要究其原因,尤其是对于频繁改变名称的客户,更要引起警觉。

4.以往重组情况

客户重组包括重整、改组和合并三种基本方式,客户在发展过程中进行重组是一种常见的现象,有正常原因也有非正常原因,需要认真对待并切实调查清楚。

(二)法人治理结构分析

信贷人员对客户法人治理结构的评价要着重考虑控股股东行为的规范,董事会组成结构、运作方式和决策规则,以及对内部控制人的激励约束这几个因素。**客户法人治理结构评价的内容**如表5-1所示。

表 5-1　　客户法人治理结构评价要素构成

评价内容	关键要素
控制股东行为	控股股东和客户之间是否存在关联交易，控股股东及其关联方是否占有客户资金，客户是否为控股股东及其关联方提供连环担保
	股东之间是相互独立还是利益关系人，或者最终的所有者是否为同一人
激励约束机制	董事长和总经理是如何产生的，董事长、总经理和监事之间是否兼任，是否兼任子公司或关联公司的关键职位
	董事长和总经理的薪酬结构和形式
	决策的程序和方式，董事长、总经理和监事之间是如何相互制衡的
董事会结构和运作过程	董事会的结构，独立董事是如何产生的，是否具有独立性和必备的专业知识
	董事会是否随时有权质询决策执行情况及采取的形式
	董事会的业绩评价制度和方式

客户法人治理结构的不完善，有可能给其正常的生产经营带来难以预期的负面影响，信贷人员对此应给予关注。下面对三类客户的法人治理关注点进行总结。

表 5-2　　客户的法人治理关注点

客户	法人治理关注点
上市客户	股权结构不合理
	内部控制
	信息披露的实际质量难以保证
国有独资客户	所有者缺位
	行政干预
民营客户	决策者个人或者家族的行为与意识

（三）股东背景

股东背景特别是控股股东的背景在很大程度上决定着客户的经济性质、经营方向、管理方式及社会形象等。对客户的股东背景进行分析时，着重把握股东的家庭背景、外资背景、政府背景及上市背景等方面的内容。

（四）高管人员的素质

高级管理层尤其是主要负责人的素质和行业管理经验是信贷人员考察高管人员的重点。对公司高管人员素质的评价可以着重分析其教育背景、商业经验、修养品德、经营作风及进取精神等方面。

（五）信誉状况

在分析影响借款人还款能力时，还应分析借款人信誉这一重要的非财务因素。

①借款人的不良记录可通过“中国人民银行企业征信系统”查阅，查看客户过去有无拖欠银行贷款等事项。

②客户的对外资信还可以根据借款人在经营中有无偷税漏税，有无采用虚假报表、隐瞒事实等不正当手段骗取银行贷款，以及有无在购销过程中使用欺骗手段骗取顾客的信任等方面反映出来。

③除客户的高管层外，信贷人员还应分析客户的股东（尤其是大股东），了解客户主要股东是谁，股东基本素质如何，以及其财产情况、持股情况等。

二、客户经营管理状况分析（★★）

信贷人员可以从客户的生产流程的各个环节，即供、产、销三个方面，来分析公司客户的经营情况，也可以通过客户竞争战略、产品竞争力及经营业绩指标进行分析。

（一）供应阶段分析

供应阶段的核心是进货。信贷人员应重点分析货品质量、货品价格、供货稳定性、进货渠道和付款条件几个方面。

> 知识点拨
>
> 信贷人员分析客户的渠道可以从四个方面考虑：有无中间环节；供货地区的远近；运输方式的选择；进货资质的取得。

（二）生产阶段分析

生产阶段的核心是技术。信贷人员应重点调查技术水平、设备状况以及环保情况等方面。

（三）销售阶段分析

销售阶段的核心是市场。信贷人员应重点调查目标客户、销售渠道、收款条件等方面。

（四）竞争战略分析

1.波特五力模型

迈克尔·波特教授认为可以用五个方面来描述行业竞争态势：行业竞争状况、供应商议价能力、客户议价能力、替代产品或服务的威胁、潜在竞争者进入的威胁。上述五种力量决定了行业竞争程度和吸引力，企业应该综合评价以上各个方面，分析行业潜力，并由此制定竞争战略。

2.竞争战略

根据迈克尔·波特的理论，竞争战略可分为三种：成本领先战略、差异化战略和集中化战略。成本领先战略是指企业通过降低成本提供较低价格的产品或服务，扩大市场占有率，赢得市场竞争优势。差异化战略是指企业通过技术、设计、创新等手段提供领先竞争对手或独具特色的产品或服务，以此吸引消费者，抢占市场份额，提高业务利润率。集中化战略是指企业主攻某一细分市场，建立并巩固优势。

(五)产品竞争力和经营业绩分析

1.产品竞争力分析

竞争力强的产品会获得市场和购买者较多的认同,容易在市场竞争中战胜对手,顺利实现销售,并取得较好盈利,企业就能获得良好的融资环境,实现快速发展。

2.经营业绩分析

经营业绩指标通常指与行业比较的销售增长率,**高于行业平均的增长率说明客户经营业绩较好;反之,则说明客户经营业绩较差。**

市场占有率指标通常指客户产品的市场份额,**所占市场份额较大说明客户在行业中的地位较高,其价格策略的调整对行业整体销售状况能产生影响;反之,则说明客户在行业中的地位较低,其价格策略的调整对行业整体销售状况不能产生影响。**

主营业务指标通常指主营业务收入占销售收入总额的比重,**比重较大说明客户主营业务突出,经营方向明确;反之,则说明客户主营业务不够突出,经营方向不够明确。**

第二节　客户财务分析

考点精讲

一、概述(★★)

(一)客户财务分析的含义

财务分析以客户财务报表为主要依据,运用一定的分析方法,研究评价客户的财务过程和结果,分析客户的**财务状况、盈利能力、资金使用效率和偿债能力**,并由此预测客户的发展变化趋势,从而为贷款决策提供依据。

(二)客户财务分析的内容

1.盈利能力指标

这类指标通过计算利润与销售收入、总资产等科目的比例来衡量管理部门的效率,进而评价管理部门控制成本获取收益的能力。**盈利能力指标主要包括销售利润率、营业利润率、净利润率、成本费用利润率、资产收益率、净资产收益率等。**

2.营运能力指标

这类指标通过计算资产的周转速度来反映管理部门控制和运用资产的能力,进而估算经营过程中所需的资金量。**营运能力指标包括周转率和周转天数两类**,两者之间存在一定关系,可相互转换。具体指标主要包括总资产周转率、固定资产周转率、应收账款周转率、存货周转率，以及相对应的总资产周转天数、固定资产周转天数、应收账款周转天数、存货周转天数等。

3.偿债能力指标

偿债能力可分为长期偿债能力和短期偿债能力，偿债能力指标是判断企业负债的安全性和负债的偿还能力的比率。偿债能力的大小在很大程度上反映了企业经营的风险程度。这类指标主要有**资产负债率、负债与所有者权益比率、负债与有形净资产比率、利息保障倍数、流动比率和速动比率等。**

(三)财务报表分析的资料

银行在进行财务报表分析时要注意搜集丰富的财务报表资料，以便正确作出贷款决策。

财务报表包括的主要内容有：会计报表(如资产负债表、利润表、现金流量表及其有关附表)、会计报表附注和财务状况说明书、注册会计师查账验证报告及其他资料。

(四)财务分析的方法

1.比较分析法

比较分析包括横向比较分析和纵向比较分析，如果比较对象是可比企业或所在行业同期财务指标，即是横向比较分析，这种分析方法可以揭示企业相比同业的财务指标差异，通过进一步分析差异原因，可以对企业财务状况及业绩水平做出合理判断；如果比较对象是本企业往期财务指标，即是纵向比较分析或趋势分析，这种分析方法可以揭示客户财务状况的变化趋势，找出其变化原因，判断这种变化趋势对客户发展的影响，以预测客户未来的发展前景。

此外，还可以根据用于比较的财务指标的不同，将比较分析法分为以下三类：

①**总量比较**

总量比较是直接比较财务报表中的某一科目，用于比较分析不同客户或同一客户不同时期的财务状况。这种方法比较简单、直接，但比较的意义相对而言较为有限。

②**结构比较**

结构比较是以财务报表中的某一总体指标为基础，计算其中各构成项目占总体指标的百分比，然后比较不同客户的比率差异或同一客户不同时期各项目所占百分比的增减变动趋势。结构分析法除用于单个客户有关指标的分析外，还可将不同客户间不能直接比较的各项目的绝对数转化为可以比较的相对数，从而用于不同客户之间或同行业平均水平之间的财务状况的比较分析，以对客户的财务经营状况及在同行业的地位作出评价。

③**比率比较**

比率比较是在同一张财务报表的不同项目之间、不同类别科目之间，或在两张不同财务报表如资产负债表和利润表的有关项目之间作比较，比较不同客户的比率差异或同一客户不同时期比率增减变动趋势，以评价客户财务状况和经营状况好坏的一种方法。

比率分析法是最常用的一种方法。

2.因素分析法

因素分析法是将所要分析的某项财务指标分解为若干项驱动因素,通过各因素实际值对计划值或上期值的依次替代,定量确定各驱动因素对该指标影响程度的方法。

因素分析法包括以下步骤:确定所要分析的财务指标,计算该指标实际值与计划值(或上期值)的差额;将该指标分解为若干驱动因素,并建立财务指标与驱动因素之间的数学关系;确定驱动因素的顺序,按顺序依次将驱动因素的计划值(或上期值)替换成实际值,并根据上述数学关系计算财务指标数值;某一驱动因素替换前后计算所得的财务指标之差即为该因素的影响程度。

(五)财务分析的信贷应用

在信贷实务中,银行从业人员应以债权人的视角,综合利用财务报告等资料,结合借款人的经营和管理状况,揭示财务报表数字背后的原因。运用一定的分析方法,评估企业到期还本付息的能力。

借款人偿债能力与诸多因素有关,在这方面,财务分析提供了有力武器。

首先,财务报告提供了相对客观、量化的资料。

其次,企业信贷风险与财务报告情况密切相关。企业财务报表包括资产负债表、利润表、现金流量表,三张报表分别从不同方面对企业情况进行描绘,共同组成了企业的整体画像。以上三张报表都与企业的还款能力息息相关:资产负债表可用于分析企业的债务负担情况,企业债务负担轻重及债务结构直接影响其还款能力;利润表可用于分析企业的收入和盈利情况,长期来看这是企业借款的还款来源;现金流量表更是与企业还款能力密切相关,很多时候企业无法还贷并非由于企业亏损而是因为资金链断裂。

(六)财务分析需要注意的问题

财务分析不能仅以指标高低论优劣,而是应以财务情况为起点,进一步追踪到经营层面探究原因,从而对企业情况得出科学评价。从这个角度讲,财务分析不应是孤立的,而是需要以对行业、客户较为深入的理解为基础。

二、资产负债表分析(★★)

(一)资产负债表的构成

资产负债表是反映借款人在某一特定日期财务状况的财务报表。资产、负债和所有者权益是资产负债表的基本内容。

表 5-3　　　　资产负债表的构成

资产的组成	定义	资产是借款人拥有或可控制的能以货币计量的经济资源	
	内容	流动资产	流动资产是指在一年内或在一个营业周期内变现或者耗用的资产。包括**货币资金、短期投资、应收票据、应收账款、预付账款、存货、待摊费用**等
		非流动资产	非流动资产是指借款人在一年内不能变现的那部分资产。包括**长期投资、固定资产、无形及递延资产和其他长期资产**等
负债的组成	定义	负债是指借款人承担的能以货币计量,需以资产或劳务偿付的债务	
	内容	流动负债	流动负债是借款人在生产经营过程中应付给他人的资金,是借款人承担的应在一年或在一个营业周期内偿还的债务。包括**短期借款、应付票据、应付账款、预收账款、应付工资、应交税费、应付利润、其他应付款和预提费用**等
		长期负债	长期负债指借款人为增添设备、购置房地产等扩大经营规模的活动通过举债或发行债券而筹集的资金。包括**长期借款、应付长期债券、长期应付款**等
所有者权益的组成	定义	所有者权益代表投资者对净资产的所有权	
	内容	投资者投入的资本金	
		在生产经营过程中形成的**资本公积金、盈余公积金和未分配利润**	

(二)资产结构分析

资产结构是指各项资产占总资产的比重。资产结构分析是指通过计算各种资产占企业总资产的比重,来分析判断借款人资产分配的合理性。

(三)资金结构分析

借款人的全部资金来源于两个方面:**①借入资金,包括流动负债和长期负债;②自有资金,即所有者权益。**资金结构是指借款人的全部资金中负债和所有者权益所占的比重及相互关系。从理论上看,最佳资金结构是指企业权益资本净利润率最高,企业价值最大而综合成本最低时的资金结构。通常做法是,企业对拟定的筹资总额可以提出多种筹资方案,分别计算出各方案的综合成本并从中选择出综合成本最低的方案,以此作为最佳资金结构方案。

知识点拨

分析资金结构是否合理要重点关注整体杠杆水平、期限错配程度和异常资金结构。

三、利润表分析(★★)

利润表又称损益表,它是通过列示借款人在一定时期内取得的收入,所发生的费用支出和所获得的利润来反映借款人一定时期内**经营成果**的报表。通过利润表可以考核借款人经营计划的完成情况，可以预测借款人收入的发展变化趋势，进而预测借款人未来的盈利能力。

利润表分析通常采用结构分析法。结构分析，是以财务报表中的某一总体指标为100%，计算其各组成部分占总体指标的百分比，然后比较若干连续时期的各项构成指标的增减变动趋势。在利润表结构分析中就是以产品销售收入净额为100%，计算产品销售成本、产品销售费用、产品销售利润等指标各占产品销售收入的百分比，计算出各指标所占百分比的增减变动，分析其对借款人利润总额的影响。

结构分析法除了用于单个客户利润表相关项目的分析外，还经常用于同行业平均水平比较分析。

四、现金流量表分析(★★)

(一)现金及现金流量的概念

1.现金及现金等价物的概念

日常生活中所说的现金指手头持有的能立即支付的货币；会计核算中的现金指会计主体的库存现金；现金流量中的现金既包括现金，又包括现金等价物，这是由分析现金流量的意义决定的，是会计核算中实质重于形式的体现。**现金流量中的现金包括两部分：①现金，即企业库存现金以及可以随时用于支付的存款；②现金等价物，即企业持有的期限短、流动性强、易于转换为已知金额现金、价值变动风险很小的投资。**另外，现金流量表中的现金必须不受限制，可以自由使用。比如，已办理质押的活期存款不能用于还款，因此应该从现金中剔除。

2.现金流量的概念

流量是相对于存量的一个概念。存量是某一时点的数据，如会计中的余额；流量是一定期间内所发生的数据，如会计中的发生额。

现金流量包括现金流入量、现金流出量和现金净流量；现金净流量为现金流入量和现金流出量之差。

(二)现金流量表分析

1.现金流量表的构成

现金流量表，是反映企业在一定会计期间现金和现金等价物流入和流出的报表。根据企业活动性质的不同，可以将其分为三类：经营活动、投资活动和筹资活动，经营活动包括采购原材料、销售产成品等，投资活动包括固定资产投资、股权投资等，筹资活动包括发行股票、债券等。三种活动均能带来现金流入或流出，企业现金净流量是三者整体运动的结果。由此得出如下计算公式：

现金净流量＝经营活动的现金净流量＋投资活动的现金净流量＋筹资活动的现金净流量

由上式可知，现金流量的具体内容包括：①经营活动的现金流量；②投资活动的现金流量；③融资活动的现金流量。

2.现金流量的计算方法

(1)经营活动的现金流量

经营活动现金流量的计算方法有直接法和间接法。

①直接法。直接法又称为“自上而下”法，是指通过现金收入和现金支出的主要类别列示经营活动的现金流量。

②间接法。间接法又称为“自下而上”法。即以利润表中最末一项净利润为出发点，调整影响净利润但未影响经营活动现金流量的事项。

(2)投资活动的现金流量

投资活动的现金流量＝收回投资的现金＋投资收益取得的现金＋处置固定资产、无形资产和其他长期资产收回的现金＋处置子公司及其他营业单位收到的现金－投资支付的现金－购置固定资产、无形资产和其他长期资产支付的现金－取得子公司及其他营业单位支付的现金。

(3)筹资活动的现金流量

筹资活动的现金流量＝吸收投资收到的现金＋取得借款收到的现金＋收到其他与筹资活动有关的现金－偿还债务支付的现金－分配股利、利润或偿还利息支付的现金－支付其他与筹资活动有关的现金。

五、财务报表综合分析(★★)

(一)盈利能力分析(盈利比率)

盈利能力是指企业获取利润的能力，企业盈利能力越强，还本付息的可能性越大，贷款的风险越小。反映借款人盈利能力的比率主要有：

1.**销售毛利率**

销售毛利率是指借款人的销售毛利与产品销售收入净额的比率。

销售毛利率＝销售毛利/销售收入净额×100%

销售毛利＝销售收入净额－销售成本

销售毛利率反映每元销售收入净额所取得的销售毛利。该比率越高，说明借款人盈利水平越高。

2.**销售利润率**

销售利润率是指企业利润总额和产品销售收入净额的比率。

销售利润率＝利润总额/销售收入净额×100%

利润总额＝销售收入净额－销售成本－期间费用

销售利润率反映每元销售收入净额中所实现的销售利润额，用来评价借款人产品销售收入净额的盈利能力。该指标越高，表明单位净销售收入中销售成本所占的比重越低，销售利润越高。

3.**净利润率**

净利润率是指客户净利润与销售收入净额之间的比率。

净利润率=净利润/销售收入净额×100%

净利润=利润总额−所得税

净利润率反映每元销售收入净额所取得的净利润。**这个比率越大，说明每元销售收入净额所取得的净利润越多。**由于这个比率直接关系到客户未来偿还债务的能力和水平，因此，银行应更重视。

4.**成本费用利润率**

成本费用利润率是指借款人利润总额与当期成本费用总额的比率，反映每元成本费用支出所带来的利润总额，**其值越大，说明同样的成本费用能取得更多利润，或取得同样利润需要花费的成本费用就越少，企业的盈利能力就越强。**

成本费用利润率=利润总额/成本费用总额×100%

成本费用总额=销售成本+销售费用+管理费用+财务费用

5.**资产收益率**

资产收益率是客户净利润与资产平均总额的比率，反映客户资产综合利用效果的指标，也是反映客户利用债权人和所有者权益总额所取得盈利的重要指标。**资产收益率越高，说明客户资产的利用效率越高，营运能力越强，盈利能力越强。**

资产收益率=净利润/资产平均总额×100%

资产平均总额=(期初资产总额+期末资产总额)/2

6.**净资产收益率**

净资产收益率是客户净利润与净资产平均额的比率。

净资产收益率=净利润/净资产平均额×100%

净资产平均额=(期初净资产+期末净资产)/2

该比率越高，表明所有者投资的收益水平越高，营运能力越好，盈利能力越强。净资产收益率是财务分析中一个重要的财务指标，可以拆解为盈利、营运及杠杆率等指标，详见后文杜邦分析。

(二)偿债能力分析

偿债能力是指客户偿还到期债务的能力，包括长期偿债能力分析和短期偿债能力分析。

1.长期偿债能力分析

长期偿债能力指客户偿还长期债务的能力，它表明客户对债务的承受能力和偿还债务的保障能力，**长期偿债能力的强弱是反映客户财务状况稳定与安全程度的重要标志。**

表 5-4　长期偿债能力分析指标

<table>
<tr><td rowspan="2">资产负债率</td><td>资产负债率又称负债比率，是客户负债总额与资产总额的比率，说明客户总资产中债权人提供资金所占的比重，以及客户资产对债权人权益的保障程度。对银行来讲，借款人负债比率越低越好。负债比率越低，说明客户投资者提供的无须还本付息的资金越多，客户的债务负担越轻，债权保障程度越高，风险越小</td></tr>
<tr><td>资产负债率＝负债总额/资产总额×100%</td></tr>
<tr><td rowspan="2">负债与所有者权益比率</td><td>负债与所有者权益比率是指负债总额与所有者权益总额的比例关系，用于表示所有者权益对债权人权益的保障程度。该比率越低，表明客户的长期偿债能力越强，债权人权益保障程度越高</td></tr>
<tr><td>负债与所有者权益比率＝负债总额/所有者权益×100%</td></tr>
<tr><td rowspan="2">长期资本负债率</td><td>长期资本负债率是指非流动负债与长期资本的比例关系，用于表示长期资本对债权人权益的保障程度。该比率排除了经常变动的流动负债，比率越低，借款人的长期偿债能力越强</td></tr>
<tr><td>长期资本负债率＝非流动负债/长期资本×100%
长期资本＝非流动负债＋所有者权益</td></tr>
<tr><td rowspan="2">负债与有形净资产比率</td><td>负债与有形净资产比率是指负债与有形净资产的比例关系，用于表示有形净资产对债权人权益的保障程度。从长期偿债能力来讲，该比率越低，表明借款人长期偿债能力越强，债权人越有保障</td></tr>
<tr><td>负债与有形净资产比率＝负债总额/有形净资产×100%
有形净资产＝所有者权益－无形资产－递延资产</td></tr>
<tr><td rowspan="2">利息保障倍数</td><td>利息保障倍数是指借款人息税前利润与利息费用的比率，用于衡量客户偿付负债利息能力。该比率越高，说明借款人支付利息费用的能力越强，因此，它既是借款人举债经营的前提，又是衡量借款人长期偿债能力强弱的重要标志。根据稳健性原则，应以倍数较低的年度为评价依据，但无论如何，利息保障倍数不能低于 1</td></tr>
<tr><td>利息保障倍数＝(利润总额＋利息费用)/利息费用
式中，利息费用一般包括流动负债利息费用、长期负债中进入损益的利息费用以及进入固定资产原价的利息费用、长期租赁费用等</td></tr>
</table>

续表

现金流量利息保障倍数	现金流量利息保障倍数是指借款人经营活动现金流量净额与利息费用的比率，从现金流角度衡量客户偿付负债利息能力。该比率越高，说明借款人经营活动现金流量净额越充裕，支付利息费用的能力也越强
	现金流量利息保障倍数＝经营活动现金流量净额/利息费用 式中，利息费用一般包括流动负债利息费用、非流动负债中进入损益的利息费用以及进入固定资产原价的利息费用、长期租赁费用等
现金债务总额比	经营活动的现金净流量与全部债务的比率，可以反映企业用每年的经营活动现金流量偿付所有债务的能力。这个比率越高，说明企业承担债务的能力越强
	现金债务总额比＝经营活动现金净流量/债务总额 式中的债务总额是期末余额而非平均额，包含流动负债和非流动负债。

2.短期偿债能力分析

短期偿债能力是指客户以流动资产偿还短期债务即流动负债的能力。它反映客户偿付日常到期债务的能力，主要指标有：流动比率、速动比率、现金比率，这些统称为偿债能力比率。

(1)流动比率

流动比率是流动资产与流动负债的比率。**一般情况下，流动比率越高，反映借款人短期偿债能力越强，债权人的权益越有保证。**

流动比率＝流动资产/流动负债×100％

与流动比率相关的一个概念是营运资本，营运资本是流动资产与流动负债之差，即：

营运资本＝流动资产－流动负债

营运资本越多越好，因为这样可以对借款人短期和非流动资产的支持越大。

营运资本与流动比率存在如下关系：

流动比率＝1/(1－营运资本/流动资产)

两者可互相换算，但由于流动比率是相对数，更适于用于比较分析，在实际中运用更多。

(2)速动比率

速动比率是借款人速动资产与流动负债的比率。

速动比率＝速动资产/流动负债×100％

速动资产＝流动资产－存货－预付账款－待摊费用

速动资产是指易于立即变现、具有即时支付能力的流动资产。速动比率可用作流动比率的辅助指标。根据经验，一般认为速动比率为 1 较为合适。如果速动比率低，说明借款人的短期偿债能力存在问题；速动比率过高，则又说明借款人拥有过多的速动资产，可能失去一些有利的投资或获利机会。

(3)现金比率

现金比率是客户现金类资产与流动负债的比率。它是衡量借款人短期偿债能力的一项参考指标。**现金比率越高，表明客户直接支付能力越强。**现金类资产是速动资产扣除应收账款后的余额，包括货币资金和易于变现的有价证券，最能反映客户直接偿付流动负债的能力。

现金比率＝现金类资产/流动负债×100%

(4)现金流量比率

现金流量比率＝经营活动现金净流量/流动负债

需要注意的是，公式中的流动负债是期末余额而非平均额。经营活动的现金净流量与流动负债的比率，可以反映企业用每年的经营活动现金流量偿付流动负债的能力。这个比率越高，说明企业承担短期债务的能力越强。

(三)营运能力分析

营运能力是指通过借款人资产周转速度的有关指标反映出来的资产利用的效率，它表明客户管理人员经营、管理和运用资产的能力。企业各项资金周转速度越快，资产利用效率越高，盈利能力也就越高，银行的债权就越有保障。**营运能力分析比率通常为利润表的流量指标与资产负债表中的存量指标之比，常用的比率主要有：总资产周转率、流动资产周转率、固定资产周转率、应收账款周转率、存货周转率等，这些统称为效率比率。**

1.**总资产周转率**

总资产周转率是指客户销售收入净额与资产平均总额的比率。该指标反映的是企业总资产利用的效率，该指标越高，说明客户利用其全部资产进行经营的效率越高，客户的盈利能力越强。除总资产周转率外，还可以用总资产周转天数来衡量客户的总资产运营效率。周转天数越低，说明客户总资产周转速度越快，经营效率越高，盈利能力越强。

总资产周转率＝销售收入净额/资产平均总额×100%

资产平均总额＝(期初余额＋期末余额)/2

总资产周转天数＝计算期天数/总资产周转率

2.**流动资产周转率**

流动资产周转率是指客户一定时期的主营业务收入与流动资产平均余额的比率，即企业流动资产在一定时期内(通常为1年)周转的次数。它是反映企业流动资产运用效率的指标。企业流动资产周转率越快，周转次数越多，周转天数越短，表明企业以相同的流动资产占用实现的主营业务收入越多，说明企业流动资产的运用效率越高，进而使企业的偿债能力和盈利能力均得以增强。

流动资产周转率＝主营业务收入净额/流动资产平均净值×100%

流动资产平均净值=(期初流动资产+期末流动资产)/2

流动资产周转天数=计算期天数/流动资产周转率

3.**固定资产周转率**

固定资产周转率指客户销售收入净额与固定资产平均净值的比率。该指标反映客户固定资产利用的效率,该指标越高,客户固定资产利用越充分。

固定资产周转率=销售收入净额/固定资产平均净值×100%

固定资产平均净值=(年初固定资产净值+年末固定资产净值)/2

固定资产周转天数=计算期天数/固定资产周转率

4.**营运资本周转率**

营运资本周转率是指客户一定时期的销售收入净额与营运资本平均余额的比率,即企业营运资本在一定时期内(通常为一年)周转的次数。营运资本周转率是反映企业营运资本运用效率的指标。企业营运资本周转率越快,周转天数越短,表明企业以相同的营运资本实现的销售净业务收入越多,说明企业营运资本的运用效率越高,进而使企业的偿债能力和盈利能力均得以增强。

营运资本周转率=销售收入净额/营运资本平均余额×100%

营运资本平均余额=(期初营运资本+期末营运资本)/2

营运资本周转天数=计算期天数/营运资本周转率

5.**应收账款周转率**

应收账款周转率指一定时期内赊销收入净额与应收账款平均余额的比率。其表明一定时期内应收账款周转的次数,其值越高,说明企业应收账款回收得越快。

应收账款周转率=赊销收入净额/应收账款平均余额×100%

赊销收入净额=销售收入-现销收入-销售退回-销售折让-销售折扣

应收账款平均余额=(期初应收账款余额+期末应收账款余额)/2

6.**存货周转率**

存货周转率是指一定时期内借款人销货成本与平均存货余额的比率。该指标反映了存货周转速度和客户销售能力,其值越高,说明客户存货从资金投入到销售收回的时间越短,在营业利润率相同的情况下,也反映了企业获得的利润越多。存货周转率越高,说明存货变现能力越强。

存货周转率=销货成本/平均存货余额×100%

平均存货余额=(期初存货余额+期末存货余额)/2

7.**现金循环周期**

现金循环周期是企业从付出现金购买原材料到最终销售收回应收账款的时间。它是对若干周转指标的综合,反映了企业从付出现金到收回现金的时间,综合体现了企业运营能力。现金循环周期越短,表明企业经营效率越高,现金转换速度越快,对企业盈利能力及偿债能力均有促进作用。

现金循环周期＝存货周转天数＋应收账款周转天数－应付账款周转天数

应付账款周转天数＝计算期天数/（主营业务成本净额/平均应付账款）

（四）杜邦分析

杜邦分析通过将净资产收益率换算为净利率、杠杆率和资产周转率的乘积，便于定量分析净资产收益率产生差异的原因。

净资产收益率是杜邦分析的起点和中心，如前所述，其计算公式为：

净资产收益率＝净利润/所有者权益平均值

可以进行如下变换：

净资产收益率＝净利润/所有者权益平均值

＝（净利润/销售收入净额）×（销售收入净额/所有者权益平均值）

＝（净利润/销售收入净额）×（销售收入净额/资产平均总额）×（资产平均总额/所有者权益平均值）

＝净利率×资产周转率×杠杆率

由此，将净资产收益率拆解为三项指标，以进行更为详细的分析：如果一家企业净资产收益率比同行业企业低，可以通过杜邦分析找出具体原因——是净利率、资产周转率、杠杆率中哪一项指标导致的，从而对企业财务状况得出更为清晰的判断。

第三节　客户信用评级

考点精讲

一、客户评级的基本概念（★★）

信用评级一般分为外部评级和内部评级。外部评级通常是指公开市场专业评级机构（如穆迪、标普、惠誉、中诚信、中债资信等）对发行证券的客户主体或融资工具进行的资信评价。内部评级是指商业银行依据内部收集的信息和自身的评价标准，对本行客户及其所开展业务风险进行的评价。

客户评级是商业银行对客户偿债能力和偿债意愿的综合计量和科学评价，反映的是客户违约风险的大小。各家银行通常会用一定的符号来描述其客户评级结果。比较常用的是用字母加上数字或者“＋”或者“－”来组合，如 AAA、AA1、AA2、A1、A2、A3、BBB1、BBB2、BB，又如 AAA、AA＋、A＋、BB－等。

一般来说，级别越高的等级，表示这一等级的客户信用风险越低，而级别越低的，表示这一等级的客户信用风险越高。

二、《巴塞尔新资本协议》下的客户信用评级(★★)

《巴塞尔新资本协议》要求银行必须建立一套完整的客户信用评级体系。这套科学的信用评级体系至少具有三大效能:①能够有效区分违约客户,即不同信用等级的客户违约风险随信用等级的下降而呈加速上升的趋势,且评级结果之间不能出现零乱的反序,尤其是在客户比较集中的区域;②能够准确量化客户违约风险,即能够估计各信用等级的违约概率,并将估计的违约概率与实际违约频率之间的误差控制在允许的范围内;③整个信用评级体系的结果要具有稳定性。以上三个特征必须能够通过客观独立的审计和验证。

在《巴塞尔新资本协议》下,银行内部评级下每个债务人评级结果都需要对应一个违约概率。违约概率是指在未来一段时间内债务人发生违约的可能性。

《巴塞尔新资本协议》中规定,若出现以下一种情况或同时出现以下两种情况,债务人将被视为违约:①银行认定,除非采取追索措施,如变现抵押品(如果存在的话),借款人可能无法全额偿还对银行集团的债务。②债务人对于银行的实质性信贷债务逾期 90 天以上。若客户违反了规定的透支限额或者新核定的限额小于目前的余额,各项透支将被视为逾期。

三、客户评级对象的分类(★★)

按照《巴塞尔新资本协议》信用风险内部评级法的要求,银行应将其银行账户下的资产划分为六种不同的风险暴露:主权风险暴露、金融机构风险暴露、公司风险暴露、零售风险暴露、股权风险暴露和其他风险暴露。其中,公司风险暴露是指商业银行对公司、合伙制企业和独资企业及其他非自然人的债权。根据债务人类型及其风险特征,公司风险暴露又分为中小企业风险暴露、专业贷款和一般公司风险暴露。

四、客户评级因素及方法(★★)

(一)评级因素

评级因素,一般也称为评级指标,指的是用于对企业信用能力以及信用意愿做出风险预测的指标。一般说来,评级指标分定性和定量两大类。

定性指标,指的是一些比较难以量化的指标,但这并不意味着定性指标是纯粹依据个人主观判断。定性指标同样也要基于事实依据来评价,必须具备应有的客观性。

定量指标,一般又分为财务类的定量分析指标和非财务类的定量分析指标。财务类的分析指标一般是围绕经过审计的或者能经得起检验的财务报表数据进行,包括资产负债表、利润表和现金流量表。

（二）客户信用评级方法

1.专家分析法

专家分析法是商业银行在长期经营信贷业务、承担信用风险过程中逐步发展并完善起来的传统信用分析法。目前，信用评级实践中采用的定性方法有多种，但各种方法选择的关键要素都基本相似，具体汇总如下表。

表 5-5 定性分析方法

5Cs 分析法	5Ps 分析法	CAMEL 分析法
品德(Character)	个人因素(Personal Factor)	资本充足率(Capital Adequacy)
还款能力(Capacity)	资金用途因素(Purpose Factor)	资产质量(Assets Quality)
资本(Capital)	还款来源因素(Payment Factor)	管理能力(Management)
抵押(Collateral)	保障因素(Protection Factor)	盈利性(Earning)
经营环境(Condition)	企业前景因素(Perspective Factor)	流动性(Liquidity)

其中，对企业信用分析的 5Cs 系统使用最为广泛。5Cs 系统指：

（1）品德(Character)，是对借款人声誉的衡量。主要指企业负责人的品德、经营管理水平、资金运用状况、经营稳健性以及偿还愿望等，信用记录对其品德的判断具有重要意义。

（2）资本(Capital)，是指借款人的财务杠杆状况及资本金情况。资本金是经济实力的重要标志，也是企业承担信用风险的最终资源。财务杠杆高就意味着资本金较少，债务负担和违约概率也较高。

（3）还款能力(Capacity)。主要从两方面进行分析：一方面是借款人未来现金流量的变动趋势及波动性；另一方面是借款人的管理水平，银行不仅要对借款人的公司治理机制、日常经营策略、管理的整合度和深度进行分析评价，还要对其各部门主要管理人员进行分析评价。

（4）抵押(Collateral)。借款人应提供一定的、合适的抵押品以减少或避免商业银行贷款损失，特别是在中长期贷款中，如果没有担保品作为抵押，商业银行通常不予放款。商业银行对抵押品的要求权级别越高，抵押品的市场价值越大，变现能力越强，则贷款的风险越低。

（5）经营环境(Condition)。主要包括商业周期所处阶段、借款人所在行业状况、利率水平等因素。商业周期是决定信用风险水平的重要因素，尤其是周期敏感性的产业；借款人处于行业周期的

知识点拨

专家分析法的突出特点在于将信贷专家的经验和判断作为信用分析和决策的主要基础。由于该方法依赖于信贷专家的主观判断而具有一定的局限性；同时，该方法还缺乏系统的理论支持。此类方法更适合于对借款人进行是和否的二维决策，难以实现对信用风险的准确计量。

不同阶段以及行业的竞争激烈程度，对借款人的偿债能力也具有重大影响；利率水平也是影响信用风险水平的重要环境因素。

2.**模型分析法**

模型分析法在信用评级中越来越受到重视，较常见的模型分析法主要包括各类违约概率模型分析法。违约概率模型分析属于现代信用风险计量方法。其中具有代表性的模型有穆迪的 Risk Calc 和 Credit Monitor、KPMG 的风险中性定价模型和死亡概率模型。信用风险量化模型在金融领域的发展也引起了监管当局的高度重视。

五、客户评级主标尺(★★)

通过统计计量模型可以计算得到每个客户的违约概率，客观地度量客户的信用风险程度。所谓主标尺是指将所有客户的信用评级对应到违约率区间，即设定一个能够区分客户风险程度、便于客户差别化管理且符合监管要求的全行统一的违约概率和信用等级对应的标准尺度。

(一)主标尺的基本特征

(1)主标尺应该以债务人真实的违约概率为标准划分。

(2)主标尺应该将违约概率连续且没有重叠地映射到风险等级，应该涵盖银行整体资产的信用风险。

(3)风险等级的划分足够精细可以分辨不同类型的风险等级，相邻等级的违约率不能变化过大，各个违约率区间跨度(差值)应该是单调且最好是按几何级数方式增加。

(4)客户不能过于集中在单个风险等级，每个风险等级的客户数不能超过总体客户数的一定比例。

(5)违约率映射要综合考虑银行现有的评级和客户分布。

(二)主标尺的设立要求

(1)满足监管当局监管指引的要求，《商业银行资本管理办法(试行)》相关规定如下：

①商业银行应设定足够的债务人级别和债项级别，确保对信用风险的有效区分。信用风险暴露应在不同债务人级别和债项级别之间合理分布，不能过于集中。

②商业银行债务人评级应最少具备**7 个非违约级别、1 个违约级别**，并保证较高级别的风险小于较低级别的风险。根据资产组合的特点和风险管理需要，商业银行可以设定多于本办法规定的债务人级别，但应保持风险级别间排序的一致性和稳定性。

③若单个债务人级别风险暴露超过所有级别风险暴露总量的**30%**，商业银行应有经验数据向银监会证明该级别违约概率区间合理并且较窄。

(2)满足银行内部的管理要求，如某个等级以上的客户不能少于一定比例，某个等级以下的客户不能多于一定比例。

(3)能够与国际公认的评级机构的级别相对应，以便于同行进行比较和资产管理。

六、客户评级流程(★★)

(一)评级发起

评级发起是指评级人员对客户进行一次新的评级过程。在此之前,商业银行应制定书面的评级发起政策,包括评级发起工作的岗位设置、评级发起的债务人范围、时间频率及各环节的操作流程等。对同一债务人或保证人在商业银行内部只能有一个评级。

评级发起人员应遵循尽职原则,充分、准确地收集评级所需的各项数据,审查资料的真实性,完整无误地将数据输入信用评级系统。

评级发起应遵循客观、独立和审慎的原则,在充分进行信用分析的基础上,遵循既定的标准和程序,保证信用评级的质量。非零售信贷管理系统应严格禁止评级发起人员进行评级结果试算,评级结果一经产生,各项评级数据不应随意修改。非零售信贷管理相关信息系统应将影响非零售客户评级、授信和债项评级的重要信息(如集团关联客户评级授信信息、他行授信信息和贷款余额等)集中展示,以确保法人客户评级中充分考虑了集团关联客户和他行授信状况的影响。

(二)评级认定

评级认定是指评级认定人员对评级发起人员评级建议进行最终审核认定的过程。商业银行应设置评级认定岗位或部门,审核评级建议,认定最终信用等级。评级认定的岗位设置应满足独立性要求,评级认定人员不能从贷款发放中直接获益,不应受相关利益部门的影响,不能由评级发起人员兼任。

非零售信贷管理信息系统应强制保留非零售客户评级的各项原始文档和凭证,并保留评级发起、认定等流程的完整日志记录,确保内部评级流程全程可追溯。相关信息系统中应有刚性控制,未经评级流程,不得开展授信等有关业务。

(三)评级推翻

评级推翻主要指评级人员对模型评级结果的推翻和评级认定人员对评级发起人员评级建议的否决。在对模型表现进行监测时,监测人员对模型评级推翻率的统计会更加关注前者。

在评级推翻的流程中,商业银行应明确评级人员推翻评级结果的程序、有权推翻人和推翻程度,并明确要求评级推翻人提供评级推翻的充分依据。对基于专家判断的内部评级体系的评级结果,由于这类模型在建立之时已充分考虑了专家经验,故而对这类模型评级结果的推翻应格外审慎。

商业银行应建立完善的评级推翻文档,在评级系统中详细记录评级推翻的理由、结果以及评级推翻的跟踪表现。商业银行应建立对评级推翻的定期及时监控、跟踪、分析等机制并根据评级推翻结果来分析模型的缺陷,必要时对模型进行优化。在商业银行的非零售信贷管理系统中应强制要求提供评级推翻的依据,该依据不应重复考虑评级模型中已有的因素。准确和完整的模型评级推翻文档记录对于评级模型的持续改进至关重要。

(四)评级更新

评级更新是指商业银行定期对现有客户进行重新评价的过程,即对现有客户的再次评级发起。在评级更新过程中,商业银行应建立书面的评级更新政策,包括评级更新的条件、频率、程序和评级有效期。商业银行对公司类风险暴露的债务人和保证人评级应至少每年更新一次,对风险较高的债务人,商业银行应适当提高评级更新频率,在制度中应明确当内部评级结果低于某一特定等级时提高评级更新频率,如至少半年更新一次。

商业银行应建立获得和更新债务人财务状况、其他风险特征的重要信息的有效程序。若获得信息符合评级更新条件,商业银行应在一定期限内完成评级更新。评级有效期内需要更新评级时,评级频率应不受每年一次的限制,评级有效期自评级更新之日重新计算。

高频考点预测试题

一、单项选择题(以下各小题所给出的四个选项中,只有一项符合题目要求,请选择相应选项,不选、错选均不得分)

1. 分析企业资金结构是否合理时要注意经营风险水平和(　　)等方面内容。
   A. 资产负债表结构是否合理
   B. 现金流量表结构是否合理
   C. 资金成本
   D. 资产收益

2. 计算现金流量时,以(　　)为基础,根据(　　)期初期末的变动数进行调整。
   A. 利润表;股东权益变动表
   B. 资产负债表;利润表
   C. 利润表;资产负债表
   D. 资产负债表;股东权益变动表

3. 下列关于资产收益率和所有者权益收益率的说法,不正确的是(　　)。
   A. 资产收益率越高,说明客户资产的利用效率越高
   B. 所有者权益收益率越高,表明所有者投资的收益水平越高
   C. 资产收益率是反映客户资产综合利用效果的指标
   D. 资产收益率低的公司,所有者权益收益率一定低

4. 借款人存货周转率是指用一定时期内的(　　)除以(　　)得到的比率。
   A. 平均存货余额;销货收入
   B. 销货收入;平均存货余额
   C. 销货成本;平均存货余额
   D. 平均存货余额;销货成本

5. 营运能力是指通过借款人(　　)的有关指标反映出来的资产利用效率,它表明客户管理人员经营、管理和运用资产的能力。
   A. 盈利比率　　B. 财务杠杆
   C. 现金流量　　D. 资产周转速度

6. 下列不属于企业收款条件的是(　　)。
   A. 预收账款　　B. 现货交易
   C. 赊销　　D. 赊购

7. 利润表分析通常采用(　　)。
   A. 趋势分析法　　B. 结构分析法
   C. 比率分析法　　D. 比较分析法
8. 下列对现金流量的理解,正确的是(　　)。
   A. 现金流量是存量的概念,反映一段时间内现金的发生额
   B. 主要讨论现金及现金等价物之间的变动
   C. 可分为经营活动的现金流量、投资活动的现金流量和融资活动的现金流量
   D. 计算时,要以资产负债表为基础,根据利润表期初期末的变动数调整
9. 某超市拥有总资产 1 000 万元,其中现金 30 万元,存货 200 万元,固定资产 400 万元,应收账款 150 万元,该超市的资产结构(　　)。
   A. 与同行业相当,提供贷款
   B. 优于同行业,提供贷款
   C. 劣于同行业,拒绝贷款
   D. 与同行比例差异较大,因而应进一步分析差异原因
10. 假定在其他条件相同的情况下,下列公司中最有可能获得银行贷款的是(　　)。
   A. 利息保障倍数为 1.5,流动比率为 2
   B. 利息保障倍数为 0.8,流动比率为 1
   C. 利息保障倍数为 0.6,流动比率为 0.5
   D. 利息保障倍数为 1.2,流动比率为 4
11. (　　)是以财务报表中的某一总体指标为基础,计算其中各构成项目占总体指标的百分比,然后比较不同时期各项目所占百分比的增减变动趋势。
   A. 因素分析法　　B. 结构分析法
   C. 比率分析法　　D. 比较分析法
12. 商业银行对借款人最关心的是其现在和未来的(　　)。
   A. 技术水平　　B. 销售业绩
   C. 偿债能力　　D. 信息披露
13. 某公司上一期的经营费用为 2.5 亿元,销售成本为 3 亿元,与经营费用相关的预付费用增加 0.8 亿元,应付费用减少 0.5 亿元,折旧为 0.3 亿元,摊销为 0.2 亿元,则该公司该期的经营费用现金支出为(　　)亿元。
   A. 2.3　　B. 3.3
   C. 3.8　　D. 6.8
14. 主要通过流动资产与流动负债的关系反映借款人到期偿还债务能力的指标是(　　)。
   A. 成本费用率
   B. 存货持有天数
   C. 应收账款回收期
   D. 流动比率
15. 某地区拥有丰富的淡水资源,因而养鱼成为该区域的主业和农民致富的主要渠道。随着鱼产量增加,为解决乡亲们卖鱼难的问题,该地区政府筹资组建起一家股份制成品鱼供销公司,利用企业做风帆引领农民闯市场,则该企业成立的动机是基于(　　)。
   A. 人力资源　　B. 客户资源
   C. 产品分工　　D. 产销分工

二、多项选择题(以下各小题所给出的五个选项中,有两个或两个以上符合题目要求,请选择相应选项,多选、少选、错选均不得分)

1. 信贷人员可以从客户生产流程的(　　)环节来分析公司客户的经营管理状况。
   A. 供应阶段分析
   B. 生产阶段分析
   C. 销售阶段分析
   D. 回购阶段分析
   E. 创新阶段分析
2. 公司信贷客户信用评级 5Cs 系统分析法的要素主要包括(　　)。
   A. 资本　　B. 资本充足率
   C. 抵押　　D. 品德
   E. 经营环境
3. 现金流量中的现金主要包括的内容有(　　)。
   A. 库存现金
   B. 活期存款
   C. 应收票据
   D. 应收账款
   E. 3 个月内变现的有价证券

4. 反映公司营运能力的财务指标主要有(　　)。
   A. 销售毛利率　　B. 总资产周转率
   C. 固定资产周转率　　D. 应收账款周转率
   E. 存货周转天数
5. 杠杆比率包括(　　)。
   A. 资产负债率
   B. 流动比率
   C. 负债与所有者权益比率
   D. 利息保障倍数
   E. 现金比率
6. 下列关于5Cs系统的说法中,错误的有(　　)。
   A. 品德仅指借款企业负责人的品德
   B. 资本是指借款人的财务状况及资本金状况,财务杠杆越低,意味着债务负担和违约概率低
   C. 还款能力主要从借款人未来现金流量变动趋势方面衡量
   D. 抵押贷款中,商业银行对抵押品的要求权级别越高,抵押品市场价值越小,贷款风险越低
   E. 经营环境主要包括商业周期所处阶段、借款人所在行业状况、利率水平等因素
7. 在客户法人治理结构评价中,对客户内部激励约束机制评价需考虑的关键因素有(　　)。
   A. 董事长和总经理如何产生,他们之间是否兼任
   B. 董事长、总经理、监事是否兼任子公司或关联公司的关键职位
   C. 董事长和总经理的薪酬结构和形式
   D. 内部决策的程序和方式
   E. 在内部决策中,董事长与总经理、监事如何制衡
8. 下列关于客户信用评级方法的说法中,正确的有(　　)。
   A. 专家分析法的一个突出问题是对信用风险的评估缺乏一致性
   B. 专家分析法更适合于对借款人进行是和否的二维决策
   C. 实施内部评级法的商业银行只能采用专家分析法
   D. 与传统的专家分析法相比,违约概率模型对历史数据的要求更高
   E. 违约概率模型需要商业银行建立一致的、明确的违约定义
9. 针对企业信用分析的5Ps分析系统包括(　　)。
   A. 个人因素
   B. 资金用途因素
   C. 还款来源因素
   D. 生产力因素
   E. 保障因素

三、判断题(请对以下各题的描述作出判断,正确选A,错误选B)

1. 客户信用评级通过对客户偿债能力和偿债意愿的计量和评价,对客户进行综合评价和信用等级确定。(　　)
2. 只要流动比率高,借款人的短期偿债能力就一定强。(　　)
3. 结构分析法是财务分析最常用的一种方法。(　　)
4. 营运能力对借款企业盈利能力的持续增长和偿债能力的不断提高有决定性影响。(　　)
5. 在资产负债表中,无形资产属于流动资产,应收账款属于非流动资产。(　　)

参考答案及解析

一、单项选择题

1. A ［解析］在分析资金结构是否合理时要注意以下两方面内容：①资产负债表结构是否合理，即长期资产应由长期资金和所有者权益支持，短期资产由短期资金支持；②企业经营风险水平，即企业控制和管理的全部资产的不确定性。

2. C ［解析］收益和费用在利润表中全额反映，其中，收益中未收到的现金和费用中未支付的现金表现在资产负债表中的有关科目（如应收账款的增加和应付账款的增加）。所以，计算现金流量时，以利润表为基础，根据资产负债表期初期末的变动数进行调整。

3. D ［解析］资产收益率是反映客户资产综合利用效果的指标，也是反映客户利用债权人和所有者权益总额所取得盈利的重要指标。资产收益率越高，说明客户资产的利用效率越高，营运能力越强，盈利能力越强。所有者权益收益率越高，表明所有者投资的收益水平越高，营运能力越好，盈利能力越强。资产收益率是客户税前净利润与资产平均总额的比率，所有者权益收益率是客户税前净利润与有形净资产的比率。所以资产收益率低的公司在有很高的杠杆比率时，其所有者权益收益率也可能很高。

4. C ［解析］存货周转率是一定时期内借款人销货成本与平均存货余额的比率。

5. D ［解析］营运能力是指通过借款人资产周转速度的有关指标反映出来的资产利用效率，它表明客户管理人员经营、管理和运用资产的能力。

6. D ［解析］客户收款条件主要有三种：预收贷款、现货交易和赊账销售。

7. B ［解析］利润表分析通常采用结构分析法。即以利润表中的产品销售收入净额的百分比，比较若干连续时期的各项构成指标的增减变动趋势，借此分析其对借款人利润总额的影响。

8. C ［解析］现金流量反映的是企业一定时期内现金的流入流出变化量，属于流量的概念。它不讨论现金及现金等价物之间的变动，如用多余现金购买债券，因为这不影响客户的偿债能力，属于现金管理内容。现金流量管理的具体内容主要有经营活动的现金流量、投资活动的现金流量和融资活动的现金流量。由于企业每期现金流量主要由每期收益取得和费用支出导致，收益中未收到的现金和费用中未支付的现金表现在资产负债表中有关科目的变动，所以在计算现金流量时，应以利润表为基础，根据资产负债表期初期末的变动数进行调整。

9. D ［解析］资产结构是一个相对指标，只能通过比较来得出优劣。实践中，一般将借款人的资产结构与同行业比例进行比较，判断借款人资产结构优劣。超市属于零售业，根据资产结构参考指标，零售业的现金占总资产比例为5%—8%、存货为50%—60%、固定资产为10%—20%、应收账款为0—10%；而该超市的现金占总资产比例为3%(30÷1 000)、存货为20%(200÷1 000)、固定资产为40%(400÷1 000)、应收账款为15%(150÷1 000)，对比可见，该超市与行业比例差异较大，因而应进一步分析差异原因。

10. A ［解析］利息保障倍数越高，说明借款人支付利息费用的能力越强，且不能低于1。一般情况下，流动比率越高，反映借款人短期偿债能力越强，债权人的权益越有保证。但是流动比率也不宜过高，过高不仅表明借款人流动资产占用过多，影响资产的使用效率和盈利能力，也可能表明客户的应收账款过多或是存货过多。一般认为流动比率在2左右比较合适。故A选项符合题意。

11. B ［解析］结构分析法是以财务报表中

的某一总体指标为基础，计算其中各构成项目占总体指标的百分比，然后比较不同时期各项目所占百分比的增减变动趋势。

12. C ［解析］商业银行对借款人最关心的就是其现在和未来的偿债能力。

13. B ［解析］经营费用中，提取折旧、摊销并没有引起现金支出，应付费用减少、预付费用增加却支出了现金。所以，在计算经营费用现金支出时，要进行调整。即：经营费用现金支出＝经营费用－折旧－摊销－Δ应付费用＋Δ预付费用＝2.5－0.3－0.2－(－0.5)＋0.8＝3.3(亿元)。

14. D ［解析］通过比较流动资产与流动负债的关系来反映借款人偿还到期债务能力的指标主要有3个：流动比率、速动比率、现金比率。其中，流动比率＝流动资产/流动负债×100%；速动比率＝速动资产/流动负债×100%；现金比率＝流动资产中的现金类资产/流动负债×100%。它们统称为流动比率指标。A选项属于盈利比率指标；B、C选项属于效率比率指标。

15. D ［解析］基于产销分工是指原客户产品的经销已形成较完善的网络后便成立新公司专事产品的销售和售后服务。该企业是地区政府为解决渔民生产鱼出售难的问题，组建的一家专门从事鱼收购与销售的公司，因而企业成立的动机是基于产销分工。

二、多项选择题

1. ABC ［解析］信贷人员可以从客户生产流程的各个环节来分析公司客户的经营管理情况，包括三个阶段：供应阶段分析、生产阶段分析、销售阶段分析。

2. ACDE ［解析］商业银行对客户信用分析的5Cs系统的要素有：品德(Character)、资本(Capital)、还款能力(Capacity)、抵押(Collateral)、经营环境(Condition)。资本充足率(Capital Adequacy)属于骆驼分析系统因素。

3. ABE ［解析］生活中所说的现金指手头持有的能立即支付的货币；会计核算中的现金指会计主体的库存现金；现金流量中的现金则被广义化，既包括现金，又包括现金等价物，这是由分析现金流量的意义决定的，是会计核算中实质重于形式的体现。这样，现金流量中的现金包括：库存现金、活期存款、其他货币性资金以及3个月以内的证券投资。另外，现金流量表中的现金必须不受限制而可以自由使用。比如，已办理质押的活期存款不能用于还款，因此应该剔除。

4. BCDE ［解析］营运能力是指通过借款人资产周转速度的有关指标反映出来的资产利用效率，它表明客户管理人员经营、管理和运用资产的能力。常用的比率有：总资产周转率、固定资产周转率、应收账款周转率、存货周转率、流动资产周转率等。

5. ACD ［解析］所谓杠杆比率就是主要通过比较资产、负债和所有者权益的关系来评价客户负债经营的能力。它包括资产负债率、负债与所有者权益比率、负债与有形净资产比率、利息保障倍数等。杠杆比率属于长期偿债能力比率，流动比率和现金比率属于短期偿债能力比率。

6. ACD ［解析］A选项品德是对借款人声誉的衡量，主要指企业负责人的品德、经营管理水平等；C选项还款能力即对借款人未来现金流变动趋势及波动性、借款人管理水平的衡量；D选项商业银行对抵押品的要求权级别越高，抵押品的市场价值越大，变现能力越强，则贷款的风险就越低。

7. ABCDE ［解析］在客户法人治理结构评价中，对客户内部激励约束机制评价主要考虑以下几个关键要素：①董事长和总经理如何产生；②董事长、总经理和监事之间是否兼任，是否兼任子公司或关联公司的关键职位；③董事长和总经理的薪酬结构和形式；④内部决策的程序和方式，董事长、总经理和监事之间是如何相互制衡的。

8. ABDE ［解析］专家分析法的突出特点在于将信贷专家的经验和判断作为信用分析和决策的主要基础，这种主观性很强的方法(体系)带来的一个突出问题是对信用风险的评估缺乏一致性。专家分析法更适合于对借款人进行是和否的二维决策，难以实现对信用风险的准确计量。

《巴塞尔新资本协议》明确规定,实施内部评级法的商业银行可采用模型估计违约概率。与传统的专家分析法相比,违约概率模型能够直接估计客户的违约概率,因此对历史数据的要求更高,需要商业银行建立一致的、明确的违约定义,并且在此基础上积累至少五年的数据。

9. ABCE [解析] 5Ps分析系统包括:个人因素(Personal Factor)、资金用途因素(Purpose Factor)、还款来源因素(Payment Factor)、保障因素(Protection Factor)、企业前景因素(Perspective Factor)。

三、判断题

1. A [解析] 客户信用评级是目前通行的银行风险控制评价方法。它是商业银行通过对客户偿债能力和偿债意愿的计量和评价,对客户进行综合评价和信用等级确定,并将该结果作为客户准入管理和信贷定价的依据。

2. B [解析] 一般情况下,流动比率越高,反映借款人短期偿债能力越强,债权人的权益越有保证。流动比率高,不仅反映借款人拥有的营运资金高,可用于抵偿短期债务,而且表明借款人可以变现的资产数额大,债权人遭受损失的风险小。但是流动比率也不宜过高,过高不仅表明借款人流动资产占用过多,影响资产的使用效率和盈利能力,也可能表明客户的应收账款过多或是存货过多。

3. B [解析] 比率分析法是财务分析最常用的一种方法。

4. A [解析] 营运能力反映了借款企业资产利用效率,表明企业管理人员经营、管理和运用资产的能力。客户营运能力越强,资产利用效率越高,就能取得更多的稳定的收入和利润,盈利能力就强,长期偿债能力也强。因而说营运能力对客户盈利能力的持续增长和偿债能力的不断提高有着决定性影响。

5. B [解析] 在资产负债表中,应收账款应列为流动资产,其范围是那些预计在1年或一个营业周期内收回的应收款项。无形资产的变现能力不强,属于非流动资产。

第六章 担保管理

视频精讲

视频内容：本章考点串讲

扫描二维码，**免费**观看精讲视频，助您轻松高效备考！

思维导图

- 担保管理
  - 贷款担保概述
    - 担保的概念
    - 贷款担保的分类
    - 担保范围
    - 担保原则
    - 贷款担保的作用
  - 保证担保
    - 保证担保的定义
    - 保证人资格与评价
    - 保证担保的一般规定
    - 保证担保的主要风险与管理要点
    - 银担业务合作的风险防范
  - 抵押担保
    - 抵押担保的概念
    - 抵押担保的设定条件
    - 抵押担保的一般规定
    - 抵押担保的主要风险与管理要点
  - 质押担保
    - 质押担保的概念
    - 质押与抵押的区别
    - 质押担保的设定条件
    - 质押担保的一般规定
    - 质押担保的主要风险和管理要点
  - 押品管理
    - 商业银行开展押品管理的基本原则
    - 完善押品管理体系
    - 押品风险控制的基本要求
    - 押品的实物管理
    - 押品的存续期管理

第一节　贷款担保概述

考点精讲

一、担保的概念(★)

贷款担保是指为提高贷款偿还的可能性，降低银行资金损失的风险，银行在发放贷款时要求借款人或第三方提供担保，以保障贷款债权实现的法律行为。

二、贷款担保的分类(★★★)

担保的形式有多种，具体形式如下表。

表 6-1　　担保的具体形式

抵押	抵押是指借款人或者第三人在不转移财产占有权的情况下，将财产作为债权的担保，银行持有抵押财产的担保权益，当借款人不履行借款合同时，银行有权以该财产折价或者以拍卖、变卖该财产的价款优先受偿
质押	质押是指债权人与债务人或债务人提供的第三人以协商订立书面合同的方式，移转债务人或者债务人提供的第三人的动产或权利的占有，在债务人不履行债务时，债权人有权以该财产价款优先受偿
保证	保证是指保证人和债权人约定，当债务人不履行债务时，保证人按照约定履行债务或者承担责任的行为
留置	留置是指债权人按照合同约定占有债务人的动产，债务人不按照合同约定的期限履行债务的，债权人有权按照规定留置该财产，以该财产折价或者以拍卖、变卖该财产的价款优先受偿
定金	定金较少用于银行信贷业务中

三、担保范围(★★★)

担保范围分为法定范围和约定范围。《担保法》规定的法定范围为：

(1)主债权，即由借款合同、银行承兑协议、出具保函协议书等各种信贷主合同所确定的独立存在的债权。

(2)利息,由主债权所派生的利息。

(3)违约金,指由法律规定或合同约定的债务人不履行或不完全履行债务时,应付给银行的金额。

(4)损害赔偿金,是指债务人因不履行或不完全履行债务给银行造成损失时,应向银行支付的补偿费。

(5)实现债权的费用,是指债务人在债务履行期届满而不履行或不完全履行债务,银行为实现债权而支出的合理费用。一般包括诉讼费、鉴定评估费、公证费、拍卖费、变卖费、执行费等费用。

(6)质物保管费用,是指在质押期间,因保管质物所发生的费用。

如需另行约定担保责任范围,可在担保合同中予以约定。

四、担保原则(★★★)

《担保法》规定,担保活动应当遵循**平等**、**自愿**、**公平**、**诚实信用**的原则。

表 6-2 担保原则

原则	含义	主要体现
平等原则	是指参加民事活动的当事人无论是自然人或法人,无论其经济实力的强弱,其在法律上的地位一律平等,任何一方不得把自己的意志强加给对方,同时法律也对双方提供平等的保护	①所有的民事主体,在从事担保活动中,适用同一法律,具有平等的地位; ②民事主体在从事担保活动时必须平等协商
自愿原则	是指公民、法人或者其他组织有权根据自己的意愿决定参不参加民事活动,参加何种民事活动,根据自己的意愿依法处分自己的财产和权利	①当事人有权依法从事担保活动或不从事担保活动; ②当事人有权选择保证、抵押、质押或者定金的担保方式,有权约定排除留置的适用,也有权选择为谁提供担保; ③担保主体有权选择订立担保合同的方式; ④当事人有选择担保相对人的自由
公平原则	是指当事人之间在设定民事权利和义务、承担民事责任等方面应当公平、合情合理	是当事人从事担保活动时应遵循的基本原则,其在担保活动中主要体现在担保活动中产生的法律责任的分担必须合理

续表

原则	含义	主要体现
诚实信用原则	主要是指当事人在担保活动中要言行一致、表里如一，恪尽担保合同约定的义务	①担保合同的订立必须符合诚实信用原则，如果一方是采用了不诚实的手段诱骗他人为自己的债务提供担保，则受害人有权请求法院予以撤销或者不承担法律责任； ②担保合同的履行必须符合诚实信用原则，当事人在行使担保合同的权利和履行担保合同的义务时，应遵从诚实信用原则，不能滥用权利和以违背诚实信用的方式行使权利与承担义务； ③如果担保中的当事人一方明知他人受到欺诈、胁迫或因其他原因，在违背真实意思的情况下为自己提供担保的，这种不诚实的受益是不被允许的

五、贷款担保的作用(★★★)

贷款担保的作用
- 协调和稳定商品流转秩序，促进国民经济健康运行
- 降低银行贷款风险，提高信贷资金使用效率
- 促进借款企业加强管理，改善经营管理状况
- 巩固和发展信用关系

图 6－1　贷款担保的作用

第二节　保证担保

考点精讲

一、保证担保的定义(★★)

保证是指保证人和债权人约定，当债务人不履行债务时，保证人必须按照约定履行债务或者承担责任的行为。保证就是债权债务关系当事人以外的第三人担保债务人履行债务的一种担保制度。在成立保证担保的情况下，如果债务人不履行债务，由保证人代为履行或者承担连带责任，以满足债权人的清偿要求。

二、保证人资格与评价(★★★)

(一)保证人资格

我国《担保法》对保证人的资格作了明确的规定,只有那些具有代主债务人履行债务能力及意愿的法人、其他组织或者公民才能作为保证人。**首先,作为保证人必须是具有民事行为能力的人,其次是保证人必须具有代为履行主债务的资力。**

作为保证人不仅要满足上述两个要件,《担保法》对保证人的资格有以下限制性规定:

(1)国家机关不得作保证人,但经国务院批准对特定事项作保证人的除外。

(2)禁止政府及其所属部门要求银行等金融机构或者企业为他人提供担保,并进一步规定银行等金融机构或企业对政府及其所属部门要求其为他人提供保证的行为,有权予以拒绝。

(3)医院、学校等以公共利益为目的的事业单位、社会团体不得作保证人;规定医院、学校等以公益为目的的事业单位、社会团体提供保证的保证合同无效,并且,提供保证的医院、学校等以公益为目的的事业单位或社会团体等还要就提供保证的过错承担相应的民事责任。

(4)企业法人的分支机构或职能部门不能作保证人,企业法人的分支机构有该法人书面授权的,可以在授权范围内提供保证。

(二)保证人评价

对保证人的评价主要包括以下几个方面:

(1)审查保证人的主体资格;

(2)评价保证人的代偿能力;

(3)保证人保证限额分析;

(4)保证率的计算;

保证率=申请保证贷款本息/可接受保证限额×100%

(5)经评价符合保证人条件的信贷人员撰写“商业银行担保评价报告”随信贷审批材料一并报送评价审查人员。担保评价审查人员及审定人员应认真审查保证人的材料和“商业银行担保评价报告”,并签署意见。

三、保证担保的一般规定

(一)保证担保份额的确定

同一债务有两个以上保证人的,保证人应当按照保证合同约定的保证份额,承担保证责任,没有约定保证份额的,保证人承担连带责任,债权人可以要求任何一个保证人承担全部保证责任,保证人都负有担保全部债权实现的义务。已经承担保证责任的保证人，有权向债务人追偿，或者要求承担连带责任的其他保证人清偿其应当承担的份额。

（二）保证担保的类型

根据当事人在保证合同中约定的权利义务安排，保证担保分为一般保证和连带责任保证：

（1）当事人在保证合同中约定，债务人不能履行债务时，由保证人承担保证责任的，为一般保证。

一般保证的保证人在主合同纠纷未经审判或者仲裁，并就债务人财产依法强制执行仍不能履行债务前，对债权人可以拒绝承担保证责任。但有下列情形之一的，保证人不得行使前述权利：

①债务人住所变更，致使债权人要求其履行债务发生重大困难的；

②人民法院受理债务人破产案件，中止执行程序的；

③保证人以书面形式放弃上述权利的。

（2）当事人在保证合同中约定保证人与债务人对债务承担连带责任的，为连带责任保证。

连带责任保证的债务人在主合同规定的债务履行期届满没有履行债务的，债权人可以要求债务人履行债务，也可以要求保证人在其保证范围内承担保证责任。

（三）债权债务关系转移对保证担保责任的影响

保证期间，债权人依法将主债权转让给第三人的，保证人在原保证担保的范围内继续承担保证责任。保证合同另有约定的，按照约定。

保证期间，债权人许可债务人转让债务的，应当取得保证人书面同意，保证人对未经其同意转让的债务，不再承担保证责任。

（四）保证责任

（1）一般保证的保证人与债权人未约定保证期间的，保证期间为主债务履行期届满之日起6个月。

在合同约定的保证期间和前款规定的保证期间，债权人未对债务人提起诉讼或者申请仲裁的，保证人免除保证责任；债权人已提起诉讼或者申请仲裁的，保证期间适用诉讼时效中断的规定。

（2）连带责任保证的保证人与债权人未约定保证期间的，债权人有权自主债务履行期届满之日起6个月内要求保证人承担保证责任。

在保证期间内，债权人未要求保证人承担保证责任的，保证人免除保证责任。

（3）保证人在最高债权额限度内就连续发生的债权作保证，未约定保证期间的，保证人可以随时书面通知债权人终止保证合同，但保证人对于通知到债权人前所发生的债权，承担保证责任。

（4）同一债权既有保证又有物的担保的，保证人对物的担保以外的债权承担保证责任。债权人放弃物的担保的，保证人在债权人放弃权利的范围内免除保证责任。

四、保证担保的主要风险与管理要点(★★★)

(一)保证担保的主要风险

(1)保证人不具备担保资格；

(2)保证人不具备担保能力；

(3)虚假担保人；

(4)公司互保；

(5)保证手续不完备，保证合同产生法律风险；

(6)超过诉讼时效，贷款丧失胜诉权。

> 知识点拨
>
> 保证人不能为国家机关、以公益为目的的事业单位或企业法人的职能机构。

(二)保证担保的管理要点

1.核保

核实保证简称为“核保”，是指去核实保证人提供的保证是在自愿原则的基础上达成的，是保证人真实意思的表示。**强制提供的保证，保证合同无效。**

2.签订好保证合同

商业银行经过对保证人的调查核保，认为保证人具备保证的主体资格，同意贷款后，在签订借款合同的同时，还要签订保证合同，作为主合同的从合同。**保证合同要以书面形式订立，以明确双方当事人的权利和义务。**保证人与商业银行可以就单个主合同分别订立保证合同，也可以协商在最高贷款限额内就一定期间连续发生的贷款订立一个保证合同。保证合同的内容应包括被保证的主债权(贷款)种类和数额、贷款期限、保证的方式、保证担保的范围、保证的期限及双方认为需要约定的其他事项。

3.贷后管理

银行办完保证贷款手续并发放贷款后，需注意以下容易发生问题的环节。

①保证人的经营状况是否变差，或其债务是否增加，包括向银行借款或又向他人提供担保。

②银行与借款人协商变更借款合同应经保证人同意，否则可能保证无效。

五、银担业务合作的风险防范(★★★)

(一)融资性担保机构的管理

融资性担保公司是指依法设立，经营融资性担保业务的有限责任公司或者股份有限公司。

融资性担保公司由省、自治区、直辖市人民政府实施属地管理。省、自治区、直辖市人民政府确定的监管部门具体负责本辖区融资性担保公司的准入、退出、日常监管和风险处置，并向国务院建立的融资性担保业务监管部际联席会议报告工作。监管部门根据当地实际情况规定融资性担保公司注册资本的最低限额，但不得低于人民币2 000万元。注册资本为实缴货币资本。

《融资担保公司监督管理条例》规定，融资担保公司的担保责任余额不得超过其净资产的10倍。对主要为小微企业和农业、农村、农民服务的融资担保公司，前款规定的倍数上限可以提高至15倍。融资担保公司对同一被担保人的担保责任余额与融资担保公司净资产的比例不得超过10%，对同一被担保人及其关联方的担保责任余额与融资担保公司净资产的比例不得超过15%。

融资担保公司不得为其控股股东、实际控制人提供融资担保，为其他关联方提供融资担保的条件不得优于为非关联方提供同类担保的条件。融资担保公司不得吸收存款或者变相吸收存款，不得自营贷款或者受托贷款，不得受托投资。

（二）银担业务合作及其风险防范

加强银担合作是银行业金融机构促进经济社会发展，缓解小企业和“三农”贷款难、担保难的一项重要举措。银行业金融机构接受融资担保机构提供的担保、办理信贷业务，应从以下几个方面控制银担合作风险：

（1）与担保机构开展融资性担保业务合作时，应审慎选择融资用途真实合理、第一还款来源可靠的客户，不应单纯依赖担保机构提供的担保，而简化、放松对借款人的信贷风险判断。

（2）在银担合作中，优选资本实力优良、股东背景良好、代偿率及代偿回收表现良好的担保机构开展合作。

（3）控制单一担保机构担保的业务规模、担保机构对单个客户的担保责任的集中度，同时对融资担保机构担保业务的客户组合、期限组合等进行审慎管理。

（4）对有担保责任余额的融资担保机构，进行必要的存续期跟踪管理。

（5）及时判断银担协作风险水平，主动及时调整银担合作策略。

第三节　抵押担保

考点精讲

一、抵押担保的概念（★★）

抵押是债务人或第三人对债权人以一定财产作为清偿债务担保的法律行为。提供抵押财产的债务人或第三人称为抵押人；所提供抵押财产称为抵押物；债权人则为抵押权人。抵押设定之后，在债务人到期不履行债务时，抵押权人有权依照法律的规定以抵押物折价或以抵押物的变卖价款较其他债权人优先受偿。

抵押根据权利特征不同，分为一般抵押和最高额抵押。

①**一般抵押**，指为担保债务的履行，债务人或者第三人不转移财产的占有，将该财产抵押给债权人的，债务人不履行到期债务或者发生当事人约定的实现抵押权的情形，债权人有权就该财产优先受偿。

②**最高额抵押**，指为担保债务的履行，债务人或者第三人不转移财产的占有，对一定期间内将要连续发生的债权提供担保财产的，债务人不履行到期债务或者发生当事人约定的实现抵押权的情形，抵押权人有权在最高债权额限度内就该担保财产优先受偿。

二、抵押担保的设定条件(★★★)

(一)抵押物的范围

根据《物权法》的规定，债务人或者第三人有权处分的下列财产可以抵押：

(1)建筑物和其他土地附着物；

(2)建设用地使用权；

(3)以招标、拍卖、公开协商等方式取得的荒地等土地承包经营权；

(4)生产设备、原材料、半成品、产品；

(5)正在建造的建筑物、船舶、航空器；

(6)交通运输工具；

(7)法律、行政法规未禁止抵押的其他财产。

不得抵押的财产有：

(1)土地所有权；

(2)耕地、宅基地、自留地、自留山等集体所有的土地使用权，但法律规定可以抵押的除外；

(3)学校、幼儿园、医院等以公益为目的的事业单位、社会团体的教育设施、医疗卫生设施和其他社会公益设施；

(4)所有权、使用权不明或者有争议的财产；

(5)依法被查封、扣押、监管的财产；

(6)法律、行政法规不得抵押的其他财产。

(二)贷款抵押额度的确定

1.抵押物的认定

作为贷款担保的抵押物，必须是归抵押人所有的财产，或者是抵押人有权支配的财产。因此，**银行对选定的抵押物要逐项验证产权。**实行租赁经营责任制的企业，要有产权单位同意的证明；集体所有制企业和股份制企业用其财产作抵押时，除应该核对抵押物所有权外，还应验证董事会或职工代表大会同意的证明；用共有财产作抵押时，应取得共有人同意抵押的证明,并以抵押人所有的份额为限。

2.抵押物的估价

抵押物的估价是评估抵押物的现值。抵押物估价涉及两个主要环节:**一是要确定估价方法,二是要确定合理的抵押率。**

在我国有关法律中,并未就抵押物估价问题作出具体规定。在实践中,既可以委托具有评估资格的中介机构给予评估,也可以由银行自行评估。

确定抵押率的依据主要有:①抵押物的适用性、变现能力。②抵押物价值的变动趋势(实体性贬值、功能性贬值、经济性贬值)。

抵押率=担保债权本息总额/抵押物评估价值额×100%

3.抵押贷款额度的确认

抵押贷款额度是指银行根据抵押物价值和抵押率高低确定出来的可以贷款的金额。

抵押贷款额=抵押物评估值×抵押贷款率

抵押人所担保的债权不得超出其抵押物的价值。财产抵押后,该财产的价值大于所担保债权的余额部分,可以再次抵押,但不得超出其余额部分。

三、抵押担保的一般规定(★★★)

(一)抵押权的设立

(1)以建筑物和其他土地附着物、建设用地使用权、正在建造的建筑物或以招标、拍卖、公开协商等方式取得的荒地等土地承包经营权抵押的,应当办理抵押登记。抵押权自登记时设立。

《担保法》明确的办理抵押物登记的部门如下:

①以无地上定着物的土地使用权抵押的,为核发土地使用权证书的土地管理部门;

②以城市房地产或者乡(镇)、村企业的厂房等建筑物抵押的,为县级以上地方人民政府规定的部门;

③以林木抵押的,为县级以上林木主管部门;

④以航空器、船舶、车辆抵押的,为运输工具的登记部门;

⑤以企业的设备和其他动产抵押的,为财产所在地的工商行政管理部门。

(2)以生产设备、原材料、半成品、产品、交通运输工作或正在建造的船舶、航空器抵押的,抵押权自抵押合同生效时设立;未经登记,不得对抗善意第三人。

(3)企业、个体工商户、农业生产经营者以《物权法》规定的动产抵押的,应当向抵押人住所地的工商行政管理部门办理登记。抵押权自抵押合同生效时设立;未经登记,不得对抗善意第三人。

(4)订立抵押合同前抵押财产已出租的,原租赁关系不受该抵押权的影响。抵押权设立后抵押财产出租的,该租赁关系不得对抗已登记的抵押权。

(二)抵押合同的签订

贷款发放前,抵押人与银行要以书面形式签订抵押合同。抵押合同应当包括以下内容:①被担保的主债权种类、数额;②债务人履行债务的期限;③抵押财产的名称、数量、质量、状况、所在地、所有权权属或者使用权权属;④担保的范围。

(三)抵押的效力

1.抵押担保的范围

抵押担保的范围包括主债权及利息、违约金、损害赔偿金和实现抵押权的费用。如果抵押合同另有规定的,按照规定执行。

2.抵押物的转让

在抵押期间,抵押人转让已办理抵押登记的抵押物的,应当通知银行并告知受让人转让物已经抵押的情况;抵押人未通知银行或者未告知受让人的,转让行为无效。若转让抵押物的价款明显低于其价值的,银行可以要求抵押人提供相应的担保,抵押人不提供的,不得转让抵押物。抵押人转让抵押物所得的价款,应当向银行提前清偿所担保的债权,超过债权数额的部分,归抵押人所有,不足部分由债务人清偿。同时,**抵押权不得与其担保的债权分离而单独转让或者作为其他债权的担保。**

3.抵押物的保全

在抵押期间,银行若发现抵押人对抵押物使用不当或保管不善,足以使抵押物价值减少时,有权要求抵押人停止其行为。抵押物价值减少时,银行有权要求抵押人恢复抵押物的价值,或者提供与减少的价值相等的担保。**若抵押人对抵押物价值减少无过错的,银行只能在抵押人因损害而得到的赔偿范围内要求提供担保。**其抵押物未减少的部分,仍作为债权的担保。

(四)抵押权的实现

抵押担保虽然具有现实性和凭物性,但抵押权是与其担保的债权同时存在的。**抵押贷款到期,若借款人能足额按时归还本息,则抵押自动消失。**若借款人不能按时归还贷款本息,或银行同意展期后仍不能履行,抵押权才真正得以实现。债务人不履行到期债务或者发生当事人约定的实现抵押权的情形,抵押权人可以与抵押人协议以抵押财产折价或者以拍卖、变卖该抵押财产所得的价款优先受偿。抵押权人与抵押人未就抵押权实现方式达成协议的,抵押权人可以请求人民法院拍卖、变卖抵押财产。抵押权实现过程中的重要法律规定如下:

(1)同一财产向两个以上债权人抵押的,拍卖、变卖抵押财产所得的价款依照下列规定清偿:

①抵押权已登记的,按照登记的先后顺序清偿;顺序相同的,按照债权比例清偿。

②抵押权已登记的先于未登记的受偿。

③抵押权未登记的,按照债权比例清偿。

(2)建设用地使用权抵押后,该土地上新增的建筑物不属于抵押财产。该建设用地使用权实现抵押权时,应当将该土地上新增的建筑物与建设用地使用权一并处分,但新增建筑物所得的价款,抵押权人无权优先受偿。

(3)依法以土地承包经营权或以乡镇、村企业的厂房等建筑物占用范围内的建设用地使用权一并抵押的,实现抵押权后,未经法定程序,不得改变土地所有权的性质和土地用途。

(4)拍卖划拨的国有土地使用权所得的价款,在依法缴纳相当于应缴纳的土地使用权出让金的款额后,抵押权人有优先受偿权。

(5)为债务人抵押担保的第三人,在抵押权人实现抵押权后,有权向债务人追偿。

(6)抵押权因抵押物灭失而消灭。因灭失所得的赔偿金,应当作为抵押财产。

(7)抵押权人应当在主债权诉讼时效期间行使抵押权;未行使的,人民法院不予保护。

四、抵押担保的主要风险与管理特点(★★★)

(一)贷款抵押风险分析

(1)抵押物虚假或严重不实;

(2)未办理有关登记手续;

(3)将共有财产抵押而未经共有人同意;

(4)以第三方的财产作抵押而未经财产所有人同意;

(5)资产评估不真实,导致抵押物不足值;

(6)未抵押有效证件或抵押的证件不齐;

(7)因主合同无效,导致抵押关系无效;

(8)抵押物价值贬损或难以变现。

知识点拨

抵押权建立的前提是抵押物必须实际存在,且抵押人对此拥有完全的所有权。

(二)抵押担保的管理要点

(1)对抵押物进行严格审查;

(2)对抵押物的价值进行准确评估;

(3)做好抵押物登记,确保抵押效力;

(4)抵押合同期限应覆盖贷款合同期限;

(5)续期管理。

第四节 质押担保

考点精讲

一、质押担保的概念(★★)

质押是贷款担保方式之一,它是债权人所享有的通过占有由债务人或第三人移交的质物而使其债权优先受偿的权利。**设立质权的人,称为出质人;享有质权的人,称为质权人;债务人或者第三人移交给债权人的动产或权利为质物。**

以质物作担保所发放的贷款为质押贷款。**质押担保的范围包括主债权及利息、违约金、损害赔偿金、质物保管费用和实现质权的费用。**

质押根据质物特征的不同,分为动产质押和权利质押。**动产质押**,是指债务人或者第三人将其动产移交债权人占有,将该动产作为债权的担保。**权利质押**,是指债务人或者第三人将权利依法办理质押登记手续或将权利凭证移交债权人占有,作为债权的担保。

二、质押与抵押的区别(★★★)

1.质权的标的物与抵押权的标的物的范围不同

质权的标的物为动产和财产权利,动产质押形成的质权为典型质权。**抵押权的标的物可以是动产和不动产,以不动产最为常见。**

2.标的物的占有权是否发生转移不同

抵押权的设立不转移抵押标的物的占有权,而质权的设立必须转移质押标的物的占有权。这是质押与抵押最重要的区别。

3.对标的物的保管义务不同

抵押权的设立不交付抵押物的占有权,因而抵押权人没有保管标的物的义务,而在质押时,质权人对质物则负有善良管理人的注意义务。

4.受偿顺序不同

在质权设立的情况下,一物只能设立一个质押权,因而不存在受偿的顺序问题。而一物可设数个抵押权,当数个抵押权并存时,有受偿的先后顺序之分。

5.能否重复设置担保不同

在抵押担保中,抵押物价值大于所担保债权的余额部分,可以再次抵押,即抵押人可以同时或者先后就同一项财产向两个以上的债权人进行抵押。也就是说,**法律允许抵押**

权重复设置。而在质押担保中，由于质押合同是从质物移交给质权人占有之日起生效，因此在实际中不可能存在同一质物上重复设置质权的现象。

6.对标的物孳息的收取权不同

在抵押期间，不论抵押物所产生的是天然孳息还是法定孳息，均由抵押人收取，抵押权人无权收取。只有在债务履行期间届满，债务人不履行债务致使抵押物被法院依法扣押的情况下，自扣押之日起，抵押权人才有权收取孳息。在质押期间，质权人依法有权收取质物所产生的天然孳息和法定孳息。

三、质押担保的设定条件(★★★)

贷款质押中质物的占有权原则上应转移给质权人，贷款质押以转移质物占有和权利凭证**交付之日起生效或登记之日起生效。**

(一)质押物的范围

1.**商业银行可接受的财产质押**

(1)出质人所有的、依法有权处分并可移交质权人占有的动产；

(2)汇票、支票、本票、债券、存款单、仓单、提单；

(3)依法可以转让的基金份额、股权；

(4)依法可转让的商标专用权、专利权、著作权中的财产权等知识产权；

(5)依法可以质押的其他权利，包括合同债权、不动产受益权和租赁权、项目特许经营权、应收账款、侵权损害赔偿、保险赔偿金的受益转让权等。

2.**商业银行不可接受的财产质押**

(1)所有权、使用权不明或有争议的财产；

(2)法律法规禁止流通的财产或者不可转让的财产；

(3)国家机关的财产；

(4)依法被查封、扣押、监管的财产；

(5)租用的财产；

(6)其他依法不得质押的其他财产。

(二)质押材料

出质人向商业银行申请质押担保，应在提送信贷申请报告的同时，提送出质人提交的"担保意向书"及以下材料：

(1)质押财产的产权证明文件；

(2)出质人资格证明；

(3)出质人须提供有权决议的机关作出的关于同意提供质押的文件、决议或其他具有同等法律效力的文件或证明(包括但不限于授权委托书、股东会决议、董事会决议)；

(4)财产共有人出具的同意出质的文件。

(三)质物的合法性

表 6-3 质物的合法性

出质人对质物、质押权利占有的合法性	质物、质押权利的合法性
①用动产出质的,应通过审查动产购置发票、财务账簿,确认其是否为出质人所有; ②用权利出质的,应核对权利凭证上的所有人与出质人是否为同一人。如果不是,则要求出示取得权利凭证的合法证明,如判决书或他人同意授权质押的书面证明; ③审查质押的设定是否已由出质人有权决议的机关作出决议; ④如质押财产为共有财产,出质是否经全体共有人同意	①所有权、使用权不明或有争议的动产,法律规定禁止流通的动产不得作为质物; ②凡出质人以权利凭证出质,必须对出质人提交的权利凭证的真实性、合法性和有效性进行确认; ③凡发现质押权利凭证有伪造、变造迹象的,应重新确认,经确认确实为伪造、变造的,应及时向有关部门报案; ④海关监管期内的动产作质押的,须由负责监管的海关出具同意质押的证明文件; ⑤对于用票据设定质押的,必须对背书进行连续性审查; ⑥对以股票设定质押的,必须是依法可以流通的股票

(四)质押价值、质押率的确定

1.**质押价值的确定**

(1)对于具有明确市场价格的质押品,比如上市公司流通股股票、国债、存款单、银行承兑汇票等,其公允价值就是该质押品的市场价格。

(2)对于没有明确市场价格的质押品,如非上市公司法人股权等,则应当在以下价格中选择较低者为质押品的公允价值:公司最近一期经审计的财务报告或税务机关认可的财务报告中所写明的质押品的净资产价格;以公司最近的财务报告为基础,测算公司未来现金流入量的现值,所估算的质押品的价值;如果公司正处于重组、并购等股权变动过程中,可以交易双方最新的谈判价格作为确定质押品公允价值的参考。

2.**质押率的确定**

(1)信贷人员应根据质押财产的价值和质押财产价值的变动因素,科学地确定质押率。

(2)确定质押率的依据有:①质物的适用性、变现能力;②质物、质押权利价值的变动趋势。

四、质押担保的一般规定(★★★)

(一)质押权的设立

动产质押中,质权自出质人交付质押财产时设立。

权利质押中，以汇票、支票、本票、债券、存款单、仓单、提单出质的，质权自权利凭证交付质权人时设立；没有权利凭证的，质权自有关部门办理出质登记时设立；以基金份额、证券登记结算机构登记的股权出质的，质权自证券登记结算机构办理出质登记时设立，以其他股权出质的，质权自工商行政管理部门办理出质登记时设立；以注册商标专用权、专利权、著作权等知识产权中的财产权出质的，质权自有关主管部门办理出质登记时设立；以应收账款出质的，质权自信贷征信机构办理出质登记时设立。出质人与质权人可以协议设立最高额质权。

（二）质押财产的保管义务

质权人在质权存续期间，未经出质人同意，擅自使用、处分质押财产，给出质人造成损害的，应当承担赔偿责任。**质权人负有妥善保管质押财产的义务**；因保管不善致使质押财产毁损、灭失的，应当承担赔偿责任。质权人的行为可能使质押财产毁损、灭失的，出质人可以要求质权人将质押财产提存，或者要求提前清偿债务并返还质押财产。质权人在质权存续期间，未经出质人同意转质，造成质押财产毁损、灭失的，应当向出质人承担赔偿责任。

（三）质押担保合同的订立

设立质权，当事人应当采取书面形式订立质权合同。质权合同一般包括下列条款：

（1）担保债权的种类和数额；

（2）债务人履行债务的期限；

（3）质押财产的名称、数量、质量、状况；

（4）担保的范围；

（5）质押财产交付的时间。

质权人在债务履行期届满前，不得与出质人约定债务人不履行到期债务时质押财产归债权人所有。

（四）质押权的实现

债务人履行债务或者出质人提前清偿所担保的债权的，质权人应当返还质押财产。债务人不履行到期债务或者发生当事人约定的实现质权的情形，质权人可以与出质人协议以质押财产折价，也可以就拍卖、变卖质押财产所得的价款优先受偿。出质人可以请求质权人在债务履行期届满后及时行使质权；质权人不行使的，出质人可以请求人民法院拍卖、变卖质押财产。出质人请求质权人及时行使质权，因质权人怠于行使权利造成损害的，由质权人承担赔偿责任。质押财产折价或者拍卖、变卖后，其价款超过债权数额的部分归出质人所有，不足部分由债务人清偿。

五、质押担保的主要风险和管理要点(★★★)

(一)质押担保的风险

目前银行办理的质押贷款在业务中的主要风险有:①虚假质押风险;②司法风险;③汇率风险;④操作风险。

(二)质押担保的管理要点

为防范虚假质押风险,银行查证质押票证时,有密押的应通过联行核对;无密押的应派人到出证单位或其托管部门作书面的正规查询。为防范质物司法风险,银行必须严格审查各类质物适用的法律、法规,确保可依法处置质物;对难以确认真实、合法、合规性的质物或权利凭证,应拒绝质押。

银行防范质物的价值风险,应要求质物经过有行业资格且资信良好的评估公司或专业质量检测、物价管理部门作价值认定,再确定一个有利于银行的质押率;选择价值相对稳定的动产或权利作为质物,谨慎地接受股票、权证等价值变化较大的质物。

防范质押操作风险,银行首先必须确认质物是否需要登记。其次,按规定办理质物出质登记,并收齐质物的有效权利凭证,同时与质物出质登记、管理机构和出质人签订三方协议,约定保全银行债权的承诺和监管措施。最后,银行要将质押证件作为重要有价单证归类保管,一般不应出借。

第五节　押品管理

"押品"定义为"债务人或第三方为担保商业银行相关债权实现,抵押或质押给商业银行,用于缓释信用风险的财产或权利",包括但不仅限于信贷业务中使用的押品。

一、商业银行开展押品管理的基本原则(★★★)

表 6-4　押品管理的基本原则

原则	内容
合法性原则	押品管理应符合法律法规规定
有效性原则	抵质押担保手续完备,押品估值合理并易于处置变现,具有较好的债权保障作用
审慎性原则	充分考虑押品本身可能存在的风险因素,审慎制定押品管理政策,动态评估押品价值及风险缓释作用
从属性原则	商业银行使用押品缓释信用风险应以全面评估债务人的偿债能力为前提

二、完善押品管理体系(★)

商业银行应将押品管理纳入全面风险管理体系，完善与押品管理相关的治理架构、管理制度、业务流程、信息系统等。主要要求包括：

(1)董事会应督促高级管理层在全面风险管理体系框架下构建押品管理体系，切实履行押品管理职责。

(2)高级管理层应规范押品管理制度流程，落实各项押品管理措施，确保押品管理体系与业务发展、风险管理水平相适应。

(3)商业银行应明确前、中、后台各业务部门的押品管理职责，内审部门应将押品管理纳入内部审计范畴定期进行审计。

(4)商业银行应根据需要，设置押品价值评估、抵质押登记、保管等相关业务岗位，明确岗位职责，配备充足人员，确保相关人员具备必要的专业知识和业务能力。同时，应采取建立回避制度、流程化管理等措施防范操作风险。

(5)商业银行应健全押品管理制度和流程，明确可接受的押品类型、目录、抵质押率、估值方法及频率、担保设立及变更、存续期管理、返还和处置等相关要求。

(6)商业银行应建立押品管理信息系统，持续收集押品类型、押品估值、抵质押率等相关信息，支持对押品及相关担保业务开展统计分析，动态监控押品债权保障作用和风险缓释能力，将业务管控规则嵌入信息系统，加强系统制约，防范抵质押业务风险。

(7)商业银行应真实、完整保存押品管理过程中产生的各类文档，包括押品调查文档、估值文档、存续期管理记录等相关资料，并易于检索和查询。

三、押品风险控制的基本要求(★★★)

(一)商业银行拟接受的押品应符合的基本条件

(1)押品真实存在；

(2)押品权属关系清晰，抵押(出质)人对押品具有处分权；

(3)押品符合法律法规规定或国家政策要求；

(4)押品具有良好的变现能力。

(二)押品分类管理

商业银行应至少将押品分为金融质押品、房地产、应收账款和其他押品等类别，并在此基础上进一步细分，同时，应结合本行业务实践和风控水平，确定可接受的押品目录，且至少每年更新一次。

(三)押品估值管理

(1)商业银行应遵循客观、审慎原则，依据评估准则及相关规程、规范，明确各类押品的估值方法，并保持连续性。原则上，对于有活跃交易市场、有明确交易价格的押品，应参考市场价格确定押品价值。采用其他方法估值时，评估价值不能超过当前合理市场价格。

(2)商业银行各类表内外业务采用抵质押担保的，应对押品情况进行调查与评估，主要包括受理、调查、估值、审批等环节；明确押品估值的责任主体以及估值流程，包括发起、评估、确认等相关环节。

(3)商业银行应根据不同押品的价值波动特性，合理确定价值重估频率，每年应至少重估一次。价格波动较大的押品应适当提高重估频率，有活跃交易市场的金融质押品应进行盯市估值。

(4)外部评估。下列情形下，押品应由外部评估机构进行估值：①法律法规及政策规定、人民法院、仲裁机关等要求必须由外部评估机构估值的押品；②监管部门要求由外部评估机构估值的押品；③因估值技术性要求较高，本行不具备评估专业能力的押品；④其他确需外部评估机构估值的押品。

(四)抵质押率上限

抵质押率指押品担保本金余额与押品估值的比率。

抵质押率＝押品担保本金余额÷押品估值×100%

四、押品的实物管理(★★★)

对于法律法规规定抵质押权经登记生效或未经登记不得对抗善意第三人的押品，应按登记部门要求办理抵质押登记，取得他项权利证书或其他抵质押登记证明，确保抵质押登记真实有效。

对于法律规定以移交占有为质权生效要件的押品和应移交商业银行保管的权属证书，商业银行应办理转移占有的交付或止付手续，并采取必要措施，确保押品真实有效。

押品由第三方监管的，商业银行应明确押品第三方监管的准入条件，对合作的监管方实行名单制管理，加强日常监控，全面评价其管理能力和资信状况。对于需要移交第三方保管的押品，商业银行应与抵押(出质)人、监管方签订监管合同或协议，明确监管方的监管责任和违约赔偿责任。监管方应将押品与其他资产相分离，不得重复出具仓储单据或类似证明。

商业银行应明确押品及其权属证书的保管方式和操作要求，妥善保管抵押(出质)人依法移交的押品或权属证书。

五、押品的存续期管理(★★★)

(一)押品价值重估

商业银行应按规定频率对押品进行价值重估。出现下列情形之一的，即使未到重估时点，也应重新估值：

(1)押品市场价格发生较大波动；

(2)发生合同约定的违约事件；

(3)押品担保的债权形成不良；

(4)其他需要重估的情形。

(二)押品价值监测与压力测试

商业银行应建立动态监测机制，跟踪押品相关政策及行业、地区环境变化，分析其对押品价值的影响，及时发布预警信息，必要时采取相应措施。

商业银行应加强押品集中度管理，采取必要措施，防范因单一押品或单一种类押品占比过高产生的风险。

抵质押合同明确约定警戒线或平仓线的押品，商业银行应加强押品价格监控，触及警戒线时要及时采取防控措施，触及强制平仓条件时应按合同约定平仓。

商业银行应根据押品重要程度和风险状况，定期对押品开展压力测试，原则上每年至少进行一次，并根据测试结果采取应对措施。

(三)押品返还与处置

出现下列情形之一的，商业银行应办理抵质押注销登记手续，返还押品或权属证书：

(1)抵质押担保合同履行完毕，押品所担保的债务已经全部清偿；

(2)人民法院解除抵质押担保裁判生效；

(3)其他法定或约定情形。

债务人未能按期清偿押品担保的债务或发生其他风险状况的，商业银行应根据合同约定，按照损失最小化原则，合理选择行使抵质押权的时机和方式，通过变卖、拍卖、折价等合法方式及时行使抵质押权，或通过其他方式保障合同约定的权利。

高频考点预测试题

一、单项选择题(以下各小题所给出的四个选项中，只有一项符合题目要求，请选择相应选项，不选、错选均不得分)

1. 贷款担保的作用不包括(　　)。

A. 降低银行存款风险，提高资金使用效率

B. 巩固和发展信用关系

C. 协调稳定商品流转秩序，维护国民经济健康运行

D. 促进企业加强管理，改善经营管理状况

2. 下列关于抵押物认定的说法，错误的是(　　)。

A. 只有为抵押人所有或有权支配的财产才能作为贷款担保的抵押物

B. 银行对选定的抵押物要逐项验证产权

C. 对国有企业，应核对抵押物的所有权

D. 用共有财产作抵押时，应取得共有人同意抵押的证明，以整个财产为限

3. 以下各项中不得抵押的财产是(　　)。

A. 土地所有权

B. 抵押人所有的房屋和其他地上定着物

C. 抵押人所有的机器、交通运输工具和其他财产

D. 抵押人依法承包并经发包方同意抵押的荒山的土地使用权

4. 关于质押率的确定，说法错误的是(　　)。

A. 应根据质押财产的价值和质押财产价值的变动因素，科学地确定质押率

B. 确定质押率的依据主要有质物的适用性、变现能力

C. 质物、质押权利价值的变动趋势可从质物的实体性贬值、功能性贬值及质押权利的经济性贬值或增值三方面进行分析

D. 对变现能力较差的质押财产应适当提高质押率

5. 质押与抵押最重要的区别为(　　)。

A. 抵押权可重复设置，质权不可

B. 抵押权标的为动产和不动产，质权标的是动产和财产权利

C. 抵押权不转移标的占有，质权必须转移标的占有

D. 抵押权人无保管标的义务，质权人负有善良管理人注意义务

6. 在贷款质押业务的风险中，最主要的风险因素是(　　)。

A. 虚假质押风险

B. 司法风险

C. 汇率风险

D. 操作风险

7. 下列关于防范质押操作风险的说法，不正确的是(　　)。

A. 银行应当确认质物是否需要登记

B. 银行应收齐质物的有效权利凭证

C. 银行应当与质物出质登记、管理机构和出质人签订三方协议，约定保全银行债权的承诺和监管措施

D. 银行借出质押证件时，应书面通知登记部门或托管方撤销质押

8. 保证合同不能为(　　)。

A. 书面形式

B. 口头形式

C. 信函、传真

D. 主合同中的担保条款

9. 下列关于质押的说法，不正确的是(　　)。

A. 质押是债权人所享有的通过占有由债务人或第三人移交的质物而使其债权优先受偿的权利

B. 设立质权的人称为质权人

C. 质押担保的范围包括质物保管费用

D. 以质物作担保所发放的贷款为质押贷款

10. 下列关于担保中留置的说法，正确的是(　　)。

A. 留置财产只能是不动产

B. 留置财产可以是动产，也可以是不动产

C. 留置权人不占有留置财产

D. 当债务人到期未履行债务时，留置权人有权就留置财产优先受偿

11. 下列主体可作为保证人的是(　　)。

A. 8 岁的小明

B. 65 岁无经济来源的老王

C. 某医院

D. 有母公司书面授权可作为保证人的某子公司

12. 对于抵押物的存货估价，应当是评估存货的(　　)。

A. 现值

B. 购买成本

C. 生产成本

D. 历史价值

13. 某抵押物市场价值为 15 万元，其评估值为 10 万元，抵押贷款率为 60%，则抵押贷款额为(　　)万元。

A. 12.6　　B. 9

C. 8.6　　D. 6

14. 在贷款担保中，借款人将其动产交由债权人占有的方式属于(　　)。

A. 保证　　B. 抵押

C. 质押　　D. 定金

15. 下列质押品中，不能用其市场价格作为公允价值的是(　　)。

A. 国债

B. 银行承兑汇票

C. 上市公司流通股

D. 上市公司限售股

16. 关于保证，下列说法正确的是（　　）。

A. 银行与借款人协商变更借款合同时，可不告知保证人

B. 未经保证人同意，展期后的贷款保证人可不承担保证责任

C. 事前如有约定的，银行对借款人有关合同的修改可不通知保证人

D. 银行对借款合同的修改都应取得保证人口头或书面意见

二、多项选择题（以下各小题所给出的五个选项中，有两个或两个以上符合题目要求，请选择相应选项，多选、少选、错选均不得分）

1. 贷款质押风险主要包括（　　）。

A. 虚假质押风险

B. 司法风险

C. 汇率风险

D. 操作风险

E. 利率的风险

2. 商业银行可接受的财产质押有（　　）。

A. 出质人所有的或有处分权的机器设备

B. 汇票

C. 租用的财产

D. 国家机关的财产

E. 依法可转让的基金份额

3. 下列可以作为保证人的有（　　）。

A. 金融机构

B. 从事经营活动的企业法人

C. 经企业法人书面授权的分支机构

D. 自然人

E. 以公益为目的的事业单位

4. 贷款保证存在的主要风险因素有（　　）。

A. 保证人不具备担保能力

B. 虚假担保人

C. 公司互保

D. 保证手续不完备

E. 超过诉讼时效，贷款丧失胜诉权

5. 下列关于质物、质押权利合法性的说法，正确的有（　　）。

A. 所有权、使用权不明或有争议的动产，法律规定禁止流通的动产不得作为质物

B. 凡出质人以权利凭证出质的，必须对出质人提交的权利凭证的真实性、合法性和有效性进行确认

C. 凡发现质押权利凭证有伪造、变造迹象的，应重新确认

D. 以海关监管期内的动产作质押的，需由负责监管的海关出具同意质押的证明文件

E. 非流通股可设定质押

6. 贷款抵押的风险防范措施包括（　　）。

A. 对抵押物进行严格审查

B. 对抵押物的价值进行准确评估

C. 做好抵押物登记工作，确保抵押效力

D. 贷款合同期限应覆盖抵押合同期限

E. 根据评估价值打折扣后确定贷款额度

7. 抵押合同的内容包括（　　）。

A. 被担保的主债权种类、数额

B. 债务人履行债务的期限

C. 抵押财产的所有权权属或者使用权权属

D. 担保的范围

E. 抵押物的名称数量

8. 贷款担保的作用主要包括（　　）。

A. 巩固和发展信用关系

B. 促进借款人加强管理，改善经营管理状况

C. 降低银行贷款风险，提高信贷资金使用效率

D. 加强担保人与银行的业务合作，使得担保人未来更可能获得银行信贷

E. 协调和稳定商品流转秩序，使国民经济健康运行

9. 下列措施中，可防范质押操作风险的有（　　）。

A. 谨慎接收权证质物

B. 质物出质登记

C. 与质物出质登记、管理机构和出质人签订

三方协议

D. 将质押证件作为重要有价单证归类保管

E. 出借质押证件

10. 下列财产中不得抵押的有(　　)。

A. 土地所有权

B. 抵押人所有的房屋和其他地上定着物

C. 耕地、宅基地、自留地、自留山

D. 学校、幼儿园、医院的教育设施、医疗卫生设施

E. 抵押人依法承包并经发包方同意抵押的荒山、荒沟、荒滩等荒地

三、判断题(请对以下各题的描述作出判断,正确选 A,错误选 B)

1. 政府可要求银行为他人提供担保。(　　)

2. 抵押物适用性越强,变现能力越强,适用的抵押率越高。(　　)

3. 土地所有权可以用于抵押。(　　)

参考答案及解析

一、单项选择题

1. A [解析] 贷款担保要求企业提供贷款偿还的双重保证,降低的是银行贷款的风险,而非存款风险。

2. D [解析] 用共有财产作抵押时,应取得共有人同意抵押的证明,并以抵押人所有的份额为限。

3. A [解析] 根据《物权法》的规定,土地所有权不得抵押。

4. D [解析] 信贷人员应根据质押财产的价值和质押财产价值的变动因素,科学地确定质押率。确定质押率的依据主要有:①质物的适用性、变现能力。对变现能力较差的质押财产应适当降低质押率。②质物、质押权利价值的变动趋势。一般可从质物的实体性贬值、功能性贬值及质押权利的经济性贬值或增值三方面进行分析。

5. C [解析] 抵押权的设立不转移抵押标的物的占有,而质权的设立必须转移质押标的物的占有。这是质押与抵押最重要的区别。

6. A [解析] 虚假质押风险是贷款质押的最主要风险因素。

7. D [解析] 防范质押操作风险,银行首先必须确认质物是否需要登记。其次,按规定办理质物出质登记,并收齐质物的有效权利凭证,同时与质物出质登记、管理机构和出质人签订三方协议,约定保全银行债权的承诺和监管措施。银行要将质押证件作为重要有价单证归类保管,一般不应出借。如要出借,必须严格审查出质人借出是否合理,有无欺诈嫌疑;其次,借出的质物,能背书的要注明“此权利凭证(财产)已质押在 ×银行,×年 ×月 ×日前不得撤销此质押”,或者以书面形式通知登记部门或托管方“×质押凭证已从银行借出仅作 ×用途使用,不得撤销原质权”,并取得其书面收据以作证明。

8. B [解析] 保证合同要以书面形式订立,以明确双方当事人的权利和义务。根据《担保法》规定,书面保证合同可以单独订立,包括当事人之间的具有担保性质的信函、传真等,也可以是主合同中的担保条款。保证合同不能采用口头形式。

9. B [解析] 质押是贷款担保方式之一,是债权人所享有的通过占有由债务人或第三

人移交的质物而使其债权优先受偿的权利。设立质权的人,称为出质人;享有质权的人,称为质权人。质押担保的范围包括质物保管费用。以质物作担保所发放的贷款为质押贷款。

10. D [解析]留置是指债权人按照合同约定占有债务人的动产,债务人不按照合同约定的期限履行债务的,债权人有权按照规定留置该财产,以该财产折价或者以拍卖、变卖该财产的价款优先受偿。

11. D [解析]根据《担保法》对保证人资格作出的规定,保证人必须是具有民事行为能力的人,保证人必须具有代为履行主债务的资力。除此之外,保证人还要受以下限制:①国家机关不得作保证人,但经国务院批准对特定事项作保证人的除外;②禁止政府及所属部门要求银行等金融机构或者企业为他人提供担保;③医院、学校等以公共利益为目的的事业单位、社会团体不得作保证人;④企业法人的分支机构或职能部门不得作保证人,企业法人的分支机构有该法人书面授权的,可在授权范围内提供保证。

12. A [解析]抵押物的估价是评估抵押物的现值。

13. D [解析]抵押贷款额=抵押物评估值×抵押贷款率=10×60%=6(万元)。

14. C [解析]质押是指债务人或者第三人将其动产或权利转移给债权人占有,作为债权的担保。

15. D [解析]对于有明确市场价格的质押品,如国债、上市公司流通股票、存款单、银行承兑汇票等,其公允价值即为该质押品的市场价格。

16. B [解析]银行与借款人协商变更借款合同应经保证人同意,否则可能保证无效。表现为:办理贷款展期手续时,未经保证人同意,展期后的贷款,保证人可不承担保证责任等。因此,除事前有书面约定外,银行对借款人有关合同方面的修改,都应取得保证人书面意见,否则保证可能由此落空。

二、多项选择题

1. ABCD [解析]贷款质押风险主要包括虚假质押风险、司法风险、汇率风险、操作风险。

2. ABE [解析]商业银行可接受的财产质押主要有以下几种:①出质人所有的、依法有权处分并可移交质权人占有的动产;②汇票、支票、本票、债券、存款单、仓单、提单;③依法可转让的基金份额、股权;④依法可转让的商标专用权、专利权、著作权中的财产权等知识产权;⑤依法可以质押的其他权利,包括合同债权、不动产受益权和租赁权、项目特许经营权、应收账款、侵权损害赔偿、保险赔偿金的受益转让权等。

3. ABCD [解析]经商业银行认可的具有较强代为清偿能力的、无重大债权债务纠纷的以下单位和个人可以接受为保证人:①金融机构;②从事符合国家法律、法规的生产经营活动的企业法人;③从事经营活动的事业法人;④其他经济组织;⑤自然人;⑥担保公司。企业法人的分支机构有该法人书面授权的,可以在授权范围内提供保证。以公益为目的的事业单位、社会团体不得作为保证人。

4. ABCDE [解析]贷款保证存在的主要风险因素有:①保证人不具备担保资格;②保证人不具备担保能力;③虚假担保人;④公司互保;⑤保证手续不完备,保证合同产生法律风险;⑥超过诉讼时效,贷款丧失胜诉权。

5. ABCD [解析]在确认质物、质押权利的合法性时,应注意:①所有权、使用权不明或有争议的动产,法律规定禁止流通的动产不得作为质物。②凡出质人以权利凭证出质的,必须对出质人提交的权利凭证的真实性、合法性和有效性进行确认。确认时向权利凭证签发或制作单位查询,并取得该单位出具的确认书。③凡发现质押权利凭证有伪造、变造迹象的,应重新确认,经确认确实为伪造、变造的,应及时向有关部门报案。④以海关监管期内的动产作质押的,需由负责监管的海关出具同意质押的证明文件。⑤对于用票据设定质押的,还必须对背书进行连续性审查。⑥对于以股票设定质押的,必须是依法可以流通的股票。

6. ABCE [解析]贷款抵押的风险防范措

施包括：①对抵押物进行严格审查；②对抵押物的价值进行准确评估。实际操作中，银行一般要求抵押企业提供商业评估机构出具的评估报告，并根据评估价值打折扣后确定贷款额度；③做好抵押物登记工作，确保抵押效力；④抵押合同期限应覆盖贷款合同期限。

7. ABCDE ［解析］抵押合同包括以下内容：①被担保的主债权种类、数额；②债务人履行债务的期限；③抵押财产的名称、数量、质量、状况、所在地、所有权权属或者使用权权属；④担保的范围。

8. ABCE ［解析］在我国市场经济体制建立和发展过程中，银行开展担保贷款业务具有重要的意义。担保的作用主要表现为以下四个方面：①协调和稳定商品流转秩序，使国民经济健康运行；②降低银行贷款风险，提高信贷资金使用效率；③促进借款企业加强管理，改善经营管理状况；④巩固和发展信用关系。

9. ABCD ［解析］防范质押操作风险的措施有：①必须确认质物是否需要登记。②按规定办理质物出质登记，并收齐质物的有效权利凭证，同时与质物出质登记、管理机构和出质人签订三方协议，约定保全银行债权的承诺和监管措施。③银行要将质押证件作为重要有价单证归类保管，一般不应出借。如要出借，必须严格审查出质人借出是否合理，有无欺诈嫌疑；借出的质物，能背书的要注明“此权利凭证（财产）已质押在×银行，×年×月×日前不得撤销此质押”，或者以书面形式通知登记部门或托管方“×质押凭证已从银行借出仅作×用途使用，不得撤销原质权”，并取得其书面收据以作证明。

10. ACD ［解析］不得抵押的财产有：土地所有权、耕地、宅基地（有特别规定的除外）、自留地、自留山等集体所有的土地使用权；学校、幼儿园、医院等以公益为目的的事业单位、社会团体的教育设施、医疗卫生设施和其他社会公益设施；所有权、使用权不明或有争议的财产；依法被查封、扣押、监管的财产以及依法不得抵押的其他财产。抵押人依法承包并经发包方同意抵押的荒山、荒沟、荒滩等荒地可以抵押。

三、判断题

1. B ［解析］《担保法》规定禁止政府及其所属部门要求银行等金融机构或者企业为他人提供担保。

2. A ［解析］抵押物适用性与变现能力直接影响银行能否顺利、足额以其变现来抵偿债权。抵押物适用性越强、变现能力越强，越能顺利足额变现，对银行来说风险越小，采用的抵押率越高。

3. B ［解析］土地所有权不得用于抵押，抵押人依法有权处分的建设用地使用权、房屋和其他地上定着物可以用于抵押。

第七章

信贷审批

视频内容：本章考点串讲

扫描二维码，**免费**观看精讲视频，助您轻松高效备考！

视频精讲

思维导图

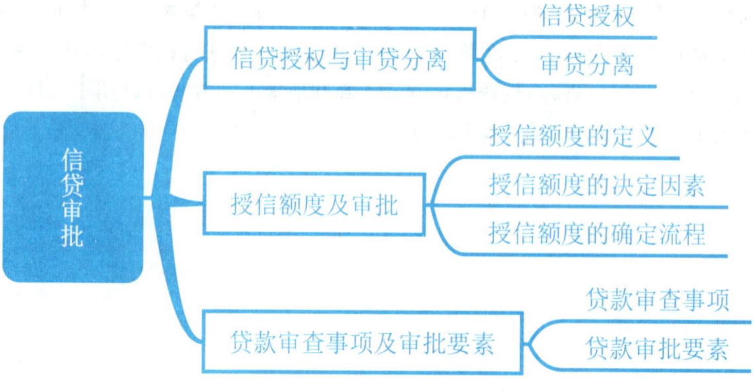

第一节　信贷授权与审贷分离

考点精讲

一、信贷授权(★★★)

(一)信贷授权的含义

1.信贷授权的定义

信贷授权是指银行业金融机构对其所属业务职能部门、分支机构和关键业务岗位开展授信业务权限的具体规定。

2.信贷授权的分类

(1)直接授权,是指银行业金融机构总部对总部相关授信业务职能部门或直接管理的经营单位授予全部或部分信贷产品一定期限、一定金额内的信贷审批权限。

(2)转授权,是指受权的经营单位在总部直接授权的权限内,对本级行各有权审批人、相关信贷业务职能部门和所辖分支机构转授一定的信贷审批权限。根据贷款新规规定,贷款人应建立健全内部审批授权与转授权机制。审批人员应在授权范围内按规定流程审批信贷业务,不得越权审批。

(3)临时授权,是指被授权者因故不能履行信贷业务审批职责时,临时将自己权限范围内的信贷审批权限授予其他符合条件者代为行使,到期时自动收回。

3.信贷授权管理的意义

信贷授权是银行业金融机构信贷管理和内部控制的基本要求,旨在健全内部控制体系,增强防范和控制风险的能力,并有利于优化流程、提高效率,以实现风险收益的最优化。此外,对内授权也与对外授信密切相关。对内合理授权是银行业金融机构对外合格授信的前提和基础。

(二)信贷授权的原则与方法

在银行业金融机构的实际操作中,信贷授权的操作规程主要包括以下内容:

1.**信贷授权应遵循的基本原则**

(1)授权适度原则;

(2)差别授权原则;

(3)动态调整原则;

(4)权责一致原则。

2.信贷授权确定的方法

银行业金融机构对业务职能部门和分支机构的信贷授权，原则上应根据其风险管理水平、资产质量、所处地区的经济信用环境、受权机构业务量、审批人员的信贷从业经验及审批能力等因素，设置一定的权重，采用风险指标量化评定的方法合理确定。此外，在确定信贷授权时，还应适当考虑公司信贷、小企业信贷、个人信贷的业务特点。

3.信贷授权的方式

(1)信贷授权的载体

授权可以采用授权书、规章制度、部门职责、岗位职责等书面形式。其中，**授权书比较规范、正式，也较为常用**。

授权书应当载明以下内容：授权人全称；受权人全称；授权范围和权限；关于转授权的规定；授权书生效日期和有效期限；对限制越权的规定；其他需要规定的内容。**授权的有效期限一般为1年。**

(2)信贷授权的形式

①按受权人划分，信贷授权可授予总部授信业务审批部门及其派出机构、分支机构负责人或独立授信审批人等。

②按授信品种划分，可按风险高低进行授权，如对固定资产贷款、并购贷款、流动资金贷款等品种给予不同的权限。

③按行业进行授权，根据银行信贷行业投向政策，对不同的行业分别授予不同的权限。如对产能过剩行业、高耗能、高污染行业应适当上收审批权限。

④按客户风险评级授权，根据银行信用评级政策，针对不同信用等级的客户分别授予不同的权限。

⑤按担保方式授权，根据担保对风险的缓释作用，对采用不同担保方式的授信业务分别授予不同的权限，如对全额保证金业务、存单(国债)质押业务等分别给予不同的审批权限。

二、审贷分离(★★★)

(一)审贷分离的含义

1.审贷分离的定义

审贷分离是指将信贷业务办理过程中的调查和审查环节进行分离，分别由不同层次机构和不同部门(岗位)承担，以实现相互制约并充分发挥信贷审查人员专业优势的信贷管理制度。

2.审贷分离的意义

审贷分离的核心是将负责贷款调查的业务部门(岗位)与负责贷款审查的管理部门(岗位)相分离，以达到相互制约的目的。其意义有三点：①信贷审查人员独立判断风险，保证信贷审查审批的独立性和科学性；②信贷审查人员相对固定，有利于提高专业化水平，实现专家审贷，弥补客户经理在信贷专业分析技能方面的不足，减少信贷决策失误；③从全局角度来讲，审贷分离对促进银行业金融机构的信贷管理机制改革、提高信贷管理水平以及提高信贷资产质量具有重要的现实意义。

(二)审贷分离的一般操作规程

1.审贷分离的形式

①岗位分离；②部门分离；③地区分离。

2.信贷业务岗与信贷审查岗的职责划分(见下表)

表 7-1 信贷业务岗与信贷审查岗的职责划分

信贷业务岗职责	信贷审查岗职责
①积极拓展信贷业务，搞好市场调查，优选客户，受理借款人申请； ②对借款人申请信贷业务的合法性、安全性、盈利性进行调查； ③对客户进行信用等级评价，撰写调查报告，提出贷款的期限、金额、利率(费率)和支付方式等明确意见； ④办理核保、抵(质)押登记、落实信贷审批条件； ⑤贷款业务办理后对借款人执行借款合同的情况和经营状况进行检查和管理； ⑥督促借款人按合同约定使用贷款，按时足额归还贷款本息，并负责配合催收违约贷款	①表面真实性审查。对借款人及保证人财务报表、商务合同等资料进行表面真实性审查，对明显虚假的资料提出审查意见。 ②完整性审查。审查授信资料是否完整有效。 ③合规性审查。审查借款人、保证人主体资格，担保的合法性，借款用途的合规性，审查授信业务是否符合国家和本行信贷政策，审查授信客户经营范围是否符合授信要求。 ④合理性审查。审查借款行为的合理性，审查贷前调查中使用的信贷材料和信贷结论在逻辑上是否具有合理性。 ⑤可行性审查。审查授信业务主要风险点及风险防范措施、偿债能力、授信安排、信贷期限、担保能力等，审查授信客户和信贷业务风险

3.审贷分离实施要点

(1)审查审批人员与借款人原则上不单独直接接触。对特大项目、复杂事项等确需审查审批人员接触借款人的，应经过一定程序的批准，在客户经理的陪同下实地进行调查。

(2)审查人员无最终决策权。信贷决策权应由信贷审批会议或审批委员会或最终有权审批人行使。

(3)审查审批人员应真正成为信贷专家。

(4)实行集体审议机制。贷审会作为授信业务决策的集体议事机构，其投票未通过的信贷事项，不得审批同意，对贷审会审批同意的信贷业务，行长或其授权的副行长等有权审批人可以否决。贷审会审议表决应当遵循“集体审议、明确发表意见、绝对多数通过”的原则。

(5)按程序审批。

第二节 授信额度及审批

考点精讲

一、授信额度的定义(★★★)

授信额度是指银行在客户授信限额以内，根据客户的还款能力和银行的客户政策最终决定给予客户的授信总额，包括贷款额度、贸易融资额度、保函额度、承兑汇票额度、透支额度等各类信贷业务额度。

商业银行不同的信贷管理体制及模式，导致授信额度的授予对象、适用范围、核定流程、管理及使用方式等存在差异，大致可分为：

1.集团授信额度

集团授信额度是指授信银行授予集团客户包括分配各个集团成员的授信额度的总和，企业集团的结构和组成通常较为复杂不易识别，由于集团内成员企业受同一实际控制人控制，更容易产生潜在的信用风险：

①贷款资金有可能被转移到集团的其他公司；

②易发生不公允的关联交易；

③无论借款企业的条件和业绩有多优秀，发生在集团的其他公司的问题都有可能影响到借款企业。

鉴于集团客户风险的整体性、共生性及传导性，商业银行需要基于集团整体及各成员企业信用状况及偿债能力合理核定集团授信额度，并实施统一管理。根据《固定资产贷款管理暂行办法》和《流动资金贷款管理暂行办法》的相关规定，贷款人应将固定资产贷款和流动资金贷款纳入对借款人及借款人所在集团客户的统一授信额度管理，并按区域、行业、贷款品种等维度建立固定资产贷款和流动资金贷款的风险限额管理制度。

2.客户授信(信用)额度

一段时期内，客户通常会有一笔以上的银行贷款，来对应其不同需求；而信贷业务的风险，大多源于客户的信用风险。为有效控制客户整体信用风险，同时合理满足单笔业务办理效率需要，客观上需要在分析评价客户整体信用状况及偿债能力的基础上，核定客户信用额度，实现客户信用总量控制。客户信用额度是指银行授予某个借款企业的信用额度(包括分配各类信贷业务额度)的总和，额度可在有效期内使用。

3.单笔贷款额度

单笔贷款额度主要指用于每个单独批准在一定贷款条件(收入的使用、最终到期日、

还款时间安排、定价、担保等)下的贷款额度。根据贷款结构,单笔贷款额度适用于:

①被指定发放的贷款本金额度,一旦经过借贷和还款后,就不能再被重复借贷。

②被批准于短期贷款、长期循环贷款和其他类型的贷款的最高的本金风险敞口额度。

二、授信额度的决定因素(★★★)

贷款授信额度是在对以下因素进行评估和考虑的基础上决定的。

(1)了解并测算借款企业的需求,通过与客户进行讨论,对借款原因进行分析,确定客户合理信贷需求。

(2)客户的还款能力。

(3)银行或借款企业的相关法律或监督条款的限制。

(4)贷款组合管理的限制,例如区域、行业、客户类型等贷款组合授信限额。

(5)银行的客户政策,即银行针对客户提出的市场策略,这取决于银行的风险偏好和银行对未来市场的判断,将直接影响客户授信额度的大小。

(6)关系管理因素,客户对银行综合收益贡献度,以及相对于其他银行或债权人,银行愿意提供给借款企业的信贷数额占比。

知识点拨

客户的还款能力主要取决于客户的现金流。只有当客户在一定期限内的现金流入大于或等于现金流出时,其才具有还款能力。

三、授信额度的确定流程(★★★)

(1)通过与借款需求企业的讨论,以及借贷理由分析,分析借款原因和借款需求。信贷业务人员应从客户销售增长的持续性、资产效率的变化、固定资产的重置或扩张、长期投资变化、债务重构、股息分配需求、一次性或意外成本等方面,使用分析工具和方法,对借款原因和借款需求进行分析。

(2)如果通过评估借款原因,明晰了短期和长期借款理由,在一些情况下,长期贷款额度需求可以在这一时点上进行大致的评估。

(3)讨论具体需求额度与借款原因及其合理性。

(4)进行信用分析以辨别和评估关键的宏观、行业和商业风险,以及所有影响借款企业的资产转换周期和债务清偿能力的因素。

(5)进行偿债能力分析,评估客户未来可获得现金流量能否满足债务清偿所需。

(6)初步核定集团(客户)授信总量,并根据集团(客户)需求及风险特征在集团成员企业(或各类信贷业务品种)间分配授信额度(包括现存所有的有效授信额度以及新的正在申请批准的信贷额度),设定授信持续条件与风险控制措施、有效期等要素,完成最后授信评审并提交审核,经审批后实施。

第三节　贷款审查事项及审批要素

考点精讲

一、贷款审查事项(★★★)

(一)贷款审查事项的含义

贷款审查事项是指在贷款审查过程中应特别关注的事项,关注审查事项有助于保证贷款审查的有效性,保证审查结果的合理性。

(二)贷款审查事项的基本内容

根据“了解你的客户”“了解你客户的业务”“了解你客户的风险”原则,在审查审批过程中一般应要求把握以下内容:

1.信贷资料完整性及调查工作与申报流程的合规性审查

①借款人、担保人(物)及具体贷款业务有关资料是否齐备,申报资料及其内容应合法、真实、有效。

②贷款业务内部运作资料是否齐全,是否按规定程序操作,调查程序和方法是否合规,调查内容是否全面、有效,凋查结论及意见是否合理。

③业务是否在本级机构信贷审批授权内。

2.借款人主体资格及基本情况审查

①借款人主体资格及经营资格的合法性,贷款用途是否在其营业执照规定的经营范围内。

②借款人股东的实力及注册资金的到位情况,产权关系是否明晰,法人治理结构是否健全。

③借款人申请贷款是否履行了法律法规或公司章程规定的授权程序。

④借款人的银行及商业信用记录以及法定代表人和核心管理人员的背景、主要履历、品行和个人信用记录。

3.信贷业务政策符合性审查

①借款用途是否合法合规,是否符合国家宏观经济政策、产业行业政策、土地、环保和节能政策以及国家货币信贷政策等。

②客户准入及借款用途是否符合银行区域、客户、行业、产品等信贷政策。

③借款人的信用等级评定、授信额度核定、定价、期限、支付方式等是否符合银行信

贷政策制度，贷款品种及金额是否在有效授信（信用）可用额度内，贷款条件是否满足授信额度设定的支用条件等。

4.财务因素审查

主要审查借款人基本会计政策的合理性，财务报告的完整性、真实性和合理性及审计结论，要特别重视通过财务数据间的比较分析、趋势分析及同业对比分析等手段判断客户的真实生产经营状况，并尽量通过收集必要的信息，查证客户提供的财务信息的真实性、合理性。

5.非财务因素审查

主要包括借款人的企业性质、发展沿革、组织架构及公司治理、经营环境、所处的行业市场分析、行业地位分析、产品定价分析、生产及其技术分析、客户核心竞争能力分析等。

6.担保审查

对保证、抵押、质押等担保方式的合法、足值、有效性进行审查。

7.充分揭示信贷风险

①分析、揭示借款人的财务风险、经营管理风险、市场风险及担保风险等。

②提出相应的风险防范措施。

8.提出审查结论

在全面论证、平衡风险收益的基础上，提出审查结论。

二、贷款审批要素（★★★）

（一）贷款审批要素的含义

贷款审批要素广义上是指贷款审批方案中应包含的各项内容，具体包括授信对象、贷款用途、贷款品种、贷款金额、贷款期限、贷款币种、贷款利率、担保方式、发放条件与支付方式、还款计划安排及贷后管理要求等。

（二）主要贷款审批要素的审定要点

（1）授信对象

审批中应明确给予授信的主体对象。固定资产贷款和流动资金贷款的授信对象是**企事业法人或国家规定可以作为借款人的其他组织**。项目融资的授信对象是**建设、经营该项目或为该项目融资而专门组建的企事业法人**。

（2）贷款用途

贷款应该有明确、合理的用途。贷款审批人员应该分析授信申报方案所提出的贷款用途是否明确、具体，除了在允许范围内用于债务置换等特定用途的贷款，对于直接用于生产经营的贷款，贷款项下所经营业务应在法规允许的借款人的经营范围内，相关交易协议或合同要落实，如交易对手为借款人的关系人，更应认真甄别交易的真实性，防止借款人虚构商品或资产交易骗取银行贷款。必要时可结合分析借款人财务结构，判断借款人是否存在短借长用等不合理的贷款占用，了解借款人是否存在建设资金未落实的在建或拟建的固定资产建设项目或其他投资需求，防止贷款资金被挪用。

(3)信贷品种

信贷品种首先应与业务用途相匹配，即信贷品种的适用范围应涵盖该笔业务具体的贷款用途；其次，应与客户结算方式相匹配，即贷款项下业务交易所采用的结算方式应与信贷品种适用范围一致；再次，信贷品种还应与客户风险状况相匹配，由于不同信贷品种通常具有不同的风险特征，风险相对较高的信贷品种通常仅适用于资信水平相对较高的客户；最后，信贷品种还应与银行信贷政策相匹配，符合所在银行的信贷政策及管理要求。

(4)贷款金额

贷款金额应依据借款人合理资金需求量和承贷能力来确定。流动资金贷款需求量可参考《流动资金贷款管理暂行办法》提供的方法进行测算，固定资产贷款需求量可根据项目经审核确定的总投资、拟定且符合法规要求的资本金比例及其他资金来源构成等加以确定；贷款金额除考虑借款人的合理需求，还应控制在借款人的承贷能力范围内，这样才能确保需求合理，风险可控。

(5)贷款期限

贷款期限首先应符合相应信贷品种有关期限的规定；其次，贷款期限一般应控制在借款人相应经营的有效期限内；再次，贷款期限应与借款人资产转换周期及其他特定还款来源的到账时间相匹配；最后，贷款期限还应与借款人的风险状况及风险控制要求相匹配。

(6)贷款币种

贷款币种应尽可能与贷款项下交易所使用的结算币种及借款人还款来源币种相匹配，并充分考虑贷款币种与还款来源币种错配情况下所面临的相关风险及风险控制。使用外汇贷款的，还需符合国家外汇管理相关规定。

(7)贷款利率

首先，贷款利率应符合中国人民银行关于贷款利率的有关规定以及银行内部信贷业务利率的相关规定；其次，贷款利率水平应与借款人及信贷业务的风险状况相匹配，体现收益覆盖风险的原则；最后，贷款利率的确定还应考虑所在地同类信贷业务的市场价格水平。

(8)担保方式

首先，所采用的担保方式应满足合法合规性要求，担保人必须符合法律、规则规定的主体资格要求，担保品必须是符合法律规定、真实存在的财产或权利，担保人对其拥有相应的所有权和处置权，且担保行为获得了担保人有权机构的合法审批，并按法规要求在有权机构办理必要的抵(质)押登记；其次，担保应具备足值性，保证人应具备充足的代偿能力，抵（质）押品足值且易变现；再次，所采用的担保还应具备可控性，银行在担保项下应拥有对借款人、担保人相应的约束力，对保证人或抵（质）押品具有持续监控能力；最后，担保须具备可执行性及易变现性，并考虑可能的执行与变现成本。

（9）发放条件

应明确贷款发放的前提条件，以作为放款部门放款审查的依据。固定资产贷款和项目融资的发放条件应包括不少于与贷款同比例的资本金已足额到位、项目实际进度与已投资额相匹配等要求。需要说明的是，资本金与贷款同比例到位只是最低要求，对于建设期风险较大的项目，贷款人可进一步提高资本金比例要求。另外，对于国家要求项目资本金在贷款发放前全部到位的项目，如房地产开发项目，还应遵守国家法律法规的规定。同时，贷款人应加强项目建成后的资本金管理，防止借款人以贷款置换等各种方式抽逃资本金。固定资产贷款在发放和支付过程中，借款人出现以下情形的，贷款人应与借款人协商补充贷款发放和支付条件，或根据合同约定停止贷款资金的发放和支付：①信用状况下降；②不按合同约定支付贷款资金；③项目进度落后于资金使用进度；④违反合同约定，以化整为零的方式规避贷款人受托支付。

（10）支付要求

应按照按需放款的要求，视情况不同采取受托支付或是自主支付，采取受托支付的，还要明确规定起点金额和支付管理要求。如对流动资金贷款，应根据借款人的行业特征、经营规模、管理水平、信用状况等因素和贷款业务品种，合理约定贷款资金支付方式及贷款人受托支付的金额标准。

（11）贷后管理要求

可针对借款人及相关授信业务的风险特征，提出相应的贷后管理要求。如就贷后走访客户的频率、需重点监控的情况及指标、获取信息的报告反馈等事项提出具体要求。此外，还可对贷款存续期间借款人的资产负债率、流动比率、速动比率、销售收入增减幅度、利润率、分红比率等相关财务指标及主要股东、核心人员变化等提出控制要求。

（三）贷款审批要素管理中需要注意的问题

随着贷款精细化管理水平的提高，银行业金融机构应对审批要素进行规范，对各信贷品种必须审批的要素、审批结论的规范表达方式等进行统一规定。

高频考点预测试题

一、单项选择题（以下各小题所给出的四个选项中，只有一项符合题目要求，请选择相应选项，不选、错选均不得分）

1. “对全额保证金业务、存单（国债）质押业务等分别给予不同的审批权限”，这属于信贷授权形式中的（　　）。
   A. 按客户风险评级授权
   B. 按担保方式授权
   C. 按受权人划分
   D. 按授信品种划分
2. 贷款用途、贷款期限、担保方式、贷后管理要求、授信对象等项目属于（　　）要素。
   A. 贷前调查　　B. 贷款项目评估
   C. 贷款审查　　D. 贷款审批
3. （　　）适用于被批准于短期贷款、长期循环贷款和其他类型的授信贷款的最高的本金风险敞口额度。
   A. 集团借款企业额度
   B. 借款企业额度
   C. 单笔贷款授信额度
   D. 承诺贷款额度
4. 信贷授权按照行业进行授权时，应对除了（　　）行业适当上收审批权限。
   A. 高污染　　B. 产能过剩
   C. 高效节能　　D. 高耗能
5. 下列关于贷款金额的说法不正确的是（　　）。
   A. 贷款金额应考虑借款人的合理资金需求量，以确保需求合理
   B. 固定资产贷款需求量可根据项目经审核确定的总投资、拟定且符合法规要求的资本金比例及其他资金来源构成等加以确定
   C. 贷款金额的确定应超出借款人的承贷能力范围，使风险可控
   D. 流动资金贷款需求量可参考《流动资金贷款管理暂行办法》提供的方法进行测算
6. 信贷授权的有效期限一般为（　　）年。
   A. 1　　B. 2
   C. 3　　D. 5
7. 以下不是信贷审查委员会审议表决遵循的原则的是（　　）。
   A. 集体审议
   B. 少数服从多数
   C. 明确发表意见
   D. 绝对多数通过
8. （　　）是商业银行信贷业务全流程的决策环节，是信贷业务执行实施的前提和依据。
   A. 贷款审批
   B. 贷款担保
   C. 贷前检查
   D. 贷款项目评估
9. 关系管理因素，相对于其他银行和债权人，银行愿意提供给借款企业的（　　）和关系盈利能力。
   A. 贷款利率　　B. 贷款数额
   C. 贷款币种　　D. 贷款期限
10. 以下属于贷款审查事项中非财务因素审查的是（　　）。
   A. 借款用途的合法合规性
   B. 借款人基本会计政策的合理性
   C. 借款人的企业性质
   D. 借款人申报资料的真实有效性
11. 以下关于贷款期限审批的说法中，不正确的是（　　）。
   A. 应符合相应授信品种有关期限的规定

B. 应控制在借款人相应经营的有效期限内
C. 应与借款人的风险状况及风险控制要求相匹配
D. 贷款期限应与担保人的资产转换周期相匹配

12. 信贷授权的类型不包括(　　)。
A. 直接授权　　B. 转授权
C. 临时授权　　D. 无限期授权

13. 下列关于信贷部门“整合所有的授信额度作为借款企业的信用额度”的说法不正确的是(　　)。
A. 包括现存所有的有效授信额度以及新的正在申请批准的信贷额度
B. 接着是“完成最后的授信评审并提交审核”
C. 整合现存所有的有效授信额度，不包括正在申请批准的信贷额度
D. 这是银行信贷部门确定贷款授信额度时的最后一项工作内容

14. (　　)是银行业金融机构对其所属业务职能部门、分支机构和关键业务岗位开展授信业务权限的具体规定。
A. 信贷审查　　B. 信贷授权
C. 贷款审批　　D. 审贷分离

15. 以下不属于审贷分离形式的是(　　)。
A. 地区分离　　B. 部门分离
C. 岗位分离　　D. 权责分离

16. 以下不属于信贷业务岗的职责的是(　　)。
A. 积极拓展信贷业务，搞好市场调查
B. 审查授信资料是否完整，包括授信客户贷款卡等信息资料
C. 对借款人申请信贷业务的合法性、安全性、盈利性等进行调查
D. 办理核保、抵(质)押登记及其他发放贷款的具体手续

17. (　　)是银行业金融机构对外合格授信的前提和基础。
A. 对内适度授权　B. 转授权
C. 对内合理授权　D. 权责一致

二、多项选择题(以下各小题所给出的五个选项中，有两个或两个以上符合题目要求，请选择相应选项，多选、少选、错选均不得分)

1. 决定贷款授信额度时需要评估和考虑的因素有(　　)。
A. 借款企业对借贷金额的需求
B. 贷款组合管理的限制
C. 相对于其他银行或债权人，银行愿意提供给借款企业的贷款数额和关系盈利能力
D. 银行或借款企业的法律或监督条款的限制
E. 未来现金流量的风险

2. 信贷授权的载体可以是(　　)等书面形式。
A. 部门职责　　B. 授权书
C. 岗位职责　　D. 协议合同
E. 规章制度

3. 以下对审贷分离的实施要点说法正确的有(　　)。
A. 审查人员无最终决策权
B. 不得逆程序审批授信业务
C. 实行集体审议制
D. 授信审批应该减少程序审批
E. 贷审会委员会必须是双数

4. 银行业金融机构实行审贷分离的意义有(　　)。
A. 信贷审查人员独立判断风险，保证信贷审查审批的独立性和科学性
B. 信贷审查人员相对固定，有利于提高专业化水平，实现专家审贷，弥补客户经理在信贷专业分析技能方面的不足，减少信贷决策失误
C. 银行业金融机构信贷管理和内部控制的基本要求，旨在健全内部控制体系，增强防范和控制风险的能力
D. 有利于优化流程、提高效率，以实现风险收益的最优化
E. 对促进银行业金融机构的信贷管理机制改革、提高信贷管理水平以及提高信贷资产质量具有重要的现实意义

5. 广义上的贷款审批要素包括(　　)。
A. 贷款用途　　B. 贷款币种
C. 授信对象　　D. 还款计划安排
E. 贷后管理要求

6. 贷款授信额度包括(　　)。
A. 信用证开证额度
B. 提款额度
C. 各类保函额度
D. 现金额度
E. 承兑汇票额度

7. 信贷授权的原则包括(　　)。
A. 授权适度原则　B. 差别授权原则
C. 审贷分离原则　D. 动态调整原则
E. 权责一致原则

8. 信贷授权书应当载明下列中的(　　)。
A. 授权人的全称
B. 关于转授权的规定
C. 对限制越权的规定
D. 授权范围和权限
E. 授权书生效日期

9. 商业银行信贷审查岗的职责包括(　　)。
A. 表面真实性审查
B. 合理性审查
C. 可行性审查
D. 完整性审查
E. 合规性审查

三、判断题(请对以下各题的描述作出判断,正确选 A,错误选 B)

1. 审贷分离的核心是将负责贷款调查的业务部门(岗位)与负责贷款审查的管理部门(岗位)相分离,以达到相互制约的目的。　(　　)
2. 在某些基层经营单位,由于人员限制,一般只设置信贷业务岗,由信贷业务岗人员履行信贷审查的职能。　(　　)
3. 贷款审查是贷款审批过程中的一个环节,不应成为贷款审批流程的终点。　(　　)
4. 单笔贷款授信额度主要指用于每个单独批准的一定贷款条件下的贷款授信额度。(　　)
5. 信贷受权人在书面授权范围内审批授信业务,不得越权或变相越权审批授信业务。(　　)

参考答案及解析

一、单项选择题

1. B [解析]按担保方式授权是指根据担保对风险的缓释作用,对采用不同担保方式的授信业务分别授予不同的权限,如对全额保证金业务、存单(国债)质押业务等分别给予不同的审批权限。

2. D [解析]贷款审批要素,广义上是指贷款审批方案中应包含的各项内容。具体包括:授信对象、贷款用途、贷款品种、贷款金额、贷款期限、贷款币种、贷款利率、担保方式、发放条件与支付方式、还款计划安排及贷后管理要求等。

3. C [解析]单笔贷款授信额度适用于:①被指定发放的贷款本金额度,一旦经过借贷和还款后,就不能再被重复借贷。②被批准于短期贷款、长期循环贷款和其他类型的授信贷款的最高的本金风险敞口额度。

4. C [解析]信贷授权按行业进行授权时,根据银行信贷行业投向政策,对不同的行业分别授予不同的权限。如对产能过剩行业、高耗能、高污染行业应适当上收审批权限。

5. C [解析]贷款金额应依据借款人合理资金需求量和承贷能力来确定。流动资金贷款需求量可参考《流动资金贷款管理暂行办法》提供的方法进行测算,固定资产贷款需求量可根据项目经审核确定的总投资、拟定且符合法规要求的资本金比例及其他资金来源构成等加以确定；贷款金额除考虑借款人的合理需求，还应控制在借款人的承贷能力范围内，这样才能确保需求合理，风险可控。超出借款人的承贷范围后会使得风险不再可控。

6. A ［解析］信贷授权的有效期限一般为1年。

7. B ［解析］我国商业银行一般采取贷款集体审议决策机制，多数银行采取设立各级贷款审查委员会（简称贷审会）的方式行使集体审议职能。贷审会委员不能过多，也不能过少，且必须为单数。审议表决应当遵循“集体审议、明确发表意见、绝对多数通过”的原则。

8. A ［解析］贷款审批是商业银行信贷业务全流程的决策环节，是信贷业务执行实施的前提和依据，其目标是把借款风险控制在银行可接受的范围之内，力求避免不符合贷款要求和可能导致不良贷款的信贷行为。

9. B ［解析］贷款授信额度决定因素之一的关系管理因素，相对于其他银行或债权人，银行愿意提供给借款企业的贷款数额和关系盈利能力。

10. C ［解析］在贷款审查事项中，A项属于信贷业务政策符合性审查，B项属于财务因素审查，D项属于信贷资料完整性及调查工作与申报流程的合规性审查。

11. D ［解析］在贷款审批中，贷款期限首先应符合相应授信品种有关期限的规定；其次，贷款期限一般应控制在借款人相应经营的有效期限内；再次，贷款期限应与借款人资产转换周期及其他特定还款来源的到账时间相匹配；最后，贷款期限还应与借款人的风险状况及风险控制要求相匹配。

12. D ［解析］信贷授权大致可分为以下三种类型：①直接授权，是指银行业金融机构总部对总部相关授信业务职能部门或直接管理的经营单位授予全部或部分信贷产品一定期限、一定金额内的授信审批权限。②转授权，是指受权的经营单位在总部直接授权的权限内，对本级行各有权审批人、相关授信业务职能部门和所辖分支机构转授一定的授信审批权限。根据贷款新规规定，贷款人应建立健全内部审批授权与转授权机制。审批人员应在授权范围内按规定流程审批贷款，不得越权审批。③临时授权，是指被授权者因故不能履行业务审批职责时，临时将自己权限范围内的信贷审批权限授予其他符合条件者代为行使，并到期自动收回。

13. C ［解析］银行信贷部门应按照以下流程来确定授信额度：①通过与有潜力信用额度的借款企业的讨论，以及借贷理由分析，分析借款原因和借款需求。②通过评估借款原因，明晰了短期和长期借款存在的理由。③讨论借款原因和具体需求额度，评估借款企业可能发生的特殊情况。④进行信用分析去辨别和评估关键的宏观、行业和商业风险，以及所有影响借款企业的资产转换周期和债务清偿能力的因素。⑤进行偿债能力分析，评估满足未来债务清偿所需的现金流量。⑥整合所有的授信额度作为借款企业的信用额度，包括现存所有的有效授信额度以及新的正在申请批准的信贷额度，完成最后的授信评审并提交审核。

14. B ［解析］信贷授权是银行业金融机构对其所属业务职能部门、分支机构和关键业务岗位开展授信业务权限的具体规定。

15. D ［解析］审贷分离的形式有地区分离、部门分离和岗位分离三种形式。

16. B ［解析］信贷业务岗的职责包括：①积极拓展信贷业务，搞好市场调查，优选客户，受理借款人申请；②对借款人申请信贷业务的合法性、安全性、盈利性进行调查；③对客户进行信用等级评价，撰写调查报告，提出贷款的期限、金额、利率（费率）和支付方式等明确意见；④办理核保、抵（质）押登记及其他发放贷款的具体手续；⑤贷款业务办理后对借款人执行借款合同的情况和经营状况进行检查和管理；⑥督促借款人按合同约定使用贷款，按时足额归还贷款本息，并负责配合催收风险贷款；⑦信贷业务岗位人员提交贷前调查报告，并承担调查失误、风险分析失误和贷后管理不力的责任。B选项属于信贷审查岗职责中的完整性审查。

17. C ［解析］对内授权与对外授信密切相关。对内合理授权是银行业金融机构对外合格授信的前提和基础。授信授权对于有效实行一级法人体制，强化银行业金融机构的统一管理与内部控制，增强银行业金融机构防范和控制风险的能力都有重要意义。

二、多项选择题

1. ABCDE ［解析］贷款授信额度是在对以下因素进行评估和考虑的基础上决定的：①了解并测算客户的信贷需求，通过与客户进行讨论，对借款原因进行分析，确定客户合理信贷需求。②客户的还款能力。这主要取决于客户的现金流，只有当客户在一定期限内的现金流入大于或等于现金流出时，其才具有还款能力。在实际操作中，银行可以通过对季节性或长期贷款的信用分析和财务预测来评估还款能力，集中分析客户未来现金流量的风险。③银行或借款企业的相关法律或监督条款的限制。④贷款组合管理的限制，例如区域、行业、客户类型等贷款组合授信限额。⑤银行的客户政策，即银行针对客户的市场策略，这取决于银行的风险偏好和银行对未来市场的判断，将直接影响客户授信额度的大小。⑥关系管理因素，客户对银行综合收益贡献度，以及相对于其他银行或债权人，银行愿意提供给借款企业的信贷数额占比。

2. ABCE ［解析］信贷授权可以采用授权书、规章制度、部门职责、岗位职责等书面形式。其中，授权书比较规范、正式，也较为常用。授权的有效期限一般为1年。

3. ABC ［解析］审贷分离实施要点：①审查人员与借款人原则上不单独直接接触。②审查人员无最终决策权。信贷决策权应由贷款审查委员会或最终审批人行使。③审查人员应真正成为信贷专家。④实行集体审议机制。我国商业银行一般采取贷款集体审议决策机制，多数银行采取设立各级贷款审查委员会（简称贷审会）的方式行使集体审议职能。贷审会委员不能过多，也不能过少，且必须为单数。审议表决应当遵循“集体审查审议、明确发表意见、绝对多数通过”的原则。⑤按程序审批。授信审批应按规定权限、程序进行，不得违反程序、减少程序或逆程序审批授信业务。

4. ABE ［解析］审贷分离的核心是将负责贷款调查的业务部门（岗位）与负责贷款审查的管理部门（岗位）相分离，以达到相互制约的目的。其意义有三点：①信贷审查人员独立判断风险，保证信贷审查审批的独立性和科学性；②信贷审查人员相对固定，有利于提高专业化水平，实现专家审贷，弥补客户经理在信贷专业分析技能方面的不足，减少信贷决策失误；③从全局角度来讲，审贷分离对促进银行业金融机构的信贷管理机制改革、提高信贷管理水平以及提高信贷资产质量具有重要的现实意义。C、D项是银行业金融机构信贷授权管理的意义。

5. ABCDE ［解析］贷款审批要素广义上是指贷款审批方案中应包含的各项内容，具体包括授信对象、贷款用途、贷款品种、贷款金额、贷款期限、贷款币种、贷款利率、担保方式、发放条件与支付方式、还款计划安排及贷后管理要求等。

6. ABCDE ［解析］授信额度是银行在客户授信限额以内，根据客户的还款能力和银行的客户政策最终决定给予客户的授信总额。它是通过银企双方签署的合约形式加以明确的，包括信用证开证额度、提款额度、各类保函额度、承兑汇票额度和现金额度等。

7. ABDE ［解析］信贷授权应遵循的基本原则有：①授权适度原则。银行业金融机构应兼顾信贷风险控制和提高审批效率两方面的要求，合理确定授权金额及行权方式，以实现集权与分权的平衡。实行转授权的，在金额、种类和范围上均不得大于原授权。②差别授权原则。应根据各业务职能部门和分支机构的经营管理水平、风险控制能力、主要负责人业绩以及所处地区经济环境等，实行有区别的授权。③动态调整原则。应根据各业务职能部门和分支机构的经营业绩、风险状况、制度执行以及经济形势、信贷政策、业务总量、审批手段等方面的情况变化，及时调整授权。④权责一致原则。业务职能部门和分支机构超越授权，应视越权行为性质和所造成的经济损失，追究主要负责人及直接责任人的责任。主要负责人离开现职时，必须要有上级部门作出的离任审计报告。

8. ABCDE **[解析]** 信贷授权书应当载明以下内容：授权人全称和法定代表人姓名；受权人全称和负责人姓名；授权范围和权限；关于转授权的规定；授权书生效日期和有效期限；对限制越权的规定；其他需要规定的内容。

9. ABCDE **[解析]** 商业银行信贷审查岗职责：①表面真实性审查。对财务报表、商务合同等资料进行表面真实性审查，对明显虚假的资料提出审查意见。②完整性审查。审查授信资料是否完整有效，包括授信客户贷款卡等信息资料、项目批准文件以及需要提供的其他证明资料等。③合规性审查。审查借款人、借款用途的合规性，审查授信业务是否符合国家和本行信贷政策，审查授信客户经营范围是否符合授信要求。④合理性审查。审查借款行为的合理性，审查贷前调查中使用的信贷材料和信贷结论在逻辑上是否具有合理性；⑤可行性审查。审查授信业务主要风险点及风险防范措施、偿债能力、授信安排、授信价格、授信期限、担保能力等，审查授信客户和授信业务风险。

三、判断题

1. A **[解析]** 审贷分离的核心是将负责信贷业务调查的业务部门（岗位）与负责信贷业务审查审批的管理部门（岗位）相分离，以达到相互制约的目的。

2. B **[解析]** 在基层经营单位，如信贷规模较小的支行，由于人员限制，无法设立独立的部门履行信贷审查的职能，一般设置信贷业务岗和信贷审查岗，由信贷审查岗履行信贷审查的职能。

3. A **[解析]** 贷款审查是贷款审批过程中的一个环节，不应成为贷款审批流程的终点。审查人员即使对贷款发放持否定态度，也应按正常的信贷流程继续进行审批。最终审批人参考审查人员意见后，对是否批准贷款提出明确的意见。信贷决策权应由贷款审查委员会或最终审批人行使。

4. A **[解析]** 单笔贷款授信额度主要指用于每个单独批准的一定贷款条件（收入的使用、最终到期日、还款时间安排、定价、担保等）下的贷款授信额度。

5. A **[解析]** 银行业金融机构应建立统一的法人授权体系，对机构、人员和岗位进行权限管理。根据受权人的风险管理能力、所处区域经济信用环境、资产质量等因素，按地区、行业、客户、产品等进行授信业务差别授权，合理确定授权权限。受权人在书面授权范围内审批授信业务，不得越权或变相越权审批授信业务。

第八章 贷款合同与发放支付

视频内容：本章考点串讲

扫描二维码，**免费**观看精讲视频，助您轻松高效备考！

视频精讲

思维导图

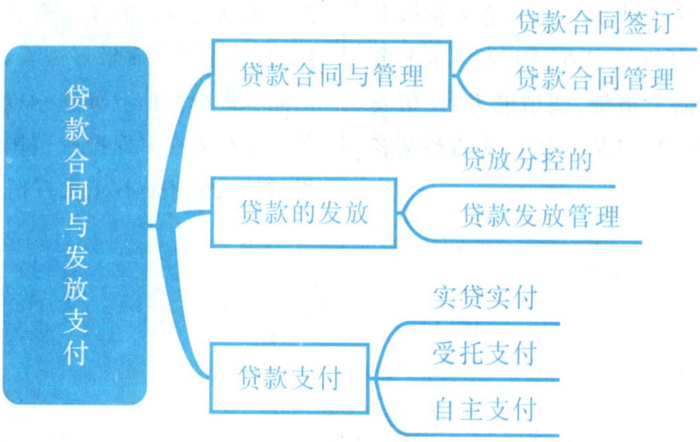

第一节 贷款合同与管理

考点精讲

一、贷款合同签订(★★★)

(一)贷款合同概述

1.贷款合同的定义

贷款合同是从贷款人主体角度提出的,一般是指可以作为贷款人的银行业金融机构与借款人、担保人等就贷款的发放与收回等相关事宜签订的规范借贷及担保各方权利义务的书面法律文件。主要包括贷款合同及其担保(抵押、质押、保证等)合同。从借款人主体角度而言,也称为借款合同。

2.贷款合同的内容

(1)当事人的名称(姓名)和住所、贷款种类、币种、贷款用途、贷款金额、贷款利率、贷款期限、还款方式、借贷双方的权利与义务、担保方式、违约责任等。

(2)根据贷款新规的相关规定,贷款人应在合同中与借款人约定提款条件以及贷款资金支付接受贷款人管理等与贷款使用相关的条款,固定资产贷款提款条件应包括项目资本金已按计划足额到位、项目实际进度与已投资额相匹配等要求。

(3)贷款人应在合同中与借款人约定,借款人出现未按约定用途使用贷款、未按约定方式支用贷款资金、未遵守承诺事项、申贷文件信息失真、突破约定的财务指标约束等情形时借款人应承担的违约责任和贷款人可采取的措施。

3.贷款合同的分类

贷款合同分为格式合同和非格式合同两种。格式合同是指银行业金融机构根据业务管理要求,针对某项业务制定的在机构内部普遍使用的格式统一的合同。

4.贷款合同的制定原则

表 8-1　贷款合同的制定原则

原则	内容
不冲突原则	即贷款合同不违反法律、行政法规的强制性规定
适宜相容原则	即贷款合同要符合银行业金融机构自身各项基本制度的规定和业务发展需求
维权原则	即贷款合同要在法律框架内充分维护银行业金融机构的合法权益
完善性原则	即贷款合同文本内容应力求完善,借贷双方权利义务明确,条理清晰

（二）贷款合同的签订

经审批同意后，贷款人应与借款人及其他相关当事人签订书面借款合同、担保合同等相关合同。**合同中应详细约定各方当事人的权利、义务及违约责任，避免对重要事项未约定、约定不明或约定无效。**

贷款人应要求借款人在合同中对与贷款相关的重要内容作出承诺，承诺内容包括：贷款项目及其借款事项符合法律法规的要求；及时向贷款人提供完整、真实、有效的材料；配合贷款人对贷款的相关检查；发生影响其偿债能力的重大不利事项时及时通知贷款人；进行合并、分立、股权转让、对外投资、实质性增加债务融资等重大事项前征得贷款人同意等。

贷款合同的签订流程如下：

1.填写合同

贷款合同填写人员在填写有关合同文本的过程中，应注意以下问题：

（1）合同文本应该使用统一的格式，对单笔贷款有特殊要求的，可以在合同中的其他约定事项中约定。

（2）合同填写必须做到标准、规范、要素齐全、数字正确、字迹清晰、不错漏、不潦草，防止涂改。

（3）需要填写空白栏且空白栏后有备选项的，在横线上填好选定的内容后，对未选的内容应加横线表示删除；合同条款有空白栏，但根据实际情况不准备填写内容的，应加盖“此栏空白”字样的印章。

（4）贷款金额、贷款期限、贷款利率、担保方式、还款方式、划款方式等条款要与贷款最终审批意见一致。

2.审核合同

合同填写完毕后，填写人员应及时将合同文本交合同复核人员进行复核。**同笔贷款的合同填写人与合同复核人不得为同一人。**

（1）合同复核人员负责根据审批意见复核合同文本及附件填写的完整性、准确性、合规性，主要包括：文本书写是否规范；内容是否与审批意见一致；合同条款填写是否齐全、准确；文字表达是否清晰；主从合同及附件是否齐全等。

（2）合同文本复核人员应就复核中发现的问题及时与合同填写人员沟通，并建立复核记录，交由合同填写人员签字确认。

3.签订合同

合同填写并复核无误后，贷款发放人应负责与借款人（包括共同借款人）、担保人（抵押人、出质人、保证人）签订合同。

（1）在签订（预签）有关合同文本前，应履行充分告知义务，告知借款人（包括共同借款人）、担保人等合同签约方关于合同内容、权利义务、还款方式以及还款过程中应当注意的问题等。

（2）担保人为自然人的，应在当面核实签约人身份证明之后由签约人当场签字；如果签约人委托他人代理的，代理人必须提交委托人委托其代理并经公证的委托授权书。对借款人、担保人为法人的，应加盖法人公章，并由其法定代表人或其授权代理人签字，授权代理人必须提供有效的书面授权文件。

(3)对采取抵押担保方式的，应要求抵押物共有人在相关合同文本上签字。

(4)借款人、担保人等签字后，合同办理人员应将有关合同文本、贷款调查审批表和合同文本复核记录等材料送交银行有权签字人审查，有权签字人审查通过后在合同上签字或加盖按个人签字笔迹制作的个人名章，之后按照用印管理规定负责加盖银行贷款合同专用章。

(5)银行可根据实际情况决定是否办理合同公证。

二、贷款合同管理(★★★)

(一)贷款合同管理的定义及模式

1.贷款合同管理的定义

贷款合同管理是指按照银行业金融机构内部控制与风险管理的要求，对贷款合同的制定、修订、废止、选用、填写、审查、签订、履行、变更、解除、归档、检查等一系列行为进行管理的活动。

2.贷款合同管理模式

贷款合同管理一般采取银行业金融机构法律工作部门统一归口管理和各业务部门、各分支机构分级划块管理相结合的管理模式。

(二)贷款合同管理中存在的问题

(1)贷款合同存在不合规、不完备等缺陷：①对借款人未按照约定用途使用贷款资金约束不力；②未明确约定银行提前收回贷款以及解除合同的条件；③未明确约定罚息的计算方法；④担保方式的约定不明确、不具体。

(2)合同签署前审查不严。

(3)签约过程违规操作：①对借款人基本信息重视程度不够；②对有权签约人主体资格审查不严；③抵押手续不完善或抵押物不合格。

(4)履行合同监管不力：①贷款合同的变更不符合法律规定；②扣款侵权，引发诉讼。

(5)合同救济超时。

> **知识点拨**
>
> 根据《民法总则》规定，债权适用3年诉讼时效规定，即自知道或应当知道权利被侵害之日起3年内，权利人不向法院请求保护其民事权利，便丧失胜诉权。此外，根据《物权法》规定，抵押权人应在主债权诉讼时效期间行使抵押权；未行使的，人民法院不予保护。

(三)加强合同管理的实施要点

1.修订和完善贷款合同等协议文件

银行业金融机构应全面梳理过去制定或执行的贷款合同的内部流程、框架和内容，着重强化贷款支付环节的约定和要求借款人和担保人履行承诺的条款，提高贷款合同中承诺条款的执行力，并按照约定检查、监督贷款的使用情况，防止贷款被挪用。

2.建立完善有效的贷款合同管理制度

为规范贷款合同管理，应制定切实可行的、涵盖合同管理全部内容的管理制度，使贷款合同管理工作有章可循，做到管理层次清楚、职责明确、程序规范。

3.加强贷款合同规范性审查管理

银行业金融机构应当指定掌握银行业务知识和相应法律知识的人员担任合同审查员，在合同签章前对已填写或打印完毕的合同进行审核。

规范性审查应确保以下几点：①合同文本选用正确；②在合同中落实的审批文件所规定限制性条件准确、完备；③格式合同文本的补充条款合规；④主从合同及凭证等附件齐全且相互衔接；⑤合同的填写符合规范要求；⑥一式多份合同的形式内容一致；⑦其他应当审查的规范性内容。

此外，对修改贷款合同条款内容、在“其他事项”中填写内容、增加或限制银行业金融机构权利义务、非格式合同、签订补充协议、变更或解除已经成立的合同的，必须进行法律审查。

4.实施履行监督、归档、检查等管理措施

(1)为保障合同的及时、有效履行，防止违约行为的发生，银行业金融机构应对贷款合同的履行进行监督。通过监督可以了解银行业金融机构各类贷款合同的履行情况，及时发现影响履行的原因，以便随时向各部门反馈，排除阻碍，防止违约的发生。

(2)银行业金融机构应建立完善的档案管理制度，定期对合同的使用、管理等情况进行检查。对检查中发现的问题应当及时整改。

5.做好有关配套和支持工作

(1)要做好内部管理部门和岗位的设置和分工。银行业金融机构要合理落实贷款合同管理各环节的负责部门和岗位，建立法律工作部门与业务部门之间的协作机制。

(2)要做好教育培训工作。由于贷款合同管理专业性强，银行业金融机构需要做好对内部员工，特别是一线员工的教育培训工作。

第二节　贷款的发放

考点精讲

一、贷放分控(★★★)

(一)贷放分控概述

贷放分控是指银行业金融机构将贷款审批与贷款发放作为两个独立的业务环节，分

别进行管理和控制，以达到降低信贷业务操作风险的目的。贷放分控中的“贷”，是指信贷业务流程中贷款调查、贷款审查和贷款审批等环节，尤其是指贷款审批环节。“放”是指放款，特指贷款审批通过后，由银行通过审核，将符合放款条件的贷款发放或支付出去的业务环节。

(二)贷放分控的操作要点

1.设立独立的放款执行部门

贷款人应设立独立的责任部门或岗位，负责贷款发放和支付审核。放款执行部门首先应独立于前台营销部门，以避免利益冲突；其次还应独立于中台授信审批部门。设立独立的放款执行部门或岗位，可实现对放款环节的专业化和有效控制。

2.明确放款执行部门的职责

放款执行部门的核心职责是贷款发放和支付的审核，集中统一办理授信业务发放，专门负责对已获批准的授信业务在实际发放过程中操作风险的监控和管理工作。

主要职能包括：

(1)审核银行内部授信流程的合法性、合规性、完整性和有效性。

(2)核准放款前提条件。

放款执行部门要进行把关，提出审核意见并对审核意见负责。主要审核内容包括：①审核合规性要求的落实情况。②审核限制性条款的落实情况。③核实担保的落实情况。④审核审批日至放款核准日期间借款人重大风险变化情况。⑤审核资本金按计划到位的落实情况。⑥审核提款申请是否与贷款约定用途一致。

(3)其他职责。

除上述职责外，放款执行部门还可以参与贷后管理工作：参与授信业务的监测、检查与管理工作；做好贷款存续期内各项贷款限制性条件的监督落实；配合做好贷款到期及提前收回的本息管理工作；对授信额度的使用进行监控，统一监控集团客户关联公司的授信额度使用情况；按照授信部门的审批要求，实时办理授信额度的调用等。

3.建立并完善对放款执行部门的考核和问责机制

银行业金融机构要充分认识到贷款发放与支付环节对于信贷业务风险控制的重要意义，维护放款执行部门的独立性，并通过建立正向激励考核机制和问责机制，督促放款执行部门有效认真履职。

二、贷款发放管理(★★★)

(一)贷款发放的原则

(1)**计划、比例放款原则**。借款人用于建设项目的其他资金(自筹资金和其他银行贷款)应先于贷款或与贷款同比例支用；

(2)**进度放款原则**。在固定资产贷款发放过程中，银行应按照完成工程量的多少进

行付款;

(3)**资本金足额原则**。贷款原则上不能用于借款人的资本金、股本金和企业其他需自筹资金的融资。

(二)贷款发放的条件

1.先决条件

贷款发放的重要先决条件,应在借款合同内加以规定。银行应按照借款合同的约定,逐条核对是否已完全齐备或生效,以确保贷款发放前符合所有授信批准的要求,落实全部用款前提条件。

首次放款的先决条件文件包括以下几类:

(1)贷款类文件:①借贷双方已正式签署的借款合同;②银行之间已正式签署的贷款协议(多用于银团贷款)。

(2)公司类文件:①企业法人营业执照、批准证书、成立批复;②公司章程;③全体董事的名单及全体董事的签字样本;④就同意签署并履行相关协议而出具的《董事会决议》(包括保证人);⑤就授权有关人士签署相关协议而出具的《授权委托书》以及有关人士的签字样本(包括保证人);⑥其他必要文件的真实副本或复印件。

(3)与项目有关的协议:①已正式签署的合营合同;②已正式签署的建设合同或建造合同;③已正式签署的技术许可合同;④已正式签署的商标和商业名称许可合同;⑤已正式签署的培训和实施支持合同;⑥已正式签署的土地使用权出让合同;⑦其他必要文件合同。

(4)担保类文件:①已正式签署的抵(质)押协议;②已正式签署的保证协议;③保险权益转让相关协议或文件;④其他必要性文件。

(5)与登记、批准、备案、印花税有关的文件:①借款人所属国家主管部门就担保文件出具的同意借款人提供该担保的文件;②海关部门就同意抵押协议项下进口设备抵押出具的批复文件;③房地产登记部门就抵押协议项下房地产抵押颁发的房地产权利及其他权利证明;④工商行政管理局就抵押协议项下机器设备抵押颁发的企业动产抵押物登记证;⑤车辆管理部门就抵押协议项下车辆抵押颁发的车辆抵押登记证明文件;⑥已缴纳印花税的缴付凭证;⑦贷款备案证明。

(6)其他类文件:①政府主管部门出具的同意项目开工批复;②项目土地使用、规划、工程设计方案的批复文件;③贷款项目(概)预算资金(包括自筹资金)已全部落实的证明;④对建设项目的投保证明;⑤股东或政府部门出具的支持函;⑥会计师事务所出具的验资报告和注册资本占用情况证明;⑦法律意见书;⑧财务报表;⑨其他的批文、许可或授权、委托、费用函件等。

除首次放款外,以后的每次放款无须重复提交许多证明文件和批准文件等,通常只需提交以下文件:①提款申请书;②借款凭证;③银行认可的工程进度报告和成本未超支的证明;④贷款用途证明文件;⑤其他贷款协议规定的文件。

2.担保手续的完善

在向借款人发放贷款前，银行必须按照批复的要求，落实担保条件，完善担保合同和其他担保文件及有关法律手续。具体操作因贷款的担保方式不同而存在较大差别。

(1)对于提供抵(质)押担保的：

①可以办理登记或备案手续的，应先完善有关登记、备案手续；②如抵(质)押物无明确的登记部门，则应先将抵(质)押物的有关产权文件及其办理转让所需的有关文件正本交由银行保管，并且将抵(质)押合同在当地的公证部门进行公证；③特别注意抵(质)押合同的生效前提条件。如遇特殊项目，无法及时办理抵(质)押登记，造成抵(质)押生效滞后的，应采取必要的方式规避由此造成的贷款担保风险。

(2)对于以金融机构出具的不可撤销保函或备用信用证作担保的，应在收妥银行认可的不可撤销保函或备用信用证正本后，才能允许借款人提款。

(3)对于有权出具不可撤销保函或备用信用证的境外金融机构以外的其他境外法人、组织或个人担保的保证，必须就保证的可行性、保证合同等有关文件征询银行指定律师的法律意见，获得书面法律意见，并完善保证合同、其他保证文件及有关法律手续后，才能允许借款人提款。

(三)贷款发放审查

1.贷款合同审查

银行应对借款人提款所对应的合同进行认真核查。

表 8-2　　信贷业务所涉各主要合同的具体检查条款

合同种类	具体检查条款
贷款合同	①贷款种类；②贷款用途；③贷款金额；④贷款利率；⑤还款方式；⑥还款期限；⑦违约责任和双方认为需要约定的其他事项
保证合同	①被保证的贷款数额；②借款人履行债务的期限；③保证的方式；④保证担保的范围；⑤保证期间；⑥双方认为需要约定的其他事项
抵押合同	①抵押贷款的种类和数额；②借款人履行贷款债务的期限；③抵押物的名称、数量、质量、状况、所在地、所有权权属或使用权权属及抵押的范围；④当事人认为需要约定的其他事项；⑤抵押物是否在有关部门办理登记，也是抵押合同是否完善的重要前提之一
质押合同	①质押担保的贷款数额；②借款人履行债务的期限；③质物的名称、数量、质量；④质押担保的范围；⑤质物移交的时间；⑥质物生效的时间；⑦当事人认为需要约定的其他事项

2.提款金额及期限审查

首先应审查确认拟提款金额是否在合同可提款金额内。其次**在长期贷款项目中，通常会包括提款期、宽限期和还款期。**银行应审查借款人是否在规定的提款期内提款。除非借贷双方同意延长，否则提款期过期后无效，未提足的贷款不能再提。

3.用款申请材料检查

①审查和监督借款人的借款用途和提款进度。

②审核借款凭证。

③变更提款计划及承担费的收取。

4.账户审查

银行应审查有关的提款账户、还本付息账户或其他专用账户是否已经开立，账户性质是否已经明确，避免出现贷款使用混乱或被挪作他用。

5.提款申请书、借款凭证审查

银行应当对提款申请书中写明的提款日期、提款金额、划款途径等要素进行核查，确保提款手续正确无误。

(四)放款操作程序

1.**操作程序**

(1)借款人按合同要求提交提款申请和其他有关资料；

(2)银行受理借款人提款申请书；

(3)贷款发放审查；

(4)有关用款审批资料按内部审批流程经有权签字人签字同意；

(5)按账务处理部门的要求提交审批及相关用款凭证办理提款手续；

(6)所提贷款款项入账后，向账务处理部门索取有关凭证，入档案卷保存；

(7)建立台账并在提款当日记录。

2.**注意事项**

(1)借款人是否已办理开户手续；

(2)提款日期、金额及贷款用途是否与合同一致；

(3)是否按中国人民银行企业征信系统的要求及时更新数据信息并发送；

(4)是否按国家外汇管理局的要求报送数据。

(五)停止发放贷款的情况

1.**挪用贷款的情况**

(1)挪用贷款进行股本权益性投资(并购贷款除外)；

(2)挪用贷款在有价证券、期货等方面从事投机经营；

(3)未依法取得经营房地产资格的借款人挪用贷款经营房地产业务；

(4)套取贷款相互借贷牟取非法收入;

(5)借款企业挪用流动资金搞基本建设或用于其他不符合合同约定的用途。

2.其他违约情况

(1)未按合同规定清偿贷款本息;

(2)违反国家政策法规,使用贷款进行非法经营。

3.违约后的处理

如果出现上述任何违约事件,银行有权分别或同时采取下列措施:

(1)要求借款人限期纠正违约事件;

(2)停止借款人提款或取消借款人尚未提用的借款额度;

(3)宣布贷款合同项下的借款本息全部立即到期,根据合同约定立即从借款人在银行开立的存款账户中扣款用于偿还被银行宣布提前到期的所欠全部债务;

(4)宣布借款人在与银行签订的其他贷款合同项下的借款本息立即到期,要求借款人立即偿还贷款本息及费用。

第三节 贷款支付

考点精讲

一、实贷实付(★★★)

(一)实贷实付的含义

实贷实付是指银行业金融机构根据贷款项目进度和有效贷款需求,在借款人需要对外支付贷款资金时,根据借款人的提款申请以及支付委托,将贷款资金主要通过贷款人受托支付的方式,支付给符合合同约定的借款人交易对象的过程。

(1)实贷实付的**根本目的**——满足有效信贷需求;

(2)实贷实付的**基本要求**——按进度发放贷款;

(3)实贷实付的**重要手段**——受托支付;

(4)实贷实付的**外部执行依据**——协议承诺。

（二）推行实贷实付的现实意义

（1）有利于将信贷资金引入实体经济；

（2）有利于加强贷款使用的精细化管理；

（3）有利于银行业金融机构管控信用风险和法律风险。

二、受托支付（★★★）

（一）贷款人受托支付的含义

贷款人受托支付是指贷款人在确认借款人满足贷款合同约定的提款条件后，根据借款人的提款申请和支付委托，将贷款资金通过借款人账户支付给符合合同约定用途的借款人交易对象。

贷款人受托支付是实贷实付原则的主要体现方式，最能体现实贷实付的核心要求，也是有效控制贷款用途、保障贷款资金安全的有效手段。同时，贷款人受托支付也有利于保护借款人权益。

（二）明确受托支付的条件

《流动资金贷款管理暂行办法》要求贷款人应根据借款人的行业特征、经营规模、管理水平、信用状况等因素和贷款业务品种，合理约定贷款资金支付方式及贷款人受托支付的金额标准。具有以下情形之一的流动资金贷款，原则上应采用贷款人受托支付方式：①与借款人新建立信贷业务关系且借款人信用状况一般；②支付对象明确且单笔支付金额较大；③贷款人认定的其他情形。

《固定资产贷款管理暂行办法》规定了固定资产贷款必须采用贷款人受托支付的刚性条件：**对单笔金额超过项目总投资5%或超过500万元人民币的贷款资金支付，应采用贷款人受托支付方式。**在实际操作中，银行业金融机构应依据这些监管的法规要求审慎行使自主权。

（三）受托支付的操作要点

受托支付的操作要点
- 明确借款人应提交的资料要求
- 明确支付审核要求
  - 放款核准情况
  - 资金用途
  - 借款人所填列账户基本信息是否完整、准确
  - 其他需要审核的内容
- 完善操作流程
- 合规使用放款专户

图　受托支付的操作要点

三、自主支付(★★★)

(一)自主支付的含义

自主支付是指贷款人在确认借款人满足合同约定的提款条件后,根据借款人的提款申请将贷款资金发放至借款人账户后,由借款人自主支付给符合合同约定用途的借款人交易对象。

(二)自主支付的操作要点

(1)明确贷款发放前的审核要求;

(2)加强贷款资金发放和支付后的核查;

(3)审慎合规地确定贷款资金在借款人账户的停留时间和金额。

知识点拨

受托支付是监管部门倡导和符合国际通行做法的支付方式,是贷款支付的主要方式,自主支付是受托支付的补充。

高频考点预测试题

一、单项选择题(以下各小题所给出的四个选项中,只有一项符合题目要求,请选择相应选项,不选、错选均不得分)

1. 加强合同管理的实施要点不包括(　　)。
   A. 修订和完善贷款合同等协议文件
   B. 建立完善有效的贷款合同管理制度
   C. 加强贷款合同规范性审查管理
   D. 做好行政工作
2. 关于我国的贷款管理制度,下列不属于贷款发放原则的是(　　)。
   A. 计划、比例放款原则
   B. 资本金足额原则
   C. 按需放款原则
   D. 进度放款原则
3. (　　)是实贷实付原则的主要体现方式,最能体现实贷实付的核心要求。
   A. 延期支付　　B. 自主支付
   C. 受托支付　　D. 分期付款
4. 下列各项属于自主支付操作要点的是(　　)。
   A. 明确借款人应提交的资料要求
   B. 明确贷款发放前的审核要求
   C. 加强贷款资金支付前的核查
   D. 审慎合规地确定贷款资金在贷款人账户的停留时间
5. 放款操作程序中"贷款发放审查"的前一阶段是(　　)。
   A. 银行受理借款人提款申请书
   B. 建立台账并在提款机当日记录
   C. 借款人按合同要求提交借款申请和其他有关资料
   D. 有关用款审批资料按内部审批流程经有权签字人签字同意
6. 下列属于信贷业务中保证合同的具体审查条款的是(　　)。
   A. 贷款种类
   B. 还款方式和期限
   C. 质物移交的时间
   D. 被保证的贷款数额
7. 实贷实付的根本目的是(　　)。
   A. 将信贷资金引入实体经济

B. 加强贷款使用的精细化管理

C. 满足有效信贷需求

D. 管控银行业金融机构的信用风险和法律风险

8. 固定资产贷款必须采用贷款人受托支付的条件是:贷款资金单笔金额超过项目总投资5%或超过(　　)万元人民币。

A. 200　　B. 300

C. 400　　D. 500

9. 下列选项中,属于借款人挪用贷款的情况的是(　　)

A. 用流动资金贷款支付货款

B. 外借母公司进行房地产投资

C. 用流动资金贷款购买辅助材料

D. 用中长期贷款购买机器设备

10. 贷款合同管理中存在的问题不包括(　　)。

A. 合同签署前审查不严

B. 签约过程违规操作

C. 合同救济超时

D. 合同填写不规范

11. 下列选项中,属于贷放分控操作要点的是(　　)。

A. 明确放款执行部门的职责

B. 明确贷款发放前的审核要求

C. 明确借款人应提交的资料要求

D. 合规使用放款专户

12. 首次放款的先决条件文件包括(　　)。

①贷款类文件

②担保类文件

③与项目有关的协议

④公司类文件

A. ①②③　　B. ①③④

C. ①②④　　D. ①②③④

13. 贷款发放审查的内容不包括(　　)。

A. 质押合同审查

B. 提款期限审查

C. 账户审查

D. 用款申请材料检查

14. 实贷实付的基本要求是(　　)。

A. 满足有效信贷要求

B. 按进度发放贷款

C. 降低信用风险

D. 将信贷资金引入实体经济

15. 下列不属于受托支付操作要点的是(　　)。

A. 明确借款人应提交的资料要求

B. 明确支付审核要求

C. 完善操作流程

D. 明确贷款发放前的审核要求

二、多项选择题(以下各小题所给出的五个选项中,有两个或两个以上符合题目要求,请选择相应选项,多选、少选、错选均不得分)

1. 推行实贷实付的现实意义在于(　　)。

A. 有利于加快信贷流程

B. 有利于将信贷资金引入实体经济

C. 有利于加强贷款使用的精细化管理

D. 有利于银行业金融机构管控信用风险和法律风险

E. 有利于保证银行盈利

2. 贷放分控的操作要点包括(　　)。

A. 要明确放款执行部门的职责

B. 设立独立的放款执行部门

C. 要了解企业的经营性质

D. 注意中央的一些新发文件

E. 建立并完善对放款执行部门的考核和问责机制

3. 贷款合同的制定原则有(　　)。

A. 不冲突原则　　B. 维权原则

C. 完善性原则　　D. 公平性原则

E. 适宜相容原则

4. "实贷实付"的核心要义包括(　　)。

A. 满足有效信贷需求是"实贷实付"的根本目的

B. 按进度发放贷款是"实贷实付"的基本要求

C. 受托支付是"实贷实付"的重要手段

D. 贷放分控是"实贷实付"的内部治理机制

E. 协议承诺是“实贷实付”的外部执行依据

5. 挪用贷款的情况一般包括（　　）。

A. 用贷款进行股本权益性投资

B. 用贷款进行有价证券、期货等投机经营

C. 未依法取得经营房地产资格的借款人使用贷款经营房地产业务

D. 套取贷款相互借贷以获取非法收入

E. 借款企业挪用流动资金进行基本建设或用于财政性开支或用于弥补企业亏损

6. “贷放分控”的基本含义包括（　　）。

A. 指银行业金融机构将贷款审批与贷款发放作为两个独立的业务环节，分别管理和控制，以达到降低信贷业务操作风险的目的

B. “贷”是指银行业务流程中贷款调查、审查、审批等环节，尤其是贷款审批环节，以区别贷款发放与支付环节

C. “放”是指银行放款，特指贷款审批通过后，由银行审核，将符合条件的贷款发放或支付出去的环节

D. “贷”是指企业业务流程中贷款调查、审查、审批等环节，尤其是贷款审批环节，以区别贷款发放与支付环节

E. “放”是指企业放款，特指贷款审批通过后，由银行审核，将符合条件的贷款发放或支付出去的环节

7. 加强合同管理的实施要点包括（　　）。

A. 修订和完善贷款合同等协议文件

B. 加强贷款合同规范性审查管理

C. 实施履行监督、归档、检查等管理措施

D. 做好有关配套和支持工作

E. 建立完善有效的贷款合同管理制度

8. 银行可以对借款人采取终止提款措施的情况包括（　　）。

A. 用贷款进行股本权益性投资

B. 未按合同规定清偿贷款本息

C. 违反国家政策法规，使用贷款进行非法经营

D. 套取贷款相互借贷牟取非法收入

E. 依法取得经营房地产资格的借款人用贷款投资房地产

9. 放款执行部门的主要职能包括（　　）。

A. 审核银行内部授信流程的合法性、合规性、完整性和有效性

B. 核准放款前提条件

C. 参与授信业务的监测、检查与管理工作

D. 统一监控集团客户关联公司的授信额度使用情况

E. 对授信额度的使用进行监控

10. 质押合同的条款审查应注意的内容包括（　　）。

A. 质物的所有权

B. 质押担保的贷款数额

C. 借款人履行债务的期限

D. 质物的名称、数量、质量

E. 质物移交的时间

三、判断题（请对以下各题的描述作出判断，正确选 A，错误选 B）

1. 支付对象明确且单笔支付金额较小的流动资金贷款原则上应采用贷款人受托支付方式。（　　）

2. 实贷实付是指银行业金融机构（贷款人）按照贷款项目进度和有效贷款需求，根据借款人的提款申请和支付委托，将贷款资金以受托支付的方式，支付给符合合同约定的借款人交易对象的支付过程。（　　）

3. 债权适用 2 年诉讼时效规定。（　　）

4. 贷款合同的签订流程包括填写合同、审核合同和签订合同。（　　）

5. 贷款发放和支付的审核属于放款执行部门的核心职责。（　　）

参考答案及解析

一、单项选择题

1. D ［解析］略。

2. C ［解析］贷款发放的原则主要有：①计划、比例放款原则；②资本金足额原则；③进度放款原则。

3. C ［解析］受托支付是实贷实付原则的主要体现方式，最能体现实贷实付的核心要求。

4. B ［解析］自主支付的操作要点包括：①明确贷款发放前的审核要求；②加强贷款资金发放和支付后的核查；③审慎合规地确定贷款资金在借款人账户的停留时间和金额。

5. A ［解析］放款操作程序：①借款人按合同要求提交提款申请和其他有关资料；②银行受理借款人提款申请书；③贷款发放审查；④有关用款审批资料按内部审批流程经有权签字人签字同意；⑤按账务处理部门的要求提交审批及相关用款凭证办理提款手续；⑥所提贷款款项入账后，向账务处理部门索取有关凭证，入档案卷保存；⑦建立台账并在提款当日记录。

6. D ［解析］信贷业务中，保证合同的具体审查条款包括：①被保证的贷款数额；②借款人履行债务的期限；③保证的方式；④保证担保的范围；⑤保证期间；⑥双方认为需要约定的其他事项。

7. C ［解析］满足有效信贷需求是实贷实付的根本目的。其他三项属于推行实贷实付的现实意义。

8. D ［解析］固定资产贷款必须采用贷款人受托支付的刚性条件：贷款资金单笔金额超过项目总投资5%或超过500万元人民币。

9. B ［解析］挪用贷款的情况一般包括：①用贷款进行股本权益性投资；②用贷款在有价证券、期货等方面从事投机经营；③未依法取得经营房地产资格的借款人挪用贷款经营房地产业务；④套取贷款相互借贷牟取非法收入；⑤借款企业挪用流动资金进行基本建设或用于财政性开支或用于弥补企业亏损，或用于职工福利。

10. D ［解析］贷款合同管理中存在的问题包括：①贷款合同存在不合规、不完备等缺陷；②合同签署前审查不严；③签约过程违规操作；④履行合同监管不力；⑤合同救济超时。

11. A ［解析］贷放分控的操作要点有：①设立独立的放款执行部门；②明确放款执行部门的职责；③建立并完善对放款执行部门的考核和问责机制。

12. D ［解析］首次放款的先决文件包括：①贷款类文件；②公司类文件；③与项目有关的协议；④担保类文件；⑤与登记、批准、备案、印花税有关的文件；⑥其他类文件。

13. A ［解析］贷款发放审查包括：贷款合同审查；提款期限审查；用款申请材料检查；账户审查；提款申请书、借款凭证审查。

14. B ［解析］实贷实付的基本要求是按进度发放贷款。

15. D ［解析］受托支付的操作要点有：明确借款人应提交的资料要求、明确支付审核要求、完善操作流程、合规使用放款专户。

二、多项选择题

1. BCD ［解析］推行实贷实付的现实意义在于：①有利于将信贷资金引入实体经济；②有利于加强贷款使用的精细化管理；③有利于银行业金融机构管控信用风险和法律风险。

2. ABE ［解析］贷放分控的操作要点包括：①设立独立的放款执行部门；②明确放款执行部门的职责；③建立并完善对放款执行部门的考核和问责机制。

3. ABCE ［解析］银行业金融机构贷款合同应当依据法律法规、部门规章、现行制度规定、业务操作规程以及业务需求制定，并遵守以下原则：①不冲突原则，即贷款合同不违反法律、行政法规的强制性规定；②维权原则，即贷款合同要在法律框架内充分维护银行业金融机构的合法权益；③适宜相容原则，即贷款合同要符合银行业金融机构自身各项基本制度的规定和业务发展需求；④完善性原则，即贷款合同文本内容应力求完善，借贷双方权利义务明确，条理清晰。

4. ABCE ［解析］"实贷实付"的核心要义包括：①满足有效信贷需求是"实贷实付"的根本目的。满足有效信贷需求是信贷风险管理的最起码要求。②按进度发放贷款是"实贷实付"的基本要求。在贷款发放过程中，要求根据项目进度和借款人项目资金运用情况按比例发放贷款，及时慎重地调整贷款发放的节奏和数量。从风险管理的角度，在借款人自有资金未及时足额到位的情况下，贷款资金全额发放的风险非常大，违反信贷管理的最基本准则。③受托支付是"实贷实付"的重要手段。④协议承诺是"实贷实付"的外部执行依据。

5. ABCDE ［解析］具体而言，挪用贷款的情况一般包括：①用贷款进行股本权益性投资；②用贷款在有价证券、期货等方面从事投机经营；③未依法取得经营房地产资格的借款人挪用贷款经营房地产业务；④套取贷款相互借贷牟取非法收入；⑤借款企业挪用流动资金进行基本建设或用于财政性开支或用于弥补企业亏损，或用于职工福利。

6. ABC ［解析］"贷放分控"是指银行业金融机构将贷款审批与贷款发放作为两个独立的业务环节，分别管理和控制，以达到降低信贷业务操作风险的目的。"贷放分控"中的"贷"是指业务流程中贷款调查、审查、审批等环节，尤其是贷款审批环节，以区别贷款发放与支付环节。"放"是指银行放款，特指贷款审批通过后，由银行审核，将符合条件的贷款发放或支付出去的环节。

7. ABCDE ［解析］加强合同管理的实施要点有：①修订和完善贷款合同等协议文件；②建立完善有效的贷款合同管理制度；③加强贷款合同规范性审查管理；④实施履行监督、归档、检查等管理措施；⑤做好有关配套和支持工作。

8. ABCD ［解析］在下列情况下，银行可以对借款人采取终止提款措施：一是挪用贷款的情况，一般包括：①用贷款进行股本权益性投资；②用贷款在有价证券、期货等方面从事投机经营；③未依法取得经营房地产资格的借款人挪用贷款经营房地产业务；④套取贷款相互借贷牟取非法收入；⑤借款企业挪用流动资金搞基本建设或用于财政性开支或者用于弥补企业亏损，或者用于职工福利。二是其他违约情况：①未按合同规定清偿贷款本息；②违反国家政策法规，使用贷款进行非法经营。

9. ABCDE ［解析］放款执行部门的主要职能有：①审核银行内部授信流程的合法性、合规性、完整性和有效性；②核准放款前提条件；③其他职责。除上述职责外，放款执行部门还可以参与贷后管理工作：参与授信业务的监测、检查与管理工作；对授信额度的使用进行监控，统一监控集团客户关联公司的授信额度使用情况等。

10. BCDE ［解析］质押合同的条款审查应注意以下条款：①质押担保的贷款数额；②借款人履行债务的期限；③质物的名称、数量、质量；④质押担保的范围；⑤质物移交的时间；⑥质物生效的时间；⑦当事人认为需要约定的其他事项。

三、判断题

1. B ［解析］具有以下情形之一的流动资金贷款，原则上应采用贷款人受托支付方式：①与借款人新建立信贷业务且借款人信用状况一般；②支付对象明确且单笔支付金额较大；③贷款人认定的其他情形。

2. A ［解析］实贷实付是指银行业金融机构（贷款人）按照贷款项目进度和有效贷款需求，根据借款人的提款申请和支付委托，将贷款资金以受托支付的方式，支付给符合合同约定的借款人交易对象的支付过程。

3. B ［解析］债权适用 3 年诉讼时效规定，即自知道或应当知道权利被侵害之日起 3 年内，权利人不向法院请求保护其民事权利，便丧失请求人民法院依诉讼程序强制义务人履行义务的胜诉权；诉讼时效还需要注意抵押权的行使期间。

4. A [解析] 贷款合同的签订流程包括填写合同、审核合同和签订合同。

5. A [解析] 放款执行部门的核心职责是贷款发放和支付的审核，集中统一办理授信业务发放，专门负责对已获批准的授信业务在实际发放过程中操作风险的监控和管理工作。

第九章 贷后管理

视频内容：本章考点串讲

扫描二维码，**免费**观看精讲视频，助您轻松高效备考！

视频精讲

思维导图

- 贷后管理
  - 对借款人的贷后监控
    - 经营状况监控
    - 管理状况监控
    - 财务状况监控
    - 与银行往来情况监控
    - 其他外部评价监控
  - 贷款用途及还款账户监控
    - 贷款资金用途监控
    - 还款账户监控
  - 担保管理
    - 保证人管理
    - 抵（质）押品管理
    - 担保的补充机制
  - 风险预警
    - 风险预警程序
    - 风险预警指标体系
    - 风险预警的处置
  - 信贷业务到期处理
    - 贷款偿还操作及提前还款处理
    - 贷款展期处理
    - 小微企业续贷
    - 依法收贷
    - 贷款总结评价
  - 档案管理
    - 档案管理的原则和要求
    - 信贷档案管理
    - 客户档案管理

第一节　对借款人的贷后监控

考点精讲

贷后管理是指银行业金融机构在贷款发放后对合同执行情况及借款人经营管理情况进行检查或监控的信贷管理行为。其主要内容包括监督借款人的贷款使用情况、跟踪掌握企业管理、经营和财务状况及其清偿能力、检查贷款抵(质)押品和担保权益的完整性等几个方面。

一、经营状况监控(★★★)

公司信贷业务人员一定要培养良好的观察能力,力求对企业进行全面、广泛的了解。一方面,要注意企业在日常的商务活动中是否出现不讲诚信的行为,是否出现隐瞒经营情况的现象及其他各种异常情况;另一方面,对异常的经营情况和财务变动一定要进行调查和分析,找出问题根源。

经营风险主要体现在:①经营活动发生显著变化,出现停产、半停产或经营停止状态;②业务性质、经营目标或习惯做法改变;③主要数据在行业统计中呈现出不利的变化或趋势;④兼营不熟悉的业务、新的业务或在不熟悉的地区开展业务;⑤不能适应市场变化或客户需求的变化;⑥持有一笔大额订单,不能较好地履行合约;⑦产品结构单一;⑧对存货、生产和销售的控制力下降;⑨对一些客户或供应商过分依赖,可能引起巨大的损失;⑩在供应链中的地位关系变化,如供应商不再供货或减少信用额度;⑪购货商减少采购;⑫企业的地点发生不利的变化或分支机构分布趋于不合理;⑬收购其他企业或者开设新销售网点,对销售和经营有明显影响,如收购只是出于财务动机,而与核心业务没有密切关系;⑭出售、变卖主要的生产性、经营性固定资产;⑮厂房和设备未得到很好的维护,设备更新缓慢,缺乏关键产品生产线;⑯建设项目的可行性存在偏差,或计划执行出现较大的调整,如基建项目的工期延长,或处于停缓状态,或预算调整;⑰借款人的产品质量或服务水平出现明显下降;⑱流失一大批财力雄厚的客户;⑲遇到台风、火灾、战争等严重自然灾害或社会灾难;⑳企业未实现预定的盈利目标;㉑关联交易频繁,关联企业之间资金流动不透明或不能明确解释。

具体地,对于固定资产贷款,贷款人应定期对借款人和项目发起人的履约情况及信用状况、宏观经济变化和市场波动情况、贷款担保的变动情况等内容进行检查与分析,建立贷款质量监控制度和贷款风险预警体系。

对于项目融资业务，在贷款存续期间，贷款人应当持续监测项目的建设和经营情况，根据市场环境、宏观经济变动等因素，定期对项目风险进行评价，并建立贷款质量监控制度和风险预警体系。

对于流动资金贷款，贷款人应加强贷款资金发放后的管理，针对借款人所属行业及经营特点，通过定期与不定期的现场检查与非现场监测，分析借款人经营、财务、信用、支付、担保及融资数量和渠道变化等状况，掌握各种影响借款人偿债能力的风险因素。

针对集团客户，银行应定期或不定期开展针对整个集团客户的联合调查，掌握其整体经营和财务变化情况；核查借款人关联方及关联交易等情况及变化趋势；核查客户或其主要股东向其他企业或个人提供抵（质）押物担保或保证情况。借款人如利用与关联方之间的虚假合同，以无真实贸易背景的应收票据、应收账款等债权到银行贴现或质押，套取银行资金或授信，贷款人有权单方决定停止支付借款人尚未使用的贷款，并提前收回部分或全部贷款本息，且依法采取其他措施。

二、管理状况监控（★★★）

管理状况监控是对企业整体运营的系统情况调查，尤其是对不利变化情况的调查。此部分调查的特点是对“人及其行为”的调查。经营者本人、董事会成员和公司员工是最了解企业情况的内部人员，企业决策人行为和经营观念的变化直接反映了公司经营的变化，并对企业产生巨大影响，从而直接关系到贷款的安全。

企业管理状况风险主要体现在：①企业发生重要人事变动，如高级管理人员或董事会成员变动，最主要领导者的行为发生变化，患病或死亡，或陷入诉讼纠纷，无法正常履行职责；②最高管理者独裁，领导层不团结，高级管理层之间出现严重的争论和分歧，职能部门矛盾尖锐，互相不配合，管理层素质偏低；③管理层对环境和行业中的变化反应迟缓或管理层经营思想变化，表现为极端的冒进或保守；④管理层对企业的发展缺乏战略性的计划，缺乏足够的行业经验和管理能力，导致经营计划没有实施及无法实施；⑤董事会和高级管理人员以短期利润为中心，不顾长期利益而使财务发生混乱、收益质量受到影响；⑥客户的主要股东、关联企业或母子公司等发生重大不利变化，股东有抽逃资金的现象，客户出现兼并、收购、分立、重组等重大体制改革，股东结构发生实质性不利变化，都可能影响到贷款安全；⑦股东间发生重大纠纷且不能在短期内妥善解决，股东或主要管理人员涉嫌重大贪污、受贿、舞弊、违法经营案件或其他重大负面信息；⑧中层管理者短期内多人离职，特别是财务、市场等要害部门的中层管理者离职；中层管理人员较为薄弱，企业人员更新过快或员工不足；出现重大劳资纠纷且不能在短期内妥善解决；⑨主要控制人或高级管理者出现个人征信问题、涉及民间借贷或涉及赌博等行为。

管理状况监控方面，重点关注借款人的组织架构、公司治理、内部控制及法定代表人和经营管理团队的资信等情况，包括：客户管理者的人品、诚信度、授信动机、盈利能力以及道德水准等。对中小企业，需准确考核企业实际控制人的情况，包括：客户业主或主要股东个人及其家庭其他投资、资产负债及或有负债情况；客户业主或主要股东家庭成员情况、家庭居住情况，婚姻状况，家庭大致日常收入、生活开支情况；客户业主或主要股东个人资信情况，企业和个人征信信息；客户在工商、税务、海关等部门的信用记录等。

三、财务状况监控(★★★)

财务状况变化是企业还款能力变化的直接反映。银行应定期收集符合会计制度要求的企业财务报表，关注并分析异常的财务变动和不合理的财务数据，还可对贷款存续期间借款人的资产负债率、流动比率、速动比率、销售收入增减幅度、利润率、分红比率等财务指标提出控制要求，加强企业财务数据的纵横向比较和数据之间的勾稽关系，防止企业篡改财务信息的现象。

企业的财务风险主要体现在：①企业关键财务指标是否发生重大不利变化，包括盈利能力、资产质量、债务风险、经营增长状况等指标恶化；②经营性净现金流量持续为负值；③产品积压、存货周转率大幅下降；④应收账款异常增加；⑤流动资产占总资产比重大幅下降；⑥短期负债增加失当，长期负债大量增加；⑦银行账户混乱，到期票据无力支付；⑧企业销售额下降，成本提高，收益减少，经营亏损；⑨不能及时报送会计报表，或会计报表有造假现象；⑩财务记录和经营控制混乱；⑪对外担保率超过100%、对单一客户担保额过大、有同质企业互保、担保链、或对外担保已出现垫款的现象；⑫客户存在过度交易或盲目扩张行为，表现在长期投资与投资收益相比增长过快，营运资金与EBITDA相比金额较大等；⑬财务成本不合理上升、高成本融资不合理增加，显示企业流动性出现问题。

除上述监控内容外，银行还应核实企业提供的财务报表。报表如为复印件，则需公司盖章；报表如经会计师事务所审计，需有完整的审计报告(包括附注说明)；报表应含有资产负债表、利润表及现金流量表。同时，银行还应对应收账款、存货、对外投资、销售额等关键性数据进行抽样核实，并进行横向(同类客户之间)和纵向(同一客户不同时间)的比较，以判断其财务数据是否合理，企业经营有无异常情况。

四、与银行往来情况监控(★★★)

银行应通过观察借款人与银行的资金往来情况，核查企业的银行对账单，分析公司最近的经营情况，并对异常的划款行为进行调查分析。

与银行往来异常现象包括：

(1)借款人在银行的存款有较大幅度下降；

(2)在多家银行开户(公司开户数明显超过其经营需要)；

(3)对短期贷款依赖较多，要求贷款展期；

知识点拨

企业与银行等金融机构的往来、履约情况直接反映了企业的交易和信用状况。

(4)还款来源没有落实或还款资金主要为非销售回款；

(5)贷款超过了借款人的合理支付能力；

(6)借款人有抽逃资金的现象，同时仍在申请新增贷款；

(7)借款人在资金回笼后，在还款期限未到的情况下挪作他用，增加贷款风险；

(8)客户授信出现贷款逾期、不能按时偿还利息等情况；

(9)客户在金融机构贷款余额大幅变动或授信政策调整；

(10)以本行贷款偿还其他银行债务；

(11)存在套取贷款资金、关联方占款或民间借贷等嫌疑；

(12)存在长期借新还旧或短贷长用严重问题，要求贷款展期。

银行应及时整理、更新有关企业信息，对重大情况应及时报告，并形成文字材料存档。如贷款人受托支付完成后，应详细记录资金流向，归集保存相关凭证。

五、其他外部评价监控(★)

除上述通过了解企业本身情况分析外，银行信贷业务人员还应通过内外部信息渠道(如其合作单位、监管部门、咨询机构、政府管理部门、新闻媒介等)及时了解客户信息，并注意信息来源的广泛性、全面性、权威性和可靠性，以便于全面掌握客户情况。具体内容包括：了解借款人是否涉及偷、逃、骗税等违法经营行为；是否涉及重大金额违约等诉讼和仲裁案件；是否涉及主要资产、结算账户被有权机关查询、扣划、冻结；是否被列入环保、质监、海关等系统负面清单中；是否被外部评级机构下调评级或涉及负面舆论报道，存在声誉风险；借款人及其主要股东、高管、重要交易对手等是否被列入反洗钱名单及制裁合规名单中等。

第二节 贷款用途及还款账户监控

一、贷款资金用途监控(★★★)

银行信贷从业人员应严格按照贷款新规对借款人的提用款项进行受托支付，对于实施自主支付的提款，在日常贷后管理中，必须密切监控资金流向，落实相关商务、劳务合同，增值税发票等材料的收集与核对，做好交易背景真实性的验证，通过对资金交易行为的分析，判断该笔资金用途是否符合贷款约定用途。

对于自主支付资金，应重点关注以下情况：

(1)自主支付的交易对手是否属于借款人正常经营业务的供货商、服务商等机构；

(2)自主支付的用途是否合理，是否违反约定用途，如违规进入股市、房地产等；

(3)自主支付的交易对手是否为关联企业,若为关联企业应进一步了解交易的合理性;

(4)自主支付资金是否进入集团资金池进行统筹使用;

(5)单笔自主支付的金额是否存在超过约定受托支付最低限额的情况;

(6)借款人是否存在与同一交易对手在一天或者连续几天内发生多笔累计超过约定受托支付最低限额的交易,涉嫌以"化整为零"方式规避受托支付管理的情况。

在借款人自主支付情况下,银行应定期汇总资金支付情况,对借款人账户资金支付情况进行事后分析,通过账户分析、凭证查验、现场调查等方式核查贷款支付是否符合约定用途。对于认定贷款资金违反合同约定的,银行应按合同约定对该客户采取降低受托支付起点金额、要求划回违约支付的贷款资金或停止贷款资金发放等限制措施。

二、还款账户监控(★★★)

贷款新规针对固定资产贷款、项目融资、流动资金贷款的不同特点,分别提出了对专门账户的管理要求。这里的"专门账户"可以是一般结算户或基本结算户。

(1)**固定资产贷款。**一般而言,当借款人信用状况较好、贷款安全系数较高时,银行业金融机构可不要求借款人开立专门的还款准备金账户;当借款人信用状况较差、贷款安全受到威胁时,出于有效防范和化解信贷风险的考虑,银行应要求其开立专门的还款准备金账户,并与借款人约定对账户资金进出、余额或平均存量等的最低要求。一旦贷款人与借款人约定了专门还款准备金账户,为切实达到保障还款的目的,在贷后管理过程中,应加强对该账户的监测与控制。如果借款人没有达到约定条件,贷款人有权视风险情况采取有效措施保障贷款安全。

(2)**项目融资。**对于项目融资业务,贷款人应要求借款人指定专门的项目收入账户,并约定所有项目的资金收入均须进入此账户。该账户对外支付的条件和方式均须在合同中明确,以达到有效监控资金收支变化、提高贷款资金保障性的效果。贷款人应对项目收入账户进行监测,当账户资金流动出现异常时,应及时查明原因并采取相应措施。

(3)**流动资金贷款。**贷款人必须指定或设立专门的资金回笼账户。该账户通常应是开立在贷款人处的账户,不管账户开立在何处,借款人都应按照贷款人的要求及时提供包括对账单等信息在内的能够反映该账户资金进出情况的材料。

根据借款人的信用状况、生产经营情况、总体融资规模和本机构融资占比、还款来源的现金流入特点等因素,贷款人应判断是否需要对客户资金回笼情况进行更进一步的监控。对需要更进一步监控的,应与借款人协商签订账户管理协议,明确对账户回笼资金进出的管理。

在对借款人实行动态监测的过程中,要特别关注大额资金、与借款人现有的交易习惯、交易对象等存在明显差异的资金。以及关联企业间资金的流人流出情况,及时发现风险隐患。特别是当贷款已经形成不良时,银行更要积极开展有效的贷后管理工作,通过专门还款账户监控、押品价值监测与重评估等手段控制第一还款来源和第二还款来源，最大限度地保护银行债权。

第三节 担保管理

考点精讲

一、保证人管理(★★★)

贷款保证的目的是对借款人按约、足额偿还贷款提供保障，银行应特别注意保证的有效性，并在保证期内向保证人主张权利。对保证人的管理主要有：

1.保证人日常管理

(1)分析保证人保证实力的变化

对保证人的贷后监控和对借款人的贷后监控相同。如监控保证人的财务状况，现金流量、或有负债、信用评级等情况的变化会直接影响其担保能力。银行应同样以对待借款人的管理措施对待保证人。集团客户母公司提供担保应综合分析企业本部报表和合并报表判断保证人的保证实力。若发现保证人经营情况恶化，或对外担保与净资产不相匹配，或对外负债过多等影响实际承担保证实力的情况，应及时采取措施，要求借款人和保证人共同努力恢复其担保能力或提供更加有效的担保。

(2)了解保证人保证意愿的变化

良好的保证意愿是保证人提供保证和准备履行保证义务的基础。应密切注意保证人的保证意愿是否出现改变的迹象。如保证人和借款人的关系出现变化，保证人是否出现试图撤销和更改保证的情况。应分析其中的原因，判断贷款的安全性是否受到实质影响并采取相关措施。

2.贷款到期后保证人管理

银行信贷业务人员在贷款本息偿还出现问题时必须及时向保证人主张权利，确保诉讼时效。应确保在保证期间内向保证人主张权利。未与保证人约定保证期间的，应在债务履行期届满之日起6个月内要求保证人承担保证责任。连带责任保证诉讼时效自保证期间届满前债权人要求保证人承担保证责任之日起计算，**诉讼时效期间为3年**。当借款人出现贷款逾期时，银行必须在贷款逾期后10个工作日内向保证人发送履行担保责任通知书进行书面确认。如贷款为分期逐笔到期，则银行应逐笔进行书面确认，**逐笔保证3年的诉讼时效**。

二、抵(质)押品管理(★★★)

以抵(质)押品设定担保的,银行要加强对抵押物和质押凭证的监控和管理。对抵(质)押品要定期现场检查其完整性和价值变化情况,防止所有权人在未经银行同意的情况下擅自处理抵(质)押品。

对抵(质)押品的检查内容

- 抵(质)押品价值的变化情况
- 抵(质)押品是否被妥善保管
- 抵(质)押品有否被变卖出售或部分被变卖出售的行为
- 抵(质)押品保险到期后有没有及时续投保险
- 抵(质)押品有否被转移至不利于银行监控的地方
- 抵押品有无未经贷款人同意的出租情况
- 抵(质)押品的权属证明是否妥善保管、真实有效

图　对抵(质)押品的检查内容

在抵押期间,抵押物的检查中,经办人员应定期检查抵押物的存续状况以及占有、使用、转让、出租及其他处置行为。如发现抵押物价值非正常减少,应及时查明原因,采取有效措施。如发现抵押人的行为将造成抵押物价值的减少,应要求抵押人立即停止其行为;如抵押人的行为已经造成抵押物价值的减少,应要求抵押人恢复抵押物的价值。如抵押人无法完全恢复,应要求抵押人提供与减少的价值相当的担保,包括另行提供抵押物、权利质押或保证。

抵押人在抵押期间转让或处分抵押物的,商业银行必须要求其提出书面申请,并经银行同意后予以办理。经商业银行同意,抵押人可以全部转让并以不低于商业银行认可的最低转让价款转让抵押物的,抵押人转让抵押物所得的价款应当优先用于向商业银行提前清偿所担保的债权或存入商业银行账户;经商业银行同意,抵押人可以部分转让抵押物的,所得的收入应存入商业银行的专户或偿还商业银行债权,并保持剩余贷款抵押物价值不低于规定的抵押率;抵押期间,抵押物因出险所得赔偿金(包括保险金和损害赔偿金)应存入商业银行指定的账户,并按抵押合同中约定的处理方法进行相应处理。对于抵押物出险后所得赔偿数额不足清偿部分,商业银行可以要求借款人提供新的担保。

三、担保的补充机制(★★★)

(一)追加担保品,确保抵押权益

银行如果在贷后检查中发现借款人提供的抵押品或质押物的抵(质)押权益尚未落实,或担保品的价值由于市场价格的波动或市场滞销而降低,由此造成超额押值不充分,或保证人保证资格或能力发生不利变化,可以要求借款人落实抵(质)押权益或追加担保品。

根据我国《担保法》第51条的规定,如果抵押人的行为足以使抵押物价值降低的,抵

押权人(银行)有权要求抵押人停止其行为,并要求其恢复抵押物的价值,或提供与减少的价值相当的担保,即追加担保品,以达到原借贷担保合同规定的价值。另外,如果由于借款人财务状况恶化,或由于贷款展期使得贷款风险增大,或追加新贷款,银行也会要求借款人追加担保品,以保障贷款资金的安全。对于追加的担保品,也应根据抵押贷款的有关规定,办妥鉴定、公证和登记等手续,落实抵押权益。

(二)追加保证人

对由第三方提供担保的保证贷款,如果借款人未按时还本付息,就应由保证人为其承担还本付息的责任。倘若保证人的担保资格或担保能力发生不利变化,其自身的财务状况恶化;或由于借款人要求贷款展期造成贷款风险增大或由于贷款逾期,银行加收罚息而导致借款人债务负担加重,而原保证人又不同意增加保证额度;或抵(质)押物出现不利变化;银行应要求借款人追加新的保证人。

第四节　风险预警

考点精讲

一、风险预警程序(★★★)

风险预警是各种工具和各种处理机制的组合结果,无论是否依托于动态化、系统化、精确化的风险预警系统,都应当逐级、依次完成以下程序:

(1)信用信息的收集和传递

收集与商业银行有关的内外部信息,包括信贷人员提供的信息和外部渠道得到的信息,并通过商业银行信用风险信息系统进行储存。

商业银行应当注意建立并维持不同的信息搜集渠道,包括信贷人员的调查、专业机构、公开信息以及产业链信息等,以保证信息的完整性和可验证。

(2)风险分析

信息通过适当的分层处理、甄别和判断后,进入预测系统或预警指标体系中,并由预测系统做出是否发出警报,以及发出何种程度警报的判断。

(3)风险处置

风险处置是指在风险警报的基础上,为控制和最大限度地消除商业银行风险而采取的一系列措施。按照阶段划分,风险处置分为:①预控性处置,是在风险预警报告已经作出,而决策部门尚未采取相应措施之前,由风险预警部门或决策部门对尚未爆发的潜在风险提前采取控制措施,避免风险继续扩大对商业银行造成不利影响;②全面性处置,是商业银行对风险的类型、性质和程度进行系统详细的分析后，从内部组织管理、业务经营活动等方面采取措施来控制、转移或化解风险，使风险预警信号回到正常范围。

(4)后评价

风险预警的后评价是指经过风险预警及风险处置过程后，对风险预警的结果进行科学的评价，以发现风险预警中存在的问题，深入分析原因，并对预警系统和风险管理进行修正或调整。

二、风险预警指标体系(★★★)

对信贷运行过程的监测预警是通过建立科学的监测预警指标体系，并对其发展变化过程进行观察来实现的。预警指标的研究是实现信贷预警的首要环节，预警体系科学性高低的首要标志是所选择的预警指标能否科学地反映经济运行过程的变化特征。因此，合理地选择预警指标是建立预警体系的关键。

在实际工作中，对银行贷款的贷后检查、监督是对使用过程中的贷款的主要监测手段，也是银行及时诊断和防止贷款风险损失的重要措施。银行通过对贷款发放后借款人经营状况的监测，可以及时发现贷款风险的预警信号，以便尽快采取相应措施，减少相关损失。贷款风险的预警信号系统根据各家银行的实际经验总结而来，通常包含财务状况的预警信号、管理状况的预警信号和经营状况的预警信号。

三、风险预警的处置(★★★)

预警处置是借助预警操作工具对银行经营运作全过程进行全方位实时监控考核，在接收风险信号、评估、衡量风险基础上提出有无风险、风险大小、风险危害程度及风险处置、化解方案的过程。客户风险预警信号出现后，相关部门应组织力量积极进行控制和化解。**要根据风险的程度和性质，对客户实施分层管理，采取相应的风险处置措施：**

(1)列入重点观察名单；

(2)要求客户限期纠正违约行为；

(3)要求完善担保条件、增加担保措施；

(4)降低整体授信额度，暂停发放新贷款或收回已发放的授信额度等；

(5)动态调整资产风险分类。

当项目实际投资超过原定投资金额，贷款人经重新风险评价和审批决定追加贷款的，应要求项目发起人配套追加不低于项目资本金比例的投资，并视情况要求增加相应担保。对于出现的较大风险，客户部门无法自行控制和化解处置的，应视贷款金额的大小及风险状况及时报告授信审批行风险资产管理部门或信贷管理部门，风险管理部门或信贷管理部门调整客户授信方案和风险分类，介入风险认定和处置。

第五节 信贷业务到期处理

考点精讲

一、贷款偿还操作及提前还款处理(★★★)

(一)贷款偿还的一般操作过程

根据国家相关法律、法规规定,借款人有义务按照借款合同的约定及时清偿贷款本息,银行有权利依照合同约定从借款人账户上划收贷款本金和利息;借款方不按合同规定归还贷款的,应当承担违约责任并加付利息。**贷款偿还的一般操作过程**可简要归纳如下:

(1)业务操作部门向借款人发送还本付息通知单。还本付息通知单应载明:贷款项目名称或其他标志、还本付息的日期、当前贷款余额、本次还本金额、付息金额以及利息计算过程中涉及的利率、计息天数、计息基础等;

(2)业务操作部门对逾期的贷款要及时发出催收通知单。贷款逾期后,银行不仅对贷款的本金计收利息,而且对应收未收的利息也要计收利息,即计复利。在催收的同时,对不能按借款合同约定期限归还的贷款,应当按规定加罚利息,加罚的利率应在贷款协议中明确规定;应收未收的罚息也要计复利。

(二)借款人提前归还贷款的操作过程

提前归还贷款(以下简称"提前还款")指借款人希望改变贷款协议规定的还款计划,提前偿还全部或部分贷款,由借款人提出申请,经贷款行同意,缩短还款期限的行为。

借款人有义务按照贷款协议规定的还款计划按时还本付息。如果借款人出于某种原因(如贷款项目效益较好)希望提前还款,应与银行协商。由于借款人的提前还款会打乱银行原有的资金安排,借款人应提前向银行递交提前还款计划,在征得银行的同意后,才可以提前还款。**因提前还款而产生的费用应由借款人负担。**

借款人与银行可以在贷款协议的提前还款条款中,约定提前还款的前提条件及必要的手续。

提前还款条款可以包括以下内容:

(1)未经银行的书面同意,借款人不得提前还款;

(2)借款人可以在贷款协议规定的最后支款日后、贷款到期日前的时间内提前还款;

(3)借款人应在提前还款日前30天(或60天)以书面形式向银行递交提前还款的申

请，其中应列明借款人要求提前偿还的本金金额；

(4)由借款人发出的提前还款申请应是不可撤销的，借款人有义务据此提前还款；

(5)借款人可以提前偿还全部或部分本金，如果偿还部分本金，其金额应等于一期分期还款的金额或应为一期分期还款的整数倍，并同时偿付截至该提前还款日前一天(含该日)所发生的相应利息，以及应付的其他相应费用；

(6)提前还款应按贷款协议规定的还款计划以倒序进行；

(7)已提前偿还的部分不得要求再贷；

(8)对于提前偿还的部分可以收取费用。

二、贷款展期处理(★★★)

贷款展期是指借款人不能或不希望按照贷款协议规定的还款计划按时偿付每期应偿付的贷款，由借款人提出申请，经贷款行审查同意，有限期地延长还款期限的行为。

6121
59

(一)贷款展期的申请

借款人不能按期归还贷款时，应当在贷款到期日之前，向银行申请贷款展期。是否展期由银行决定。**借款人申请贷款展期，应向银行提交展期申请，其内容包括：展期理由，展期期限，展期后的还本、付息、付费计划及拟采取的补救措施。**如是合资企业或股份制企业，则应提供董事会关于申请贷款展期的决议文件或其他有效的授权文件。申请保证贷款、抵押贷款、质押贷款展期的，还应当由保证人、抵押人、出质人出具同意的书面证明。已有约定的，按照约定执行。

(二)贷款展期的审批

1.分级审批制度

贷款展期的审批与贷款的审批一样，实行分级审批制度。银行应根据业务量大小、管理水平和贷款风险度确定各级分支机构的审批权限，超过审批权限的，应当报上级机构审批。

2.贷款展期的担保问题

对于保证贷款的展期，银行应重新确认保证人的担保资格和担保能力；借款人申请贷款展期前，必须征得保证人的同意。其担保金额为借款人在整个贷款期内应偿还的本息和费用之和，包括因贷款展期而增加的利息费用。保证合同的期限因借款人还款期限的延长而延长至全部贷款本息、费用还清日止。

对于抵押贷款的展期，银行为减少贷款的风险应续签抵押合同，应该做到：

①作为抵押权人核查抵押物的账面净值或委托具有相关资格和专业水平的资产评估机构评估有关抵押物的重置价值，并核查其抵押率是否控制在一定的标准内。

②如果借款人的贷款余额与抵押财产的账面净值或重置价值之比超过一定限度，即

抵押价值不足的，则抵押人应根据银行的要求按现有贷款余额补充落实抵押物，重新签订抵押合同。

③抵押贷款展期后，银行应要求借款人及时到有关部门办理续期登记手续，使抵押合同保持合法性和有效性，否则抵押合同将失去法律效力。

④切实履行对抵押物跟踪检查制度，定期检查核对抵押物，监督企业对抵押物的占管，防止抵押物的变卖、转移和重复抵押。

（三）展期贷款的管理

1.贷款展期的期限

现行**短期贷款展期的期限累计不得超过原贷款期限；中期贷款展期的期限累计不得超过原贷款期限的一半；长期贷款展期的期限累计不得超过3年**。国家另有规定的除外。

2.贷款展期后的利率

经批准展期的贷款利率，银行可根据不同情况重新确定。贷款的展期期限加上原期限达到新的利率期限档次时，从展期之日起，贷款利息应按新的期限档次利率计收。

借款人未申请展期或申请展期未得到批准，其贷款从到期日次日起，转入逾期贷款账户。

（四）展期贷款的偿还

贷款展期说明该笔贷款的偿还可能存在某些问题，因此银行应特别关注展期贷款的偿还。银行信贷部门应按照展期后的还款计划，向借款人发送还本付息通知单，督促借款人按时还本付息。展期贷款到期不能按时偿还，信贷部门要加大催收力度，以保证贷款的收回；对于设立了保证或抵质押的贷款，银行有权向担保人追索或行使抵质押权，弥补贷款损失。**展期贷款逾期后，也应按规定加罚利息，并对应收未收利息计复利。**展期贷款的偿还在账务处理上，与正常贷款相同。

三、小微企业续贷

2014年7月24日，原银监会下发《关于完善和创新小微企业贷款服务 提高小微企业金融服务水平的通知》（以下简称《通知》）。《通知》重点提出，银行应积极创新服务模式，对流动资金周转贷款到期后仍有融资需求，又临时存在资金困难的小微企业，符合条件的，可以办理续贷，提前按新发贷款的要求开展贷款调查和评审。

为了防范续贷滥用，《通知》对小微企业申请续贷提出一定的准入门槛。符合以下四个主要条件的小微企业才可申请续贷：①**依法合规经营**；②**生产经营正常，具有持续经营能力和良好的财务状况**；③**信用状况良好，还款能力与还款意愿强，没有挪用贷款资金、欠贷欠息等不良行为**；④**原流动资金周转贷款为正常类，且符合新发流动资金周转贷款条件和标准**。

《通知》也对银行开展续贷业务提出相应要求。银行同意续贷的，应当在原流动资金周转贷款到期前与小微企业签订新的借款合同，需要担保的签订新的担保合同，落实借款条件。通过新发贷款结清已有贷款等形式，允许小微企业继续使用贷款资金。银行要加强对续贷业务的内部控制，在信贷系统中单独标识续贷贷款，建立对续贷业务的监测分析机制，提高对续贷贷款风险分类的检查评估频率，防止通过续贷人为操纵风险分类。

四、依法收贷（★★★）

（一）依法收贷的含义

广义的依法收贷指银行按规定或约定，通过催收、扣收、处理变卖抵押物，收回违约使用的贷款，加罚利息等措施，以及通过仲裁、诉讼等途径依法收贷。**狭义的依法收贷**指按照法律、法规的规定，采用仲裁、诉讼等手段清理收回贷款的活动。

（二）依法收贷的对象、程序与内容

如果银行贷款到期不能正常收回或银行与借款人之间发生纠纷，就应该依靠法律手段来强制收回。当然，依法收贷也要按法律程序规范、有序地进行，达到依法收贷的目的，提高依法收贷的效果和作用。

（1）为了便于管理，银行向仲裁机关申请仲裁和向人民法院提出诉讼一律以分（支）行的名义进行，分理处及其以下的营业机构不能作为独立的诉讼主体。

（2）**依法收贷的对象，是违约贷款**。

（3）按法律规定，**向仲裁机关申请仲裁的时效为1年，向人民法院提起诉讼的时效为3年**。诉讼时效期间从贷款到期之日计算。

（4）对逾期贷款，银行有关部门应每季开出催收贷款通知函，并同时发送担保单位签收。

（5）及时申请财产保全。财产保全可以在起诉前申请，也可以在起诉后判决前申请，起诉前申请财产保全被人民法院采纳后，**应该在人民法院采取保全措施30天内正式起诉**。

（6）做好开庭前的一切准备工作，按时出庭，根据事实和法律陈述理由。

（7）依法申请支付令，债权人请求债务人偿付贷款本息的，可以不通过诉讼程序，而直接向有管辖权的基层人民法院申请支付令，但必须符合以下两个条件：①债权人与债务人没有其他债务纠纷；②支付令能够送达债务人的。

（8）充分运用执行手段，对于已发生法律效力的判决书、调解书、裁定书、裁决书，当事人不履行的，银行应当向人民法院申请强制执行。申请执行的期间为2年，执行时效从法律文书规定当事人履行义务的最后一天起计算。

（9）法律结论得出后，须对被起诉的借款人采取相应的措施。

（三）依法收贷应注意的几个问题

依法收贷是保证信贷资金安全的有力措施，依法收贷必须和依法放贷及依法管贷结

合起来，将信贷工作的全过程纳入依法管理的轨道，使信贷工作置于法律的约束和保护之下。

(1)信贷人员应认真学习和掌握法律知识；

(2)要综合运用诉讼手段和非诉讼手段依法收贷；

(3)既要重视诉讼，更要重视执行；

(4)在依法收贷工作中要区别对待。

五、贷款总结评价(★★★)

贷款本息全部还清或形成损失后，相关部门应对贷款项目和信贷工作进行全面的总结。**相关部门应在贷款本息收回后10日内形成书面总结报告，便于其他相关部门借鉴参考。贷款总结评价的内容主要包括：**

(一)贷款基本评价

就贷款的基本情况进行分析和评价，重点从客户选择、贷款综合效益分析、贷款方式选择等方面进行总结。

(二)贷款管理中出现的问题及解决措施

分析出现问题的原因，说明针对问题采取的措施及最终结果，从中总结经验，防范同类问题重复发生，对发生后的妥善处理提出建议。

(三)其他有益经验

对管理过程中其他有助于提升贷后管理水平的经验、心得和处理方法进行总结。

同时，对于出现不良贷款存在主观责任的，应根据具体情节追究相关部门负责人及经办人员责任。

第六节　档案管理

考点精讲

信贷档案是确定借贷双方法律关系和权利义务的重要凭证，是贷款管理情况的重要记录。**科学地记录、保管和使用信贷档案，是加强贷款管理、保护贷款安全的重要基础。**

一、档案管理的原则和要求(★★)

表 9-1 档案管理的原则和要求

档案管理的原则	①管理制度健全； ②人员职责明确； ③档案门类齐全； ④信息利用充分； ⑤提供有效服务
档案管理的要求	信贷档案实行集中统一管理原则； 信贷档案采取分段管理、专人负责、按时交接、定期检查的管理模式

二、信贷档案管理(★★)

信贷档案管理对象是指正在执行中的、尚未结清信贷(贷款)的档案材料。

(一)信贷档案分类

按其重要程度及涵盖内容不同划分为两级，即一级信贷档案和二级信贷档案。

一级信贷档案主要是指信贷抵(质)押契证和有价证券及押品契证资料收据和信贷结清通知书。其中押品主要包括：银行开出的本、外币存单，银行本票，银行承兑汇票，上市公司股票、政府和公司债券、保险批单、提货单、产权证或他项权益证书及抵(质)押物的物权凭证、抵债物资的物权凭证等。

二级信贷档案主要指法律文件和贷前审批及贷后管理的有关文件。

(二)信贷档案管理要求

1.一级信贷档案的管理

(1)**保管：一级信贷档案是信贷的重要物权凭证，在存放保管时视同现金管理**，可将其放置在金库或保险箱(柜)中保管，指定双人(以下称押品保管员)，分别管理钥匙和密码，双人入、出库，形成存取制约机制。

(2)**交接**：一级信贷档案由业务经办部门接收后，填制押品契证资料收据一式三联，**押品保管员、借款企业、业务经办人员三方各存一联。**押品以客户为单位保管，并由押品保管员填写押品登录卡。

(3)**借阅**：一级信贷档案存档后，原则上不允许借阅。如在特殊情况下，确需借阅一级档案的，必须提交申请书，经相关负责人签批同意后，方可办理借阅手续。如：贷款展期办理抵押物续期登记的；变更抵押物权证、变更质押物品的；提供给审计部门或相关单位查阅的；提交法院进行法律诉讼、债权债务重组或呆账核销的；须补办房产证、他项权利证书或备案登记的。

(4)**结清、退还**:借款企业、业务经办人员和押品保管员三方共同办理押品的退还手续。由业务经办人员会同借款企业向押品保管员交验信贷结清通知书和押品契证资料收据并当场清验押品后,借贷双方在押品契证资料收据上签字,押品保管员在押品登录卡上注销。

2.二级信贷档案的管理

(1)**保管**:二级信贷档案应按规定整理成卷,交信贷档案员管理。

(2)**交接**:业务经办人员应在单笔信贷(贷款)合同签订后将前期文件整理入卷,形成信贷文件卷,经信贷档案员逐件核实后,移交管理。

(3)**借阅**:二级信贷档案内保存的法律文件、资料,除审计部门确需查阅或进行法律诉讼的情况下,不办理借阅手续,如借阅已归档的二级档案时,须经有关负责人签批同意后,填写借阅申请表,方可办理借阅手续。

(4)**结清**:已结清贷款的信贷档案的保管期限和保管部门由商业银行根据本行实际情况自行确定。通常,经行内相关部门认定有特殊保存价值的可列为永久保存。

三、客户档案管理(★★)

为了便于业务经办部门日常维护客户和业务发起需要,业务经办部门可按客户分别建立客户档案卷,客户档案不同于信贷档案,移交本部门贷款档案员集中保管即可。

客户档案包括:①借款企业及担保企业的"证照"(即年检营业执照、税务登记证等)复印件;②借款企业及担保企业的信用评级资料;③借款企业及担保企业的开户情况;④借款企业及担保企业的验资报告;⑤借款企业及担保企业近3年的主要财务报表,包括资产负债表、利润表、现金流量表等,上市公司需提供经审计的年报;⑥企业法定代表人、财务负责人的身份证或护照复印件;⑦反映该企业经营、资信及历次贷款情况的其他材料。

高频考点预测试题

一、单项选择题(以下各小题所给出的四个选项中,只有一项符合题目要求,请选择相应选项,不选、错选均不得分)

1. (　　)监控的特点是对"人及其行为"的调查。

A. 经营状况

B. 管理状况

C. 财务状况

D. 与银行往来情况

2. 在抵(质)押品管理中,银行要加强对(　　)的监控和管理。

A. 抵押人资格

B. 抵押人的实力

C. 抵押人担保意愿

D. 抵押物和质押凭证

3. 借款人未申请展期或申请展期未得到批准，其贷款从(　　)起，转入逾期贷款账户。
   A. 核准之日　　B. 展期之日
   C. 到期日当日　　D. 到期日次日
4. 银行在依法收贷工作中应该注意(　　)。
   A. 要综合运用诉讼手段和非诉讼手段依法收贷
   B. 银行在依法收贷中要一视同仁、不能区别对待
   C. 信贷人员在依法收贷中必须由法律顾问进行专业指导
   D. 银行在依法收贷中主要应该依赖于诉讼手段
5. 贷款总结评价的主要内容不包括(　　)。
   A. 贷款基本评价
   B. 其他有益经验
   C. 贷款风险预警的处置
   D. 贷款管理中出现的问题及解决措施
6. 贷款档案管理的要求不包括(　　)。
   A. 集中统一管理
   B. 分散管理
   C. 定期检查
   D. 按时交接
7. 依法收贷的对象是(　　)。
   A. 展期贷款　　B. 到期贷款
   C. 正常贷款　　D. 违约贷款
8. 某钢铁制造企业最近经营状况发生如下变化，其中可能为企业带来经营风险的是(　　)。
   A. 接到一个政府大订单，获得一大批财力雄厚的国有客户
   B. 厂房设备迅速、大量更新
   C. 产品、质量稳中有升
   D. 受金融危机影响，实际盈利比预定目标低30%
9. 关于展期贷款的偿还，下列说法错误的是(　　)。
   A. 银行信贷部门应按展期后的还款计划，向借款人发送还本付息通知单
   B. 对于设立了抵押的贷款展期，在到期前银行有权行使抵押权
   C. 展期贷款逾期后，应按规定加罚利息
   D. 展期贷款逾期后，银行有权对应收未收利息计复利
10. 如贷款为分期逐笔到期，在出现贷款逾期时，银行应逐笔进行书面确认，逐笔保证(　　)的诉讼时效。
   A. 6个月　　B. 1年
   C. 2年　　D. 3年

二、多项选择题(以下各小题所给出的五个选项中，有两个或两个以上符合题目要求，请选择相应选项，多选、少选、错选均不得分)

1. 借款人与银行往来异常现象主要包括(　　)。
   A. 借款人在银行的存款有较大幅度的下降
   B. 借款人在多家银行开户，使得其开户数量明显超过其经营需要
   C. 借款人在银行的存款出现较大幅度的上升
   D. 借款人有资金抽逃现象，同时仍在申请新增贷款
   E. 借款人在多家银行开户，使得其开户数量明显低于其经营需要
2. 对借款人的贷后监控包括(　　)。
   A. 对管理状况的监控
   B. 对经营状况的监控
   C. 对财务状况的监控
   D. 对借款人与银行往来情况的监控
   E. 对借款人关联企业的监控
3. 风险预警的处置措施包括(　　)。
   A. 列入重点观察名单
   B. 要求客户限期纠正违约行为
   C. 要求增加担保措施
   D. 暂停发放新贷款或收回已经发放的授信额度
   E. 要求贷款人纠正不正当行为

4. 贷款总结评价的内容包括(　　)。
A. 贷款客户选择评价
B. 贷款综合效益评价
C. 贷款方式选择评价
D. 贷款管理中出现问题的原因
E. 贷款管理中出现问题的解决措施

5. 借款人申请贷款展期时,向银行提交的展期申请内容包括(　　)。
A. 展期理由
B. 展期期限
C. 展期后还本计划
D. 展期后付息计划
E. 拟采取的补救措施

6. 广义的依法收贷方式包括(　　)。
A. 处理变卖抵押物
B. 催收
C. 收回违约使用的贷款
D. 仲裁
E. 诉讼

7. 某合资企业欲就一笔抵押贷款向银行申请展期,则其应向银行提交的法定申请文件有(　　)。
A. 展期申请
B. 董事会关于申请贷款展期的决议文件
C. 抵押人同意展期的书面证明
D. 法人资格证明
E. 经会计师审计的财务报表

8. 下列情形中,可以借阅一级信贷档案的有(　　)。
A. 贷款展期办理抵押物续期登记
B. 变更质押物品
C. 审计部门查阅
D. 提交法院进行债权债务重组
E. 补办房产证

三、判断题(请对以下各题的描述作出判断,正确选A,错误选B)

1. 因提前还款而产生的费用,一般由贷款行承担。(　　)
2. 在对借款人的贷后监控中,管理状况监控的特点是对“人及其行为”的调查。(　　)
3. 借款人必须提前与银行协商,经银行同意,贷款才可以展期。(　　)
4. 借款人希望提前还款的,必须向银行申请并在被批准后才能进行。(　　)

参考答案及解析

一、单项选择题

1. B ［解析］管理状况监控是对企业整体运营的系统情况调查,尤其是对不利变化情况的调查。此部分调查的特点是对“人及其行为”的调查。

2. D ［解析］对于以抵(质)押品设定担保的,银行要加强对抵押物和质押凭证的监控和管理。对抵押品要定期检查其完整性和价值变化情况,防止所有权人在未经银行同意的情况下擅自处理抵押品。

3. D ［解析］借款人未申请展期或申请展期未得到批准,其贷款从到期日次日起,转入逾期贷款账户。

4. A ［解析］银行依法收贷应注意的几个问题有:①信贷人员应认真学习和掌握法律知识;②要综合运用诉讼手段和非诉讼手段依法收贷;③既要重视诉讼,更要重视执行;④在依法收贷工作中要区别对待。

5. C ［解析］贷款总结评价的内容主要包括:①贷款基本评价;②贷款管理中出现的问题及解决措施;③其他有益经验。贷款风险预警的处置属于担保管理工作。

6. B [解析] 档案管理的具体要求如下：①信贷档案实行集中统一管理原则；②信贷档案采取分段管理、专人负责、按时交接、定期检查的管理模式。

7. D [解析] 依法收贷的对象是违约贷款。

8. D [解析] A、B、C 三项都有利于企业的经营，提高企业的抗风险能力；D 项企业未实现预定的盈利目标，表明企业的经营存在困难和问题，可能为企业带来经营风险。

9. B [解析] 对于设立了保证或抵(质)押的贷款展期，在到期后仍不能按时偿还时，银行才有权向担保人追索或行使抵(质)押权，以弥补贷款损失。

10. D [解析] 当借款人出现贷款逾期时，银行必须在贷款逾期后 10 个工作日内向保证人发送履行担保责任通知书进行书面确认。如贷款为分期逐笔到期，银行应逐笔进行书面确认，逐笔保证 3 年的诉讼时效。

二、多项选择题

1. ABD [解析] 借款人与银行往来异常现象主要包括：借款人在银行的存款有较大幅度的下降；借款人在多家银行开户，使得其开户数量明显超过其经营需要；借款人有资金抽逃现象，同时仍在申请新增贷款等。

2. ABCD [解析] 对借款人的贷后监控，主要是对借款人经营状况、管理状况、财务状况、与银行往来情况的监控以及其他外部评价监控。

3. ABCD [解析] 风险预警的处置措施包括：①列入重点观察名单；②要求客户限期纠正违约行为；③要求完善担保条件、增加担保措施；④降低整体授信额度，暂停发放新贷款或收回已发放的授信额度等；⑤动态调整资产风险分类。

4. ABCDE [解析] 贷款总结评价的内容主要包括：①贷款基本评价。就贷款的基本情况进行分析和评价，重点从客户选择、贷款综合效益分析、贷款方式选择等方面进行总结。②贷款管理中出现的问题及解决措施。分析出现问题的原因，说明针对问题采取的措施及最终结果，从中总结经验，防范同类问题重复发生，对发生后的妥善处理提出建议。③其他有益经验。对管理过程中其他有助于提升贷后管理水平的经验、心得和处理方法进行总结。

5. ABCDE [解析] 借款人申请贷款展期，应向银行提交展期申请，其内容包括：展期理由、展期期限，以及展期后的还本、付息、付费计划及拟采取的补救措施。

6. ABCDE [解析] 广义的依法收贷指银行按规定或约定，通过催收、扣收、处理变卖抵押物，收回违约使用的贷款，加罚利息等措施，以及通过仲裁、诉讼等途径依法收贷。狭义的依法收贷指按照法律、法规的规定，采用仲裁、诉讼等手段清理收回贷款的活动。

7. ABC [解析] 一般借款人申请贷款展期，应向银行提交的法定申请文件有：①展期申请；②如果是合资企业和股份制企业，还应提供董事会关于申请贷款展期的决议文件或其他有效授权文书；③借款人申请保证贷款、抵押贷款、质押贷款展期的，还应当由保证人、抵押人、出质人出具同意的书面证明。

8. ABCDE [解析] 一级信贷档案存档后，原则上不允许借阅。如在下列特殊情况下，确需借阅一级档案的，必须提交申请书，经部门负责人签批同意后，方可办理借阅手续。如：贷款展期办理抵押物续期登记的；变更抵押物权证、变更质押物品的；提供给审计或相关单位查阅的；提交法院进行法律诉讼、债权债务重组或呆账核销的；须补办房产证、他项权益证书或备案登记的。

三、判断题

1. B [解析] 因提前还款而产生的费用应由借款人负担。

2. A [解析] 管理状况监控是对企业整体运营的系统情况调查，尤其是对不利变化情况的调查。此部分调查的特点是对“人及其行为”的调查。

3. A [解析] 贷款展期指借款人不能或不希望按照贷款协议规定的还款计划按时偿付每

期应偿付的贷款，由借款人提出申请，经贷款行审查同意，有限期地延长还款期限的行为。同提前还款一样，贷款展期也打乱了银行原有的资金安排，因此借款人必须提前与银行协商，经银行同意，贷款才可以展期。

4. A [解析]由于借款人的提前还款会打乱银行原有的资金安排，借款人应提前向银行递交提前还款计划，在征得银行的同意后，才可以提前还款。

第十章 贷款风险分类与贷款损失准备金的计提

视频内容：本章考点串讲

扫描二维码，**免费**观看精讲视频，助您轻松高效备考！

视频精讲

思维导图

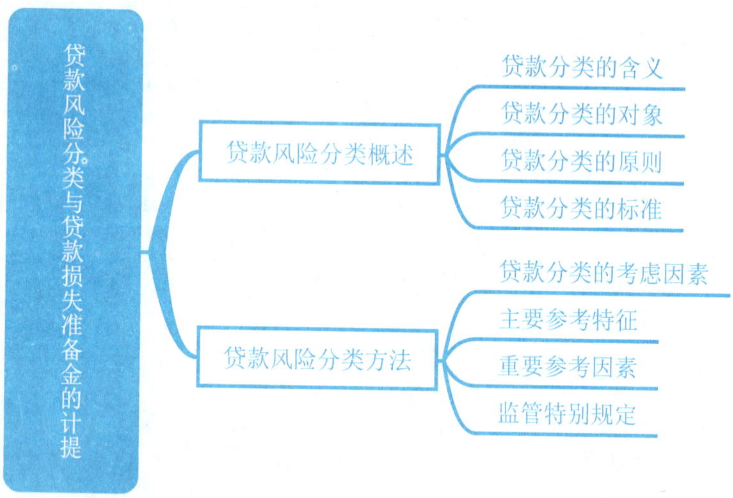

第一节 贷款风险分类概述

考点精讲

一、贷款分类的含义(★★)

贷款分类是指商业银行按照风险程度将贷款划分为不同档次的过程,其实质是以贷款的内在风险程度和债务人还款能力为核心,判断债务人及时足额偿还贷款本息或及时足额履约的可能性。

贷款分类是银行信贷管理的重要组成部分。商业银行贷款分类的目的,不仅是揭示信贷资产的实际价值和风险程度,真实、全面、动态地反映贷款质量,及时发现信贷业务经营管理各环节存在的问题,采取相应措施,化解贷款风险。贷款分类结果还是商业银行计提贷款损失准备金、实施责任追究和绩效考核的重要依据。

贷款分类也是监管当局对银行进行审慎监管的基本要求。贷款分类有助于监管当局评估银行贷款质量和变化趋势,并由此进一步发现银行潜在的问题。通过要求披露贷款分类,也可以提高市场透明度,形成市场约束。

二、贷款分类的对象(★★)

表 10-1　　贷款分类的对象

分类	具体内容
表内贷款	包括流动资金贷款、固定资产贷款、项目融资、银团贷款、法人账户透支、票据贴现、保理、福费廷等各类表内信贷资产
表外贷款	包括信用证、票据承兑、保证、保兑、保函、担保付款、贷款承诺、包销承诺等各类贷款担保和承诺

三、贷款分类的原则(★★)

1.真实性原则

商业银行贷款分类应真实客观地反映贷款的风险状况。分类人员在进行贷款分类时,应充分评价信贷资产的风险状况,根据信贷资产风险分类的核心定义及标准,准确划分信贷资产级次,真实反映信贷资产形态,不得弄虚作假,人为调整分类结果。商业银行高级管理层要对贷款分类制度的执行、贷款分类的结果承担责任。**商业银行内部审计部**

门也应对贷款分类进行检查和评估，频率每年不得少于1次。

2.及时性原则

商业银行应及时、动态地根据借款人经营管理等状况的变化调整分类结果，至少每季度对全部贷款进行一次分类。如果影响借款人财务状况或贷款偿还因素发生重大变化，应及时调整对贷款的分类。对不良贷款应严密监控，加大分析和分类的频率，根据贷款的风险状况采取相应的管理措施。

3.重要性原则

商业银行分类人员对影响贷款分类的诸多因素，要根据五级分类核心定义确定关键因素进行评估和分类。对贷款进行分类时，要以评估借款人的还款能力为核心，把借款人的正常营业收入作为贷款的主要还款来源，贷款的担保作为次要还款来源。同时，逾期天数也是商业银行贷款分类时应予以考虑的重要参考指标。

4.审慎性原则

商业银行分类人员在对难以准确判断借款人还款能力的贷款，应遵循审慎分类原则，适度下调其分类等级。

四、贷款分类的标准

依据《贷款风险分类指引》，商业银行至少应将**贷款划分为五类（亦称“五级分类”），即正常、关注、次级、可疑和损失，后三类合称为不良贷款。**

表10-2 贷款分类的标准

分类	具体内容
正常	借款人能够履行合同，没有足够理由怀疑贷款本息不能按时足额偿还
关注	尽管借款人目前有能力偿还贷款本息，但存在一些可能对偿还产生不利影响的因素
次级	借款人的还款能力出现明显问题，完全依靠其正常营业收入无法足额偿还贷款本息，即使执行担保，也可能会造成一定损失
可疑	借款人无法足额偿还贷款本息，即使执行担保，也肯定要造成较大损失
损失	在采取所有可能的措施或一切必要的法律程序之后，本息仍然无法收回，或只能收回极少部分

第二节　贷款风险分类方法

考点精讲

一、贷款分类的考虑因素(★★)

贷款分类是在执行核心定义的前提下,参照主要参考特征,结合贷款的逾期时间,并以债务人正常的营业收入作为主要偿还来源,以担保作为第二偿还来源,判断债务人及时足额偿还债务的可能性。

主要参照因素:

(1)借款人的还款能力;

(2)借款人的还款记录;

(3)借款人的还款意愿;

(4)贷款项目的盈利能力;

(5)贷款的担保;

(6)贷款偿还的法律责任;

(7)银行的信贷管理状况。

二、主要参考特征(★★)

表 10-3　主要参考特征

贷款类别	主要参考特征
正常	债务人有能力履行还款承诺,能够全额归还债务本金和利息
关注	1.借款人财务状况不佳,表现为:关键性财务指标(如流动比率、速动比率等)低于行业平均水平或有较大幅度的下降;经营性现金流量虽为正值,但呈递减趋势;销售收入、经营利润下降,出现流动性不足的征兆;借款人的借款总额在短期内激增并与其业务发展不成比例,且借款人不能提供合理的解释,以致有理由怀疑借款人的财务状况和偿债能力。 2.借款人经营管理存在较为严重的问题(如未按规定用途使用贷款),如问题继续存在可能影响贷款的偿还。 3.借款人的还款意愿较差,不愿与贷款银行合作。

续表

贷款类别	主要参考特征
关注	4.抵(质)押贷款所依赖的抵(质)押品价值下降。 5.银行对贷款管理不善,如未能及时了解借款人经营及财务状况。 6.借款人提供的财务资料存在一定问题(如被出具保留意见的审计报告;存在对借款人财务状况产生负面影响的公开信息;监管机构因一些负面消息或从常规调查中发现问题,进而对借款人进行非常规调查),可能影响银行对借款人还款能力的评价。 7.借款人从事固有风险很大的行业(如从事证券投资行业的市场风险高,可能会对企业的现金流造成很大的影响;高科技行业借款人的新技术可能尚处于研发阶段,最终能否形成产品尚不能确定等),其最终还款能力容易因市场波动或产品的成败出现负面大幅度变动。 8.借款人管理层发生重大变化(如高层管理人员大范围变动或主要领导人离职),且新任管理层的还款意愿较差,可能削弱借款人的经营能力和财务状况。 9.难以获得充分的资料对中长期项目的进展情况及其现金流量状况做出定期更新评估,因此很难确定项目是否能够产生明确的现金流在到期时作为还款来源。 10.项目长期被延迟或项目原有计划的重大更改对项目产生了负面影响以致削弱了借款人的还款能力。 11.借款人经营所处的法律环境或经营环境发生重大不利变化以致削弱了借款人的还款能力。 12.借款人股利分配行为与盈利状况不匹配,可能影响借款人最终的还款能力
次级	1.借款人出现持续财务困难,影响到其业务的持续经营,表现为:出现支付困难,并且难以获得新的资金;不能偿还其他债权人的债务。 2.借款人内部管理混乱,影响债务的及时足额清偿。 3.借款人采取不正当手段套取贷款
可疑	1.贷款会发生较大损失,但存在借款人重组、兼并、合并、抵(质)押物处理和未决诉讼(仲裁)等因素,损失金额尚不能确定。 2.借款人陷入经营和财务危机,借款人处于停产、半停产状态;固定资产项目处于停缓建状态;借款人资不抵债,无力还款。 3.贷款银行已采取法律手段,但预计即使执行法律程序仍将发生较大损失。 4.借款人无力还款,虽经过重组、兼并、合并仍不能按还款计划偿还本金和利息。 5.经多次谈判借款人明显没有还款的意愿。 6.抵(质)押的贷款已取得法院判决,但借款人未履行法院判决或者银行难以执行法院判决

续表

贷款类别	主要参考特征
损失	1.借款人的经营停滞,贷款绝大部分或全部将发生损失:借款人无力偿还;借款人完全停止经营活动;贷款偿还所依赖的抵(质)押品价值难以确定,变现困难;固定资产项目停工时间很长且无望复工。 2.借款人破产或对借款人的诉讼(仲裁)程序已经完结,即使处置抵(质)押物或向担保人追偿也只能收回很少的部分,或因为各种原因决定不提起诉讼(仲裁)

三、重要参考因素(★★)

1.贷款逾期时间

贷款逾期是反映客户风险的客观信号,贷款是否出现逾期和逾期时间长短,应作为商业银行贷款分类时的重要参考。商业银行可以在核心定义基础上,根据贷款逾期时间对贷款分类等级实施审慎控制,以反映贷款质量的恶化程度。

2.抵(质)押品

是否考虑动用担保是区分正常与不良资产的重要分界线。对抵(质)押品进行评估,要充分考虑法律上的有效性、变现的可能性及价值的充足性。对于权属和实质管控没有瑕疵的高品质押品,例如全额保证金、本行存单、国债、金融债等提供质押,即便客户出现财务状况下滑等不利情况,也可以适当从宽进行分类等级认定。而对于权属存在瑕疵、流动性欠缺、变现能力差的押品,应审慎认定其对贷款分类的缓释效力。

四、监管特别规定(★★)

1.贷款分类特别要求

《贷款风险分类指引》对于一些特殊形态的贷款,从审慎监管角度出发,提出了强制性的分类要求:

(1)下列贷款应至少归为关注类:

①本金和利息虽尚未逾期,但借款人有利用兼并、重组、分立等形式恶意逃废银行债务的嫌疑。

②借新还旧,或者需通过其他融资方式偿还。

③改变贷款用途。

④本金或者利息逾期。

⑤同一借款人对本行或其他银行的部分债务已经不良。

⑥违反国家有关法律和法规发放的贷款。

(2)下列贷款应至少归为**次级类**：

①逾期(含展期后)超过一定期限、其应收利息不再计入当期损益。

②借款人利用合并、分立等形式恶意逃废银行债务，本金或者利息已经逾期。

(3)**重组贷款**(指银行由于借款人财务状况恶化，或无力还款而对借款合同还款条款做出调整的贷款)：

①需要重组的贷款应至少归为次级类。

②重组后的贷款(简称重组贷款)如果仍然逾期，或借款人仍然无力归还贷款，应至少归为可疑类。

③重组贷款的分类档次在至少 6 个月的观察期内不得调高，观察期结束后，应严格按照指引规定进行分类。

2.小企业贷款分类特别规定

表 10-4　小企业贷款逾期天数风险分类矩阵

逾期时间 担保方式	未逾期	1—30 天(含)	31—90 天(含)	91—180 天(含)	181—360 天(含)	360 天以上(含)
信用	正常	关注	次级	可疑	可疑	损失
保证	正常	正常	关注	次级	可疑	损失
抵押	正常	正常	关注	关注	次级	可疑
质押	正常	正常	正常	关注	次级	可疑

高频考点预测试题

一、单项选择题(以下各小题所给出的四个选项中，只有一项符合题目要求，请选择相应选项，不选、错选均不得分)

1. 借款人无法足额偿还本息，即使执行担保，也肯定要造成较大损失的贷款属于(　　)贷款。

A. 关注类　　B. 次级类

C. 可疑类　　D. 损失类

2. 按照我国相关法规规定，银行贷款风险分类不包括(　　)。

A. 正常类　　B. 损失类

C. 跟踪类　　D. 可疑类

3. 关于我国银行贷款分类的核心定义，下列说法正确的是(　　)。

A. 正常贷款是指借款人能够严格履行合同，有充分把握偿还贷款本息的贷款

B. 关注贷款是指尽管借款人目前有能力偿还贷款本息，但其存在一些可能对偿还贷款本息产生不利影响因素的贷款

C. 次级贷款是借款人无法足额偿还本息，即使执行担保，也肯定要造成较大损失的贷款

D. 损失贷款是指采取所有可能的措施之后依然无法收回的贷款

4. 下列不属于表内贷款的是(　　)。
A. 贷款承诺　　B. 银团贷款
C. 保理　　D. 福费廷

5. 下列不属于贷款分类的原则的是(　　)。
A. 真实性原则
B. 及时性原则
C. 重要性原则
D. 合规性原则

6. 下列不属于次级类贷款主要特征的是(　　)。
A. 贷款偿还所依赖的抵(质)押品价值难以确定,变现困难
B. 借款人采取不正当手段套取贷款
C. 借款人内部管理混乱,影响债务的及时足额清偿
D. 借款人出现支付困难,并且难以获得新的资金

7. 贷款逾期超过(　　)天,至少应划分为次级类。
A. 60　　B. 90
C. 180　　D. 360

8. 下列关于重组贷款的说法,正确的是(　　)。
A. 需要重组的贷款应至少归为关注类
B. 重组后仍然逾期的贷款,应至少归为次级类
C. 重组后借款人仍然无力归还贷款,应至少归为可疑类
D. 重组贷款的分类档次在至少3个月的观察期内不得调高

9. 小企业信用贷款逾期60天,应划分为(　　)类。
A. 损失　　B. 可疑
C. 次级　　D. 正常

10. 贷款分类的主要参照因素不包括(　　)。
A. 借款人的还款意愿
B. 借款人的还款记录
C. 借款人的还款来源
D. 借款人的还款能力

二、多项选择题(以下各小题所给出的五个选项中,有两个或两个以上符合题目要求,请选择相应选项,多选、少选、错选均不得分)

1. 表内贷款包括(　　)。
A. 法人账户透支
B. 流动资金贷款
C. 票据贴现
D. 担保付款
E. 固定资产贷款

2. 下列属于表外信贷的有(　　)。
A. 保理　　B. 保证
C. 保兑　　D. 保函
E. 信用证

3. 下列属于贷款分类主要参考因素的有(　　)。
A. 贷款项目的盈利能力
B. 贷款的担保
C. 贷款偿还的法律责任
D. 借款人的还款能力
E. 银行的信贷管理状况

4. 划分为关注类贷款时应参考的特征包括(　　)。
A. 借款人财务状况不佳
B. 借款人出现持续财务困难
C. 借款人陷入经营和财务危机
D. 借款人的还款意愿较差,不愿与贷款银行合作
E. 借款人管理层发生重大变化,且新任管理层的还款意愿较差

5. 根据《贷款风险分类指引》,下列应至少归为关注类的贷款有(　　)。
A. 本金和利息虽尚未逾期,但借款人有恶意逃废银行债务的嫌疑
B. 借款人需通过其他融资方式偿还
C. 改变贷款用途
D. 同一借款人对本行或其他银行的部分债务已经不良
E. 借款人恶意逃废银行债务,本金或者利息已经逾期

三、判断题(请对以下各题的描述作出判断,正确选A,错误选B)

1. 借款人的还款能力出现明显的问题,完全依靠其正常营业收入无法足额偿还贷款本息,即使执行担保,也可能会造成一定损失的贷款称为可疑类贷款。 ( )

2. 保理业务属于银行的表外信贷业务。( )

3. 重组贷款的分类档次在至少6个月的观察期内不得调高。 ( )

4. 小企业抵、质押贷款逾期1—90天的,属于正常类贷款。 ( )

参考答案及解析

一、单项选择题

1. C [解析] 借款人无法足额偿还本息,即使执行担保,也肯定要造成较大损失的贷款为可疑类贷款。

2. C [解析] 原银监会发布《贷款风险分类指引》,将银行贷款划分为5类(亦称"五级分类"),即正常、关注、次级、可疑、损失。

3. B [解析] 在我国,正常贷款是指借款人能够履行合同,没有足够理由怀疑贷款本息不能按时足额偿还的贷款,A项是美国对正常贷款的定义;关注贷款是指尽管借款人目前有能力偿还贷款本息,但其存在一些可能对偿还贷款本息产生不利影响的因素,B项正确;次级贷款是指借款人的还款能力出现了明显问题,完全依靠其正常营业收入无法足额偿还本息,即使执行担保,也可能会造成一定损失的贷款,C项是我国可疑贷款的定义;D项损失贷款是指在采取所有可能的措施或一切必要的法律程序后,本息仍然无法收回,或只能收回极少部分。

4. A [解析] 表内贷款包括流动资金贷款、固定资产贷款、项目融资、银团贷款、法人账户透支、票据贴现、保理、福费廷等各类表内信贷资产。

5. D [解析] 贷款分类的原则包括真实性原则、及时性原则、重要性原则和审慎性原则。

6. A [解析] 次级类贷款的主要特征包括:①借款人出现持续财务困难,影响到其业务的持续经营,表现为出现支付困难,并且难以获得新的资金;不能偿还其他债权人的债务。②借款人内部管理混乱,影响债务的及时足额清偿。③借款人采取不正当手段套取贷款。选项A属于损失类贷款的主要特征。

7. B [解析] 很多银行从内部审慎管理角度出发要求,贷款一旦逾期至少应分为关注类;逾期超过一定期限(如90天以上),至少应划分为次级类;逾期严重(如180天或360天),直接划分为可疑类或损失类。

8. C [解析] 重组贷款(指银行由于借款人财务状况恶化,或无力还款而对借款合同还款条款做出调整的贷款):①需要重组的贷款应至少归为次级类。②重组后的贷款(简称重组贷款)如果仍然逾期,或借款人仍然无力归还贷款,应至少归为可疑类。③重组贷款的分类档次在至少6个月的观察期内不得调高,观察期结束后,应严格按照指引规定进行分类。

9. C [解析] 小企业信用贷款逾期31—90天(含)的,应划分为次级类。

10. C [解析] 贷款分类的主要参照因素:①借款人的还款能力;②借款人的还款记录;③借款人的还款意愿;④贷款项目的盈利能力;⑤贷款的担保;⑥贷款偿还的法律责任;⑦银行的信贷管理状况。

二、多项选择题

1. ABCE [解析] 表内贷款包括流动资金

贷款、固定资产贷款、项目融资、银团贷款、法人账户透支、票据贴现、保理、福费廷等各类表内信贷资产。

2. BCDE [解析]表外信贷包括信用证、票据承兑、保证、保兑、保函、担保付款、贷款承诺、包销承诺等各类贷款担保和承诺

3. ABCDE [解析]贷款分类的主要参照因素:①借款人的还款能力;②借款人的还款记录;③借款人的还款意愿;④贷款项目的盈利能力;⑤贷款的担保;⑥贷款偿还的法律责任;⑦银行的信贷管理状况。

4. ADE [解析]关注类贷款的参考特征包括:①借款人财务状况不佳;②借款人经营管理存在较为严重的问题,如问题继续存在可能影响贷款的偿还;③借款人的还款意愿较差,不愿与贷款银行合作;④抵(质)押贷款所依赖的抵(质)押品价值下降;⑤银行对贷款管理不善,如未能及时了解借款人经营及财务状况;⑥借款人提供的财务资料存在一定问题,可能影响银行对借款人还款能力的评价;⑦借款人从事固有风险很大的行业,其最终还款能力容易因市场波动或产品的成败出现负面大幅度变动;⑧借款人管理层发生重大变化,且新任管理层的还款意愿较差,可能削弱借款人的经营能力和财务状况;⑨难以获得充分的资料对中长期项目的进展情况及其现金流量状况做出定期更新评估,因此很难确定项目是否能够产生明确的现金流在到期时作为还款来源;⑩项目长期被延迟或项目原有计划的重大更改对项目产生了负面影响以致削弱了借款人的还款能力;⑪借款人经营所处的法律环境或经营环境发生重大不利变化以致削弱了借款人的还款能力;⑫借款人股利分配行为与盈利状况不匹配,可能影响借款人最终的还款能力。

5. ABCD [解析]下列贷款应至少归为关注类:①本金和利息虽尚未逾期,但借款人有利用兼并、重组、分立等形式恶意逃废银行债务的嫌疑;②借新还旧,或者需通过其他融资方式偿还;③改变贷款用途;④本金或者利息逾期;⑤同一借款人对本行或其他银行的部分债务已经不良;⑥违反国家有关法律和法规发放的贷款。选项E至少归为次级类贷款。

三、判断题

1. B [解析]借款人的还款能力出现明显的问题,完全依靠其正常营业收入无法足额偿还贷款本息,即使执行担保,也可能会造成一定损失的贷款称为次级类贷款。

2. B [解析]表外信贷包括信用证、票据承兑、保证、保兑、保函、担保付款、贷款承诺、包销承诺等各类贷款担保和承诺。保理属于表内贷款。

3. A [解析]重组贷款的分类档次在至少6个月的观察期内不得调高,观察期结束后,应严格按照指引规定进行分类。

4. B [解析]小企业质押贷款逾期1—90天(含)的,属于正常类贷款。小企业抵押贷款逾期1—30天(含)的,属于正常类贷款。小企业抵押贷款逾期31—90天(含)的,属于关注类贷款。

第十一章 不良贷款管理

视频内容：本章考点串讲

扫描二维码，**免费**观看精讲视频，助您轻松高效备考！

视频精讲

思维导图

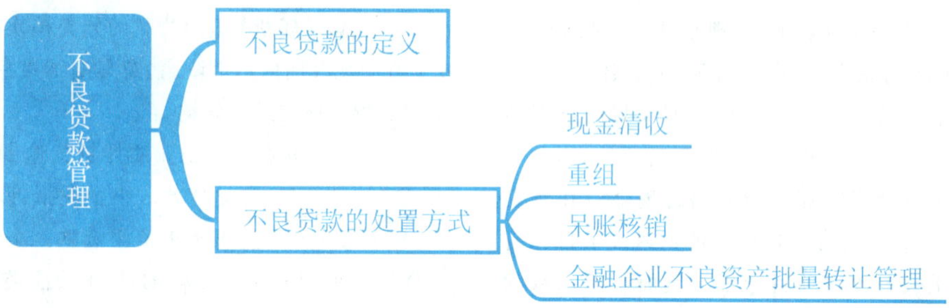

第一节 不良贷款的定义(★★★)

考点精讲

不良贷款是指借款人未能按原定的贷款协议按时偿还商业银行的贷款本息，或者已有迹象表明借款人不可能按原定的贷款协议按时偿还商业银行的贷款本息而形成的贷款。从 2002 年起，我国全面实行贷款五级分类制度，按照该制度，不良贷款主要指次级、可疑和损失类贷款。

第二节 不良贷款的处置方式

考点精讲

一、现金清收(★★)

(一)现金清收准备

现金清收准备主要包括债权维护及财产清查两个方面。

1.债权维护

资产保全人员至少要从以下三个方面认真维护债权：①妥善保管能够证明主债权和担保债权客观存在的档案材料，如借款合同、借据、担保合同、抵质押登记证明等；②确保主债权和担保权利具有强制执行效力，主要是确保不超过诉讼时效、保证责任期间，确保不超过生效判决的申请执行期限；③防止债务人逃废债务。

向人民法院申请保护债权的诉讼时效期间通常为 3 年。诉讼时效从债务人应当还款之日起算，但在 3 年期间届满之前，债权银行提起诉讼、向债务人提出清偿要求或者债务人同意履行债务的，诉讼时效中断；从中断时起，重新计算诉讼时效期间(仍然为 3 年)。

> **知识点拨**
>
> 保证人和债权人应当在合同中约定保证责任期间，双方没有约定的，从借款企业偿还借款的期限届满之日起的 **6 个月**内，债权银行应当要求保证人履行债务，否则保证人可以拒绝承担保证责任。

2.财产清查

清查债务人可供偿还债务的财产，对于清收效果影响很大。对于能够如实提供经过审计财务报表的企业，财产清查相对容易一些。但是，债务人往往采取各种手段隐匿和转移资产。为了发现债务人财产线索，需要查找债务人的工商登记和纳税记录。

（二）常规清收

根据是否诉诸法律，可以将清收划分为常规清收和依法收贷两种，**常规清收包括直接追偿、协商处置抵（质）押物、委托第三方清收等方式。**常规清收需要注意以下几点：①要分析债务人拖欠贷款的真正原因，判断债务人短期和中长期的清偿能力；②利用政府和主管机关向债务人施加压力；③要从债务人今后发展需要银行支持的角度，引导债务人自愿还款；④要将依法收贷作为常规清收的后盾。

（三）依法收贷

采取常规清收的手段无效以后，要采取依法收贷的措施。依法收贷的步骤是：向人民法院提起诉讼（或者向仲裁机关申请仲裁），胜诉后向人民法院申请强制执行。胜诉后债务人自动履行的，则无须申请强制执行。在起诉前或者起诉后，为了防止债务人转移、隐匿财产，债权银行可以向人民法院申请财产保全。对于借贷关系清楚的案件，债权银行也可以不经起诉而直接向人民法院申请支付令。对于扭亏无望、无法清偿到期债务的企业，可考虑申请其破产。

1.提起诉讼

人民法院审理案件，一般应在立案之日起 6 个月内做出判决。银行如果不服地方人民法院第一审判决的，有权在判决书送达之日起 15 日内向上一级人民法院提起上诉。

2.财产保全

银行在依法收贷的纠纷中申请财产保全有两方面作用：①防止债务人的财产被隐匿、转移或者毁损灭失，保障日后执行顺利进行；②对债务人财产采取保全措施，影响债务人的生产和经营活动，迫使债务人主动履行义务。但是，申请财产保全也应谨慎，因为一旦申请错误，银行要赔偿被申请人因财产保全所遭受的损失。

表 11-1　　财产保全的种类

诉前财产保全	是指债权银行因情况紧急，不立即申请财产保全将会使其合法权益受到难以弥补的损失，因而在起诉前向人民法院申请采取财产保全措施
诉中财产保全	是指可能因债务人一方的行为或者其他原因，使判决不能执行或者难以执行的案件，人民法院根据债权银行的申请裁定或者在必要时不经申请自行裁定采取财产保全措施

3.申请支付令

根据《民事诉讼法》的规定，债权人请求债务人给付金钱和有价证券，如果债权人和债务人没有其他债务纠纷的，可以向有管辖权的人民法院申请支付令。**债务人应当自收**

到支付令之日起15日内向债权人清偿债务，或者向人民法院提出书面异议。债务人在收到支付令之日起15日内既不提出异议又不履行支付令的，债权人可以向人民法院申请强制执行。

4.申请强制执行

对于下列法律文书，债务人必须履行，债务人拒绝履行的，银行可以向人民法院申请强制执行：①人民法院发生法律效力的判决、裁定和调解书；②依法设立的仲裁机构的裁决；③公证机关依法赋予强制执行效力的债权文书。

《民事诉讼法》规定**申请强制执行的法定期限为2年**。申请强制执行期限，从法律文书规定履行期间的最后一日起计算；法律文书规定分期履行的，从规定的每次履行期内的最后一日起计算；法律未规定履行期间的，从法律文书生效之日起计算。

5.申请债务人破产

当债务人不能偿还到期债务而且经营亏损的趋势无法逆转时，应当果断申请对债务人实施破产。

二、重组(★★)

贷款重组，从广义上来说，就是债务重组。根据债权银行在重组中的地位和作用，可以将债务重组划分为：自主型贷款重组和司法型贷款重组。自主型贷款重组完全由借款企业和债权银行协商决定。司法型贷款重组，主要指在我国《企业破产法》中规定的和解与整顿程序以及国外的破产重整程序中，在法院主导下债权人对债务进行适当的调整。本节所介绍的贷款重组，主要是自主型贷款重组。

(一)重组的概念和条件

1.重组的概念

贷款重组是指借款企业由于财务状况恶化或其他原因而出现还款困难，银行在充分评估贷款风险并与借款企业协商的基础上，修改或重新制订贷款偿还方案，调整贷款合同条款，控制和化解贷款风险的行为。

2.重组的条件

总的来说，办理贷款重组的条件是：有利于银行贷款资产风险的控制及促进现金回收，减少经济损失。具备以下条件之一，同时其他贷款条件没有因此明显恶化的，可考虑办理债务重组：

(1)通过债务重组，借款企业能够改善财务状况，增强偿债能力；

(2)通过债务重组，能够弥补贷款法律手续方面的重大缺陷；

(3)通过债务重组，能够追加或者完善担保条件；

(4)通过债务重组，能够使银行债务先行得到部分偿还；

(5)通过债务重组，可以在其他方面减少银行风险。

(二)贷款重组的方式

1.变更担保条件

例如:

①将抵押或质押转换为保证。

②将保证转换为抵押或质押,或变更保证人。

③直接减轻或免除保证人的责任。银行同意变更担保的前提,通常都是担保条件的明显改善或担保人尽其所能替借款企业偿还一部分银行贷款。

2.调整还款期限

主要根据企业偿债能力制定合理的还款期限,从而有利于鼓励企业增强还款意愿。延长还款期限要注意遵守监管当局的有关规定。

3.调整利率

主要将逾期利率调整为相应档次的正常利率或下浮,从而减轻企业的付息成本。调低利率也要遵守人民银行和各银行关于利率管理的规定。

4.借款企业变更

主要是借款企业发生合并、分立、股份制改造等情形时,银行同意将部分或全部债务转移到第三方。在变更借款企业时,要防止借款企业利用分立、对外投资、设立子公司等手段逃废银行债务。

5.债务转为资本

债务转为资本是指债务人将债务转为资本,同时债权人将债权转为股权的债务重组方式。但债务人根据转换协议,将应付可转换公司债券转为资本的,则属于正常情况下的债务转资本,不能作为债务重组处理。

6.以资抵债

(1)以资抵债的条件及抵债资产的范围

①债务人以资抵债的条件。

依据《企业会计准则第12号——债务重组》的规定,作为企业债务重组内容的一部分,对债务人实施以资抵债,必须符合下列条件之一:

• 债务人因资不抵债或其他原因关停倒闭、宣告破产,经合法清算后,依照有权部门判决、裁定以其合法资产抵偿银行贷款本息的;

• 债务人故意"悬空"贷款、逃避还贷责任,债务人改制,债务人关闭、停产,债务人挤占挪用信贷资金等其他情况出现时,银行不实施以资抵债信贷资产将遭受损失的;

• 债务人贷款到期,确无货币资金或货币资金不足以偿还贷款本息,以事先抵押或质押给银行的财产抵偿贷款本息的。

②抵债资产的范围。

抵债资产应当是债务人所有或债务人依法享有处分权,并且具有较强变现能力的财产,主要包括以下几类:

• 动产：包括机器设备、交通运输工具、借款人的原材料、产成品、半成品等。

• 不动产：包括土地使用权、建筑物及其他附着物等。

• 无形资产：包括专利权、著作权、期权等。

• 有价证券：包括股票和债券等。

• 其他有效资产。

下列资产不得用于抵偿债务，但根据人民法院和仲裁机构生效法律文书办理的除外：

• 抵债资产本身发生的各种欠缴税费，接近、等于或超过该财产价值的；

• 所有权、使用权不明确或有争议的；

• 资产已经先于银行抵押或质押给第三人的；

• 依法被查封、扣押、监管的资产；

• 债务人公益性质的职工住宅等生活设施、教育设施和医疗卫生设施；

• 其他无法变现或短期难以变现的资产。

(2)抵债资产的接收

商业银行在取得抵(质)押品及其他以物抵贷财产(以下简称抵债资产)后，要按以下原则确定其价值：

• 借、贷双方的协商议定价值；

• 借、贷双方共同认可的权威评估部门评估确认的价值；

• 法院裁决确定的价值。

在取得抵债资产过程中发生的有关费用，可以从按以上原则确定的抵押品、质押品的价值中优先扣除，并以扣除有关费用后的抵押品、质押品的净值作为计价价值，同时，将抵债资产按计价价值转入账内单独管理。

商业银行在取得抵债资产时，要同时冲减贷款本金与应收利息。抵债资产的计价价值与贷款本金和应收利息之和的差额，按以下规定处理：

• 抵债资产的计价价值低于贷款本金时，其差额作为呆账，经总行批准核销后连同表内利息一并冲减呆账准备金。

• 抵债资产的计价价值等于贷款本金时，作为贷款本金收回处理；其表内应收利息经总行批准核销后冲减呆账准备金。

• 抵债资产的计价价值高于贷款本金但低于贷款本金与应收利息之和时，其相当于贷款本金的数额作为贷款本金收回处理；超过贷款本金的部分作为应收利息收回处理，不足应收利息部分经总行批准后冲减呆账准备金。

• 抵债资产的计价价值等于贷款本金与应收利息之和时，作为收回贷款本金与应收利息处理。

• 抵债资产的计价价值高于贷款本金与应收利息之和时，其差额列入保证金科目设专户管理，待抵债资产变现后一并处理。

(3)抵债资产管理

抵债资产的管理主要涉及抵债资产的管理原则、抵债资产的保管、抵债资产的处置、监督检查及考核等五个方面的内容。

①抵债资产的管理原则。

严格控制原则。银行债权应首先考虑以货币形式受偿,从严控制以物抵债。受偿方式以现金受偿为第一选择,债务人、担保人无货币资金偿还能力时,要优先选择以直接拍卖、变卖非货币资产的方式回收债权。当现金受偿确实不能实现时,可接受以物抵债。

合理定价原则。抵债资产必须经过严格的资产评估来确定价值,评估程序应合法合规,要以市场价格为基础合理定价。

妥善保管原则。对收取的抵债资产应妥善保管,确保抵债资产安全、完整和有效。

及时处置原则。收取抵债资产后应及时进行处置,尽快实现抵债资产向货币资产的有效转化。

②抵债资产的保管。

银行要按照有利于抵债资产经营管理和保管的原则,确定抵债资产经营管理主责任人,指定保管责任人,并明确各自职责。

银行在办理抵债资产接收后应根据抵债资产的类别(包括不动产、动产和权利等)、特点等决定采取上收保管、就地保管、委托保管等方式。在抵债资产的收取直至处置期间,银行应妥善保管抵债资产,对抵债资产要建立定期检查、账实核对制度。银行要根据抵债资产的性质和状况定期或不定期进行检查和维护,及时掌握抵债资产实物形态及价值形态的变化情况,及时发现影响抵债资产价值的风险隐患并采取有针对性的防范措施和补救措施。每个季度应至少组织一次对抵债资产的账实核对,并做好核对记录。核对应做到账簿一致和账实相符,若有不符的,应查明原因,及时报告并据实处理。

③抵债资产的处置。

抵债资产收取后应尽快处置变现,应以抵债协议书生效日,或法院、仲裁机构裁决抵债的终结裁决书生效日为抵债资产取得日,不动产和股权应自取得日起2年内予以处置;除股权外的其他权利应在其有效期内尽快处置,最长不得超过自取得日起的2年;动产应自取得日起1年内予以处置。银行处置抵债资产应坚持公开透明的原则,避免暗箱操作,防范道德风险。抵债资产原则上应采用公开拍卖方式进行处置。选择拍卖机构时,要在综合考虑拍卖机构的业绩、管理水平、拍卖经验、客户资源、拍卖机构资信评定结果及合作关系等情况的基础上,择优选用。拍卖抵债金额1 000万元(含)以上的单项抵债资产应通过公开招标方式确定拍卖机构。抵债资产拍卖原则上应采用有保留价拍卖的方式。确定拍卖保留价时,要对资产评估价、同类资产市场价、意向买受人询价、拍卖机构建议拍卖价进行对比分析,考虑当地市场状况、拍卖付款方式及快速变现等因素,合理确定拍卖保留价。不适于拍卖的,可根据资产的实际情况,采用协议处置、招标处置、打包出售、委托销售等方式变现。采用拍卖方式以外的其他处置方式时,应在选择中介机构和抵债资产买受人的过程中充分引入竞争机制，避免暗箱操作。

抵债资产收取后原则上不能对外出租。因受客观条件限制，在规定时间内确实无法处置的抵债资产，为避免资产闲置造成更大损失，在租赁关系的确立不影响资产处置的情况下，可在处置时限内暂时出租。银行不得擅自使用抵债资产。确因经营管理需要将抵债资产转为自用的，视同新购固定资产办理相应的固定资产购建审批手续。

④监督检查。

银行应当对抵债资产收取、保管和处置情况进行检查，发现问题及时纠正。在收取、保管、处置抵债资产过程中，有下列情况之一者，应视情节轻重进行处理；涉嫌违法犯罪的，应当移交司法机关，依法追究法律责任：

• 截留抵债资产经营处置收入的；

• 擅自动用抵债资产的；

• 未经批准收取、处置抵债资产的；

• 恶意串通抵债人或中介机构，在收取抵债资产过程中故意高估抵债资产价格，或在处理抵债资产过程中故意低估价格，造成银行资产损失的；

• 玩忽职守，怠于行使职权而造成抵债资产毁损、灭失的；

• 擅自将抵债资产转为自用资产的。

⑤考核。

建立抵债资产处理考核制度，考核年度抵债资产的变现成果可以用抵债资产年处置率和抵债资产变现率两个指标进行考核。

抵债资产年处置率＝一年内已处理的低债资产总价（列账的计价价值）/一年内待处理的低债资产总价（列账的计价价值）×100％

抵债资产变现率＝已处理的抵债资产变现价值/已处理抵债资产总价（原列账的计价价值）×100％

除了上述列举的方式之外，重组贷款时可以根据实际需要采取其他方式。但是，贷款重组时，债权银行通常不向借款企业增加贷款。此外，以往比较普遍的“借新还旧”和“还旧借新”，从严格意义上说，均不属于贷款重组，只不过在某种程度上达到了重组贷款的目的。

（三）司法型贷款重组

1.破产重整

现代市场经济国家均有比较成熟的破产重整制度。所谓破产重整，是指债务人不能清偿到期债务时，债务人、债务人股东或债权人等向法院提出重组申请，在法院主导下，债权人与债务人进行协商，调整债务偿还安排，尽量挽救债务人，避免债务人破产以后对债权人、股东和雇员等人，尤其是对债务企业所在地的公共利益产生重大不利影响。

2.我国《企业破产法》规定的和解与整顿程序

所谓和解，是指人民法院受理债权人提出的破产申请后3个月内，债务人的上级主管部门申请整顿，经债务人与债权人会议就和解协议草案达成一致，由人民法院裁定认可而中止破产程序的过程。

所谓整顿，是指债务人同债权人会议达成的和解协议生效后，由债务人的上级主管部门负责主持并采取措施，力求使濒临破产的企业复苏并能够执行和解协议的过程。

现行《企业破产法》中规定的**和解与整顿制度有以下三个特点**：

（1）和解与整顿融为一体，和解是整顿的前提，整顿是和解成立的结果，没有和解协议生效，就没有整顿程序。

（2）和解与整顿又是两个相互独立的程序，和解是破产程序的一个部分，而整顿程序只有在破产程序中止之后才能开始。

（3）和解与整顿由政府行政部门决定和主持，带有立法当时的时代特征，不符合今天市场经济发展的形势。

三、呆账核销(★★)

呆账核销是指银行经过内部审核确认后，动用呆账准备金将无法收回或者长期难以收回的贷款或投资从账面上冲销，从而使账面反映的资产和收入更加真实。**健全呆账核销制度是会计审慎性和真实性原则的要求，是客观反映银行经营状况和有效抵御金融风险的重要基础。**

（一）呆账的认定

对确系无法收回且符合一定条件的不良贷款，经过规范的审查审批流程后可进行核销处理，同时应做好相应账务管理及后续追索工作。银行经采取所有可能的措施和实施必要的程序之后，符合以下条件之一的债权或者股权可以认定为呆账。

（1）借款人和担保人依法宣告破产、关闭、解散或撤销，并终止法人资格，银行对借款人和担保人进行追偿后，未能收回的债权。

（2）借款人遭受重大自然灾害或者意外事故，损失巨大且不能获得保险补偿，或者以保险赔偿后，确实无力偿还部分或者全部债务，银行对其财产进行清偿和对担保人进行追偿后，未能收回的债权。

（3）借款人和担保人虽未依法宣告破产、关闭、解散、撤销，但已完全停止经营活动，被县级及县级以上工商行政管理部门依法注销、吊销营业执照，银行对借款人和担保人进行追偿后，未能收回的债权。

（4）借款人和担保人虽未依法宣告破产、关闭、解散、撤销，但已完全停止经营活动或下落不明，未进行工商登记或连续 2 年以上未参加工商年检，银行对借款人和担保人进行追偿后，未能收回的债权。

（5）借款人触犯刑律，依法受到制裁，其财产不足归还所借债务，又无其他债务承担者，银行经追偿后确实无法收回的债权。

（6）由于借款人和担保人不能偿还到期债务，银行诉诸法律，借款人和担保人虽有财产，经法院对借款人和担保人强制执行超过 2 年以上仍未收回的债权；或借款人和担保人无财产可执行，法院裁定执行程序终结或终止（中止）的债权。

（7）银行对债务作诉诸法律后，经法院调解或经债权人会议通过，并与债务人达成和解协议或重整协议，在债务人履行完还款义务后，银行无法追偿的剩余债权。

（8）对借款人和担保人诉诸法律后，因借款人与担保人主体资格不符或消亡等原因，被法院驳回起诉或裁定免除（或部分免除）债务人责任；或因借款合同、担保合同等权利凭证遗失或丧失诉讼时效，法院不予受理或不予支持，银行经追偿后仍无法收回的债权。

（9）由于上述原因借款人不能偿还到期债务，银行依法取得抵债资产，抵债金额小于贷款本息的差额，经追偿后仍无法收回的债权。

（10）开立信用证、办理承兑汇票、开具保函等发生垫款时，凡开证申请人和保证人由于上述原因，无法偿还垫款，银行经追偿后仍无法收回的垫款。

（11）按照国家法律法规规定具有投资权的银行的对外投资，由于被投资企业依法宣告破产、关闭、解散或撤销，并终止法人资格的，银行经清算和追偿后仍无法收回的股权；被投资企业虽未依法宣告破产、关闭、解散或撤销，但已完全停止经营活动，被县级及县级以上工商行政管理部门依法注销、吊销营业执照，银行经清算和追偿后仍无法收回的股权；被投资企业虽未依法宣告破产、关闭、解散或撤销，但财务状况严重恶化，累计发生巨额亏损，已连续停止经营 3 年以上，且无重新恢复经营改组计划的；或被投资企业财务状况严重恶化，累计发生巨额额亏损，已完成破产清算或清算期超过 3 年以上的；被投资企业虽未依法宣告破产、关闭、解散或撤销，但银行对被投资企业不具有控制权，投资期限届满或者投资期限超过 10 年，且被投资企业因连续 3 年以上经营亏损导致资不抵债的。

（12）银行经批准采取打包出售、公开拍卖、转让等市场手段处置债权或股权后，其出售转让价格与账面价值的差额。

（13）对于余额在 50 万元（含 50 万元）以下[农村信用社、村镇银行为 5 万元（含 5 万元）以下]的公司类贷款，经追索 2 年以上，仍无法收回的债权。

（14）因借款人、担保人或其法定代表人（主要负责人）涉嫌违法犯罪，或因银行内部案件，经公安机关立案 2 年以上，仍无法收回的债权。

（15）银行对单笔贷款额在 500 万元及以下的，经追索 1 年以上，确实无法收回的中小企业和涉农不良贷款，可按照账销案存的原则自主核销；其中，中小企业标准为年销售额和资产总额均不超过 2 亿元的企业，涉农贷款是按《中国人民银行中国银行业监督管理委员会关于建立（涉农贷款专项统计制度）的通知》（银发[2007]246 号）规定的农户贷款和农村企业及各类组织贷款。

（16）经国务院专案批准核销的债权。

(二)呆账核销的申报与审批

1.呆账核销的申报

银行发生的呆账,提供确凿证据,经审查符合规定条件的,应随时上报,随时审核审批,及时从计提的呆账准备中核销。银行不得隐瞒不报、长期挂账和掩盖不良资产。**呆账核销必须遵循严格认定条件,提供确凿证据,严肃追究责任,逐级上报、审核和审批,对外保密,账销案存的原则。**

银行申报核销呆账,必须提供以下材料:

①**借款人或者被投资企业资料**,包括呆账核销申报表(银行制作填报)及审核审批资料,债权、股权发生明细材料,借款人(持卡人)、担保人和担保方式、被投资企业的基本情况和现状,财产清算情况等;

②**经办行(公司)的调查报告**,包括呆账形成的原因,采取的补救措施及其结果,对借款人(持卡人)和担保人具体追收过程及其证明,抵押物(质押物)处置情况,核销的理由,债权和股权经办人、部门负责人和单位负责人情况,对责任人进行处理的有关文件等;

③其他相关材料。

不能提供确凿证据证明的呆账,不得核销。

2.呆账核销的审批

呆账核销审查要点主要包括:①呆账核销理由是否合规;②银行债权是否充分受偿;③呆账数额是否准确;④贷款责任人是否已经认定、追究。

银行发生的呆账,经逐级上报,由银行总行(总公司)审批核销。对于小额呆账,可授权一级分行(分公司)审批,并上报总行(总公司)备案。总行(总公司)对一级分行(分公司)的具体授权额度根据内部管理水平确定,报主管财政机关备案。一级分行不得再向分支机构转授权。

银行核销呆账,必须严格履行审核、审批手续,并填报呆账核销申报表。上级行(公司)接到下级行(公司)的申报表,应当组织有关部门进行严格审查和签署意见。除法律法规和《呆账核销管理办法》的规定外,其他任何机构和个人包括债务人不得干预、参与银行呆账核销运作。

不得作为呆账核销的债权或者股权包括:①借款人或者担保人有经济偿还能力,银行未按《呆账核销管理办法》规定,履行所有可能的措施和实施必要的程序追偿的债权;②违反法律、法规的规定,以各种形式逃废或者悬空的银行债权;③因行政干预造成逃废或者造成悬空的银行债权;④银行未向借款人和担保人追偿的债权;⑤其他不应当核销的银行债权或者股权。

(三)呆账核销后的管理

表 11-2 呆账核销后的管理

检查工作	**呆账核销后进行的检查,应将重点放在检查呆账申请材料是否真实**
抓好催收工作	呆账核销是银行内部的账务处理,并不视为银行放弃债权。核销后的贷款,除法律法规规定债权与债务或投资与被投资关系已完全终结的情况外,贷款人对已核销的不良贷款继续保留追索的权利
认真做好总结	做好呆账核销工作的总结,可以吸取经验教训,加强贷款管理,具有十分重要的意义。呆账核销工作总结要着重分析说明以下问题:与往年呆账核销工作相比,当年呆账形势和核销工作的变化;当年申报的呆账的发放时间分布、账龄分布、地区分布、行业分布和期限分布;贷款形成呆账的主要原因,以及从呆账核销中暴露出信贷管理中的问题;当年申报但未核销的呆账笔数和数量,以及不予核销的主要原因;当年呆账核销工作的成绩和不足,今后呆账核销工作预测等

四、金融企业不良资产批量转让管理(★★)

金融企业是指在中华人民共和国境内依法设立的国有及国有控股商业银行、政策性银行、信托投资公司、财务公司、城市信用社、农村信用社以及原银监会依法监督管理的其他国有及国有控股金融企业(金融资产管理公司除外)。

资产管理公司是指具有健全公司治理、内部管理控制机制,并有 5 年以上不良资产管理和处置经验,公司注册资本金 100 亿元(含)以上,取得银监会核发的金融许可证的公司,以及各省、自治区、直辖市人民政府依法设立或授权的资产管理或经营公司。

批量转让是指金融企业对一定规模的不良资产(3 户/项以上)进行组包,定向转让给资产管理公司的行为。金融企业应进一步完善公司治理和内控制度,不断提高风险管理能力,建立损失补偿机制,及时提足相关风险准备。**不良资产批量转让工作应坚持依法合规、公开透明、竞争择优、价值最大化原则。**

金融企业应在每批次不良资产转让工作结束后(即金融企业向受让资产管理公司完成档案移交)30 个工作日内,向同级财政部门和原银监会或属地银监局报告转让方案及处置结果,其中中央管理的金融企业报告财政部和原银监会,地方管理的金融企业报告同级财政部门和属地银监局。同一报价日发生的批量转让行为作为一个批次。

金融企业应于每年 2 月 20 日前向同级财政部门和原银监会或属地银监局报送上年度批量转让不良资产情况报告。省级财政部门和银监局于每年 3 月 30 日前分别将辖区内金融企业上年度批量转让不良资产汇总情况报财政部和原银监会。

上市金融企业应严格遵守证券交易所有关信息披露的规定,及时充分披露不良资产成因与处置结果等信息,以强化市场约束机制。

金融企业应做好不良资产批量转让工作的内部检查和审计，认真分析不良资产的形成原因，及时纠正存在的问题，总结经验教训，提出改进措施，强化信贷管理和风险防控。

高频考点预测试题

一、单项选择题（以下各小题所给出的四个选项中，只有一项符合题目要求，请选择相应选项，不选、错选均不得分）

1. 目前商业银行的贷款重组方式不包括（　　）。
   A. 变更担保条件
   B. 企业兼并
   C. 借款企业变更
   D. 调整还款期限或利率

2. 下列不属于呆账核销后的管理的是（　　）。
   A. 检查工作
   B. 检查后的核销
   C. 抓好催收工作
   D. 认真做好总结

3. 省级财政部门和银监局于每年（　　）前分别将辖区内金融企业上年度批量转让不良资产汇总情况报财政部和原银监会。
   A. 1月31日　　B. 2月20日
   C. 3月30日　　D. 6月30日

4. 金融企业应在每批次不良资产转让结束后（　　）个工作日内，向同级财政部门和原银监会或属地银监局报告转让方案及处置结果。
   A. 30　　B. 15
   C. 10　　D. 7

5. 金融企业应于每年（　　）前向同级财政部门和原银监会或属地银监局报送上年度批量转让不良资产情况报告。
   A. 1月31日　　B. 2月20日
   C. 3月30日　　D. 6月30日

6. 资产管理公司的注册资本金应在（　　）亿元以上。
   A. 10　　B. 30
   C. 50　　D. 100

7. 对可能因债务人一方的行为或者其他原因，使判决不能执行或者难以执行的案件，人民法院根据债权银行的申请裁定或者在必要时不经申请自行裁定采取的财产保全措施属于（　　）。
   A. 诉后财产保全
   B. 诉前财产保全
   C. 诉中财产保全
   D. 诉讼财产保全

8. 关于和解与整顿的关系，下列说法不正确的是（　　）。
   A. 整顿是和解的前提，和解与整顿融为一体
   B. 和解与整顿是两个相互独立的程序
   C. 和解是破产程序的一个部分，而整顿程序只有在破产程序中止之后才能开始
   D. 和解与整顿由政府行政部门决定和主持，带有立法当时的时代特征，不符合今天市场经济发展的形势

9. 根据我国贷款五级分类制度，银行信贷资产分为（　　）五类。
   A. 优秀、正常、次级、可疑、损失
   B. 正常、关注、次级、可疑、损失
   C. 优秀、关注、次级、可疑、损失
   D. 关注、次级、可疑、损失、不良

10. 向人民法院申请保护债权的诉讼时效期间通常为（　　）年。
   A. 1　　B. 2

C. 3 D. 5

11. 银行采取常规清收手段无效而向人民法院提起诉讼，人民法院审理案件，一般应在立案之日起( )内作出判决。

A. 3 个月 B. 6 个月

C. 12 个月 D. 2 年

12. 银行如果不服地方人民法院第一审判决的，有权在判决书送达之日起( )日内向上一级人民法院提起上诉。

A. 10 B. 15

C. 20 D. 30

13. 资产管理公司要有( )年以上不良资产管理和处置经验。

A. 2 B. 3

C. 5 D. 10

14. 根据是否诉诸法律，可以将清收划分为( )。

A. 委托第三方清收和直接追偿清收

B. 常规清收和直接追偿清收

C. 常规清收和依法收贷

D. 依法收贷和委托第三方清收

15. 关于贷款常规清收过程中需注意的问题，下列说法错误的是( )。

A. 要分析债务人拖欠贷款的真正原因，判断债务人短期和中长期的清偿能力

B. 利用政府和主管机关向债务人施加压力

C. 强制执行债务人资产

D. 将依法收贷作为常规清收的后盾

16. 下列不属于银行可向人民法院申请强制执行的文书的是( )。

A. 人民法院发生法律效力的调解书

B. 依法设立的仲裁机构的裁决

C. 公证机关依法赋予强制执行效力的债权文书

D. 原银监会发布的贷款文件

17. 债务人应当自收到支付令之日起( )内向债权人清偿债务。

A. 10 日 B. 15 日

C. 20 日 D. 30 日

二、多项选择题(以下各小题所给出的五个选项中，有两个或两个以上符合题目要求，请选择相应选项，多选、少选、错选均不得分)

1. 下列属于不良贷款的有( )。

A. 次级类贷款 B. 可疑类贷款

C. 损失类贷款 D. 关注类贷款

E. 呆账贷款

2. 采取常规清收手段无效后，可采取依法收贷的措施。下列属于依法收贷的步骤的有( )。

A. 提起诉讼

B. 财产清收

C. 申请强制执行

D. 申请破产

E. 重组

3. 不良贷款的处置方式包括( )。

A. 重组 B. 现金清收

C. 长期挂账 D. 以资抵债

E. 呆账核销

4. 不良资产批量转让应坚持的原则包括( )。

A. 完整连续 B. 依法合规

C. 公开透明 D. 竞争择优

E. 价值最大化

5. 省级财政部门和银监局于每年 3 月 30 日前分别将辖区内金融企业上年度批量转让不良资产汇总情况报( )。

A. 原银监会

B. 证监会

C. 财政部

D. 中国人民银行

E. 中国银行业协会

6. 根据债权银行在重组中的地位和作用，可以将债务重组划分为( )。

A. 自主型 B. 杠杆型

C. 行政型 D. 吸收型

E. 司法型

7. 下列关于依法收贷的说法，正确的有( )。

A. 应先向人民法院申请强制执行，若债务人

拒绝执行，则再向人民法院提起诉讼

B. 若债务人自动偿还债款的，则无须申请强制执行

C. 为了防止债务人转移、隐匿财产，债权银行可以向人民法院申请财产保全

D. 对于借贷关系清楚的案件，债权银行可以不经起诉而直接向人民银行申请支付令

E. 对于扭亏无望、无法清偿到期债务的企业，可考虑申请其破产

8. 下列关于资产保全人员维护债权的说法，正确的有（ ）。

A. 资产保全人员应妥善保管能够证明主债权和担保债权客观存在的档案材料

B. 资产保全人员应防止债务人逃废债务

C. 向人民法院申请保护债权的诉讼时效期间通常为2年

D. 诉讼时效从债务人应当还款之日起算

E. 保证人和债权人在合同中未约定保证责任期间的，从借款企业偿还借款的期限届满之日起的2年内，债权银行应当要求保证人履行债务，否则保证人可以拒绝承担保证责任

9. 通过债务重组，（ ），同时其他贷款条件没有因此明显恶化的，可考虑办理债务重组。

A. 借款企业能够改善财务状况，增强偿债能力

B. 能够追加或者完善担保条件

C. 能够使银行债务先行得到部分偿还

D. 能够使银行风险减少

E. 能够弥补贷款法律手续方面的重大缺陷

10. 财产保全的方式包括（ ）。

A. 诉前财产保全

B. 诉中财产保全

C. 诉后财产保全

D. 执行财产保全

E. 强制财产保全

三、判断题（请对以下各题的描述作出判断，正确选A，错误选B）

1. 自主型贷款重组完全由债权银行自主决定。（ ）

2. 国有控股金融资产管理公司属于金融企业。（ ）

3. 批量转让是指金融企业对一定规模的不良资产进行组包，定向转让给资产管理公司的行为。（ ）

4. 呆账核销意味着银行放弃债权。（ ）

5. 向人民法院申请保护债权的诉讼时效期间通常为1年。（ ）

参考答案及解析

一、单项选择题

1. B ［解析］目前商业银行的贷款重组方式主要有六种，即变更担保条件、调整还款期限、调整利率、借款企业变更、债务转为资本和以资抵债。

2. B ［解析］呆账核销后的管理包括：检查工作、抓好催收工作、认真做好总结。

3. C ［解析］省级财政部门和银监局于每年3月30日前分别将辖区内金融企业上年度批量转让不良资产汇总情况报财政部和原银监会。

4. A ［解析］金融企业应在每批次不良资产转让工作结束后30个工作日内，向同级财政部门和原银监会或属地银监局报告转让方案及处置结果。

5. B ［解析］金融企业应于每年2月20日前向同级财政部门和原银监会或属地银监局

报送上年度批量转让不良资产情况报告。

6. D ［解析］资产管理公司，是指具有健全公司治理、内部管理控制机制，并有5年以上不良资产管理和处置经验，公司注册资本金100亿元(含)以上，取得银监会核发的金融许可证的公司，以及各省、自治区、直辖市人民政府依法设立或授权的资产管理或经营公司。

7. C ［解析］财产保全分为两种：①诉前财产保全，是指债权银行因情况紧急，不立即申请财产保全将会使其合法权益受到难以弥补的损失，因而在起诉前向人民法院申请采取财产保全措施；②诉中财产保全，是指可能因债务人一方的行为或者其他原因，使判决不能执行或者难以执行的案件，人民法院根据债权银行的申请裁定或者在必要时不经申请自行裁定采取财产保全措施。

8. A ［解析］A项和解是整顿的前提，整顿是和解成立的结果，没有和解协议生效，就没有整顿程序。

9. B ［解析］从2002年起，我国全面实行贷款五级分类制度，该制度按照贷款的风险程度，将银行信贷资产分为五类：正常、关注、次级、可疑、损失。

10. C ［解析］向人民法院申请保护债权的诉讼时效期间通常为3年。

11. B ［解析］银行采取常规清收手段无效而向人民法院提起诉讼，人民法院审理案件，一般应在立案之日起6个月内作出判决。

12. B ［解析］银行采取常规清收手段无效而向人民法院提起诉讼，银行如果不服地方人民法院第一审判决的，有权在判决书送达之日起15日内向上一级人民法院提起上诉。

13. C ［解析］资产管理公司，是指具有健全公司治理、内部管理控制机制，并有5年以上不良资产管理和处置经验，公司注册资本金100亿元(含)以上，取得银监会核发的金融许可证的公司，以及各省、自治区、直辖市人民政府依法设立或授权的资产管理或经营公司。

14. C ［解析］根据是否诉诸法律，可以将清收划分为常规清收和依法收贷两种。其中，常规清收包括直接追偿、协商处置抵质押物、委托第三方清收等方式。

15. C ［解析］C项不符合常规清收，且在法院判决未下时，银行也无权这样做。常规清收阶段正确的做法是从债务人今后发展需要银行支持的角度，引导债务人自愿还款。

16. D ［解析］对于下列法律文书，债务人必须履行，债务人拒绝履行的，银行可向人民法院申请强制执行：①人民法院发生法律效力的判决、裁定和调解书；②依法设立的仲裁机构的裁决；③公证机关依法赋予强制执行效力的债权文书。此外，债务人接到支付令后既不履行债务又不提出异议的，银行也可以向人民法院申请执行。

17. B ［解析］债务人应当自收到支付令之日起15日内向债权人清偿债务，或者向人民法院提出书面异议。

二、多项选择题

1. ABC ［解析］银行的不良贷款包括：次级类贷款、可疑类贷款、损失类贷款。

2. ACD ［解析］根据有关规定，债权人采取常规清收的手段无效后，可采取依法收贷措施，其步骤为：①向人民法院提起诉讼(或向仲裁机关申请仲裁)，胜诉后向人民法院申请强制执行；②在起诉前或后，为防止债务人转移、隐匿财产，可向人民法院申请财产保全；③对于借贷关系清楚的案件，债权银行可不经起诉直接向人民法院申请支付令；④对于扭亏无望、无法清偿到期债务的企业，可考虑申请其破产。

3. ABE ［解析］不良贷款的处置方式有：①现金清收；②重组；③呆账核销。

4. BCDE ［解析］不良资产批量转让工作应坚持依法合规、公开透明、竞争择优、价值最大化原则。

5. AC ［解析］省级财政部门和银监局于每年3月30日前分别将辖区内金融企业上年度批量转让不良资产汇总情况报财政部和银监会。

6. AE ［解析］根据债权银行在重组中的地位和作用，可以将债务重组划分为：自主型和司法型。

7. BCE ［解析］依法收贷的步骤是：向人民法院提起诉讼（或者向仲裁机关申请仲裁），胜诉后向人民法院申请强制执行。胜诉后债务人自动履行的，则无须申请强制执行。在起诉前或者起诉后，为了防止债务人转移、隐匿财产，债权银行可以向人民法院申请财产保全。对于借贷关系清楚的案件，债权银行也可以不经起诉而直接向人民法院申请支付令。对于扭亏无望、无法清偿到期债务的企业，可考虑申请其破产。

8. ABC ［解析］资产保全人员至少要从以下三个方面认真维护债权：①妥善保管能够证明主债权和担保债权客观存在的档案材料，例如借款合同、借据、担保合同、抵质押登记证明等；②确保主债权和担保权利具有强制执行效力，主要是确保不超过诉讼时效、保证责任期间，确保不超过生效判决的申请执行期限；③防止债务人逃废债务。向人民法院申请保护债权的诉讼时效期间通常为3年。保证人和债权人应当在合同中约定保证责任期间，双方没有约定的，从借款企业偿还借款的期限届满之日起的6个月内，债权银行应当要求保证人履行债务，否则保证人可以拒绝承担保证责任。

9. ABCDE ［解析］具备以下条件之一，同时其他贷款条件没有因此明显恶化的，可考虑办理债务重组：①通过债务重组，借款企业能够改善财务状况，增强偿债能力；②通过债务重组，能够弥补贷款法律手续方面的重大缺陷；③通过债务重组，能够追加或者完善担保条件；④通过债务重组，能够使银行债务先行得到部分偿还；⑤通过债务重组，可以在其他方面减少银行风险。

10. AB ［解析］财产保全分为两种：诉前财产保全和诉中财产保全。

三、判断题

1. B ［解析］自主型贷款重组完全由借款企业和债权银行协商决定。

2. B ［解析］金融企业是指在中华人民共和国境内依法设立的国有及国有控股商业银行、政策性银行、信托投资公司、财务公司、城市信用社、农村信用社以及中国银行业监督管理委员会依法监督管理的其他国有及国有控股金融企业（金融资产管理公司除外）。

3. A ［解析］略。

4. B ［解析］呆账核销是银行内部的账务处理，并不视为银行放弃债权。

5. B ［解析］向人民法院申请保护债权的诉讼时效期间通常为3年。

附录一

《公司信贷》重要公式汇总

第三章　借款需求分析

计算内容	公式及参数说明
可持续增长率（简单表达形式）	$SGR=\dfrac{ROE\times RR}{1-ROE\times RR}$ 其中：SGR 表示可持续增长率；ROE 为资本回报率，即净利润与所有者权益的比率；RR 为留存比率，RR＝1－红利支付率
资本回报率(ROE)	$ROE=$净利润率$\times$总资产周转率$\times$财务杠杆率 $=\dfrac{净利润}{销售收入}\times\dfrac{销售收入}{总资产}\times\dfrac{总资产}{所有者权益}$ $SGR=\dfrac{\dfrac{净利润}{销售收入}\times\dfrac{销售收入}{总资产}\times\dfrac{总资产}{所有者权益}\times RR}{1-\left(\dfrac{净利润}{销售收入}\times\dfrac{销售收入}{总资产}\times\dfrac{总资产}{所有者权益}\times RR\right)}$
固定资产使用率	固定资产使用率＝累计折旧/总折旧固定资产×100%
固定资产剩余寿命	固定资产剩余寿命＝净折旧固定资产/折旧支出

续表

计算内容	公式及参数说明
估算借款人营运资金量	营运资金量=上年度销售收入×(1－上年度销售利润率)×(1+预计销售收入年增长率)/营运资金周转次数 其中:营运资金周转次数=360/(存货周转天数+应收账款周转天数－应付账款周转天数+预付账款周转天数－预收账款周转天数) 周转天数=360/周转次数 应收账款周转次数=销售收入/平均应收账款余额 预收账款周转次数=销售收入/平均预收账款余额 存货周转次数=销售成本/平均存货余额 预付账款周转次数=销售成本/平均预付账款余额 应付账款周转次数=销售成本/平均应付账款余额
估算新增流动资金贷款额度	新增流动资金贷款额度=营运资金量－借款人自有资金－现有流动资金贷款－其他渠道提供的营运资金

第五章　客户分析与信用评级

计算内容	公式及参数说明
销售毛利率	销售毛利率=销售毛利/销售收入净额×100% 销售毛利=销售收入净额－销售成本
销售利润率	销售利润率=销售利润/销售收入净额×100% 利润总额=销售收入净额－销售成本－期间费用
净利润率	净利润率=净利润/销售收入净额×100% 净利润=利润总额－所得税
成本费用利润率	成本费用利润率=利润总额/成本费用总额×100% 成本费用总额=销售成本+销售费用+管理费用+财务费用
资产收益率	资产收益率=净利润/资产平均总额×100% 资产平均总额=(期初资产总额+期末资产总额)/2
净资产收益率	净资产收益率=净利润/净资产平均额×100% 净资产平均额=(期初净资产+期末净资产)/2
资产负债率	资产负债率=负债总额/资产总额×100%
长期资本负债率	长期资本负债率=非流动负债/长期资本×100% 长期资本=非流动负债+所有者权益

续表

计算内容	公式及参数说明
负债与所有者权益比率	负债与所有者权益比率＝负债总额/所有者权益×100％
负债与有形净资产比率	负债与有形净资产比率＝负债总额/有形净资产×100％ 有形净资产＝所有者权益－无形资产－递延资产
利息保障倍数	利息保障倍数＝（利润总额＋利息费用）/利息费用
现金流量利息保障倍数	现金流量利息保障倍数＝经营活动现金流量净额/利息费用
现金债务总额比	现金债务总额比＝经营活动现金净流量/债务总额
营运资本	营运资本＝流动资产－流动负债
流动比率	流动比率＝流动资产/流动负债×100％ 流动比率＝1/（1－营运资本/流动资产）
速动比率	速动比率＝速动资产/流动负债×100％
速动资产	速动资产＝流动资产－存货－预付账款－待摊费用
现金比率	现金比率＝现金类资产/流动负债×100％
现金流量比率	现金流量比率＝经营活动现金净流量/流动负债
总资产周转率	总资产周转率＝销售收入净额/资产平均总额×100％ 资产平均总额＝（期初余额＋期末余额）/2 总资产周转天数＝计算期天数/总资产周转率
流动资产周转率	流动资产周转率＝主营业务收入净额/流动资产平均净值×100％ 流动资产平均净值＝（期初流动资产＋期末流动资产）/2 流动资产周转天数＝计算期天数/流动资产周转率
固定资产周转率	固定资产周转率＝销售收入净额/固定资产平均净值×100％ 固定资产平均净值＝（年初固定资产净值＋年末固定资产净值）/2 固定资产周转天数＝计算期天数/固定资产周转率
营运资本周转率	营运资本周转率＝销售收入净额/营运资本平均余额×100％ 营运资本平均余额＝（期初营运资本＋期末营运资本）/2 营运资本周转天数＝计算期天数/营运资本周转率
应收账款周转率	应收账款周转率＝赊销收入净额/应收账款平均余额×100％ 赊销收入净额＝销售收入－现销收入－销售退回－销售折让－销售折扣 应收账款平均余额＝（期初应收账款余额＋期末应收账款余额）/2
应收账款周转天数	应收账款周转天数＝计算期天数/应收账款周转次数 ＝应收账款平均余额×计算期天数/赊销收入净额

续表

计算内容	公式及参数说明
存货周转率	存货周转率＝销货成本/平均存货余额×100% 平均存货余额＝(期初存货余额＋期末存货余额)/2 存货周转天数＝计算期天数/存货周转次数 ＝存货平均余额×计算期天数/销货成本
所有者权益收益率	所有者权益收益率＝利润总额/有形净资产×100%
现金循环周期	现金循环周期＝存货周转天数＋应收账款周转天数－应付账款周转天数 应付账款周转天数＝计算期天数/(主营业务成本净额/平均应付账款)
净资产收益率 (杜邦分析)	净资产收益率＝净利润/所有者权益平均值 ＝(净利润/销售收入净额)×(销售收入净额/所有者权益平均值) ＝(净利润/销售收入净额)×(销售收入净额/资产平均总额)× (资产平均总额/所有者权益平均值)＝净利率×资产周转率×杠杆率

第七章　担保管理

计算内容	公式及参数说明
保证率	保证率＝申请保证贷款本息/可接受保证限额×100%
抵押率	抵押率＝担保债权本息总额/抵押物评估价值额×100%
抵押贷款额度	抵押贷款额＝抵押物评估值×抵押贷款率

第十一章　不良贷款管理

计算内容	公式及参数说明
抵债资产 年处置率	$抵债资产年处置率=\frac{一年内已处理的抵债资产总价（列账的计价价值）}{一年内待处理的抵债资产总价（列账的计价价值）}\times 100\%$
抵债资产 变现率	$抵债资产变现率=\frac{已处理的抵债资产变现价值}{已处理抵债资产总价（原列账的计价价值）}\times 100\%$

附录二

银行业专业人员职业资格考试
银行业专业实务——《公司信贷》历年考题

一、单项选择题(本类题共80小题,每小题0.5分,共40分。以下各小题所给出的四个选项中,只有一项符合题目要求,请选择相应选项,不选、错选均不得分)

1. 下列关于质押率的确定,说法错误的是(　　)。
   A. 应根据质押财产的价值和质押财产价值的变动因素,科学地确定质押率
   B. 确定质押率的依据主要有质物的适用性、变现能力
   C. 质物、质押权利价值的变动趋势可从质物的实体性贬值、功能性贬值及质押权利的经济性贬值或增值3方面进行分析
   D. 对变现能力较差的质押财产应适当提高质押率
2. 下列关于低经营杠杆企业的说法中,正确的是(　　)。
   A. 固定成本占有较大的比例
   B. 规模经济效应明显
   C. 当市场竞争激烈时更容易被淘汰
   D. 对销售量比较敏感
3. 保证合同不能为(　　)。
   A. 书面形式
   B. 口头承诺
   C. 信函、传真
   D. 主合同中的担保条款
4. 商业银行对借款人最关心的就是其现在和未来的(　　)。
   A. 家庭状况
   B. 收入状况
   C. 偿债能力
   D. 工作性质
5. 下列关于贷款抵押额度,表述错误的是(　　)。
   A. 抵押人担保的债权不得超出其抵押物的价值
   B. 抵押贷款额度=抵押物评估价值×抵押贷款率
   C. 再次抵押的财产,不得超出其余额部分
   D. 抵押财产价值高于所担保债权的余额部分不可以再次抵押
6. 具有较强竞争力产品的特点不包括(　　)。
   A. 性能先进
   B. 质量稳定
   C. 性价比高
   D. 无品牌优势

7. (　　)是判断贷款正常与否的最基本标志。
A. 贷款目的
B. 贷款来源
C. 还款来源
D. 还款记录

8. 贷款人向符合规定的借款人发放的用于借款人日常生产经营周转的本外币贷款是指(　　)。
A. 项目融资
B. 流动资金贷款
C. 银团贷款
D. 商业汇票贴现

9. 不良贷款是指借款人未能按原定的贷款协议按时偿还(　　)的贷款本息的贷款。
A. 人民银行
B. 银行
C. 企业
D. 商业银行

10. 银行如果不服地方人民法院第一审判决的,有权在判决书送达之日起(　　)内向上一级人民法院提起上诉。
A. 15 日
B. 30 日
C. 3 个月
D. 6 个月

11. 下列有关信用证的说法不正确的是(　　)。
A. 是一种由开证银行根据信用证相关法律规范应申请让人要求开立的书面文件
B. 是按申请人指示向受益人开立的载有一定金额的书面文件
C. 是在一定期限内凭符合规定的单据付款的书面文件
D. 信用证属于公司信贷表内业务

12. 下列关于各项贷款还款来源的说法,错误的是(　　)。
A. 一般周转类流动资金贷款还款来源为借款人的综合经营现金流
B. 固定资产贷款还款来源通常为所支持固定资产投资项目未来实现收益
C. 项目融资通过追加第三方担保的方式获得其他补充还款来源
D. 专项流动资金贷款还款来源主要为所支持特定业务的销售回笼资金

13. 适用于经营风险小、自身还款来源充足的优质项目的公司信贷产品是(　　)。
A. 项目融资
B. 商业汇票承兑
C. 福费廷
D. 国际贸易融资

14. 下列关于银团贷款的说法,正确的是(　　)。
A. 单家银行担任牵头行时,分销给其他银团成员的份额原则上不得低于 60%
B. 银团代理行应当代表银团利益,借款人的附属机构或关联机构不得担任代理行
C. 银团牵头行分销银团贷款可采用全额包销、部分包销两种方式
D. 银团牵头行不可以担任代理行

15. 从业务运作实质来看,福费廷属于(　　)。
A. 即期票据贴现
B. 商业汇票承兑
C. 即期票据承兑
D. 远期票据贴现

16. 下列关于抵押物估价的正确说法是(　　)。
A. 可以由抵押人自行评估
B. 可以由债务人自行评估
C. 可委托具有评估资格的中介机构给予评估
D. 可以由抵押人委托给政府物价部门进行估价

17. 借款人需要将其动产或权利凭证移交银行占有的贷款方式为(　　)。
A. 质押贷款
B. 抵押贷款
C. 信用贷款

D. 留置贷款

18. 并购贷款期限一般不超过(　　)年。

A. 3　　B. 5

C. 7　　D. 10

19. 在估计可持续增长率时,通常假设内部融资的资金来源主要是(　　)。

A. 净资本

B. 留存收益

C. 增发股票

D. 增加负债

20. 下列不属于贷款效益性调查的内容的是(　　)。

A. 借款人、保证人的财务管理状况

B. 借款人过去三年的经营效益情况

C. 借款人当前经营情况

D. 借款人过去和未来给银行带来收入、存款、结算、结售汇等综合效益情况

21. 在采取所有可能的措施或一切必要的法律程序之后,本息仍然无法收回,或只能收回极少部分的是(　　)。

A. 关注类贷款

B. 次级类贷款

C. 可疑类贷款

D. 损失类贷款

22. 下列关于我国的贷款管理制度,说法错误的是(　　)。

A. 贷款的审查人员负责贷款风险的审查

B. 贷款的调查人员负责调查评估

C. 贷款的调查人员负责贷款清收

D. 贷款的发放人员负责贷款检查和清收

23. 评价信贷资产质量的指标不包括(　　)。

A. 信贷余额扩张系数

B. 利息实收率

C. 流动比率

D. 不良贷款率

24. 下列业务中,属于融资性保证业务的是(　　)。

A. 借款保证

B. 预收款退款保证

C. 履约保证

D. 付款保证

25. 下列关于信贷授权分类的说法,正确的是(　　)。

A. 信贷授权包括直接授权、间接授权、转授权和临时授权

B. 临时授权是指被授权者因故不能履行信贷业务审批职责时,临时将自己权限范围内的信贷审批权限授予其他符合条件者代为行使,到期时自动收回

C. 转授权是指银行业金融机构总部对总部相关授信业务职能部门或直接管理的经营单位授予全部或部分信贷产品一定期限、一定金额内的信贷审批权限

D. 直接授权是指受权的经营单位在总部直接授权的权限内,对本级行各有权审批人、相关信贷业务职能部门和所辖分支机构转授一定的信贷审批权限

26. 下列不属于信贷业务政策符合性审查内容的是(　　)。

A. 借款用途是否合法合规

B. 借款人的企业性质、发展沿革、组织架构

C. 客户准入及借款用途是否符合银行区域、客户、行业、产品等信贷政策

D. 借款人的信用等级评定、授信额度核定

27. 贷款人应要求借款人在合同中对与贷款相关的重要内容作出承诺,承诺内容不包括(　　)。

A. 贷款项目及其借款事项符合法律法规的要求

B. 及时向贷款人提供完整、真实、有效的材料

C. 进行合并、分立等重大事项后应书面通知贷款人

D. 发生影响其偿债能力的重大不利事项时及时通知贷款人

28. 下列关于经营状况监控的表述，错误的是（　　）。

A. 关联企业之间资金流动不透明或不能明确解释是经营风险的体现

B. 对于流动资金贷款，贷款人应定期对借款人项目发起人的信用状况进行检查

C. 对于固定资产贷款，贷款人应定期对借款人的履约情况进行检查与分析

D. 对于项目融资业务，在贷款存续期间，贷款人应当持续监测项目的建设和经营情况

29. 当借款人出现贷款逾期时，银行必须在贷款逾期后（　　）内向保证人发送履行担保责任通知书进行书面确认。

A. 10 日

B. 10 个工作日

C. 30 日

D. 30 个工作日

30.（　　）是指贷款经营的盈利情况，是商业银行经营管理活动的主要动力。

A. 贷款安全性

B. 贷款合规性

C. 贷款风险性

D. 贷款效益性

31. 银行在收取承担费时，不可以进行的行为是（　　）。

A. 借款人擅自变更提款计划的，银行应该查清原因并收取承担费

B. 在借款人的提款期限届满之前，公司业务部门应将借款人应提未提的贷款额度通知借款人

C. 在借款人提款有效期内，如果借款人部分或全部未提款，则银行就应该对未提部分在提款期结束时自动注销

D. 对于允许变更提款计划的，银行可以对借款人不收取贷款额度承担费

32. 在银行流动资金贷前调查报告中，借款人财务状况不包括（　　）。

A. 资产负债比率

B. 供应商和分销渠道

C. 流动资金数额和周转速度

D. 存货净值和周转速度

33. 我国全面实行贷款五级分类制度是从（　　）开始的。

A. 2000 年

B. 1998 年

C. 2002 年

D. 1999 年

34. 抵债资产的保管方式不包括（　　）。

A. 上收保管

B. 就地保管

C. 委托保管

D. 亲自保管

35. 银行债权应首先考虑以（　　）形式受偿，从严控制以（　　）抵债。

A. 货币；物

B. 物；货币

C. 债权；资产

D. 资产；债权

36. 抵债资产应当是债务人所有或债务人依法享有处分权并且具有较强变现能力的财产，不包括（　　）。

A. 借款人的原材料

B. 债务人公益性质的职工住宅等生活设施

C. 股票和债券

D. 土地使用权

37. 商业银行在取得抵债资产时，要冲减（　　）。

A. 贷款本金

B. 应收利息

C. 贷款本金与应收利息

D. 抵押资产的价值

38.(　　)是指由两家或两家以上银行基于相同贷款条件,依据同一贷款合同,按约定时间和比例,通过代理行向借款人提供的本外币贷款或授信业务。

A. 贸易融资

B. 银团贷款

C. 流动资金贷款

D. 保证业务

39. 单家银行担任牵头行时,其承贷份额原则上不少于银团融资总金额的(　　);分销给其他银团成员的份额原则上不得低于(　　)。

A. 30%;50%

B. 20%;30%

C. 30%;20%

D. 20%;50%

40. 下列关于长期偿债能力指标说法错误的是(　　)。

A. 资产负债率说明客户总资产中债权人提供资金所占的比重

B. 负债与所有者权益比率反映了所有者权益对债权人权益的保障程度

C. 负债与有形净资产比率反映了企业可以随时还债的能力

D. 利息保障倍数用于衡量客户偿付负债利息的能力

41.(　　)是指银行授予某个借款企业的信用额度(包括分配各类信贷业务额度)的总和,额度可在有效期内使用

A. 集团授信额度

B. 同业拆借额度

C. 客户信用额度

D. 单笔贷款额度

42. 风险预警程序不包括(　　)。

A. 信用信息的收集和传递

B. 后评价

C. 风险处置

D. 信用卡查询

43. 在贷款审查审批过程中,应遵循的原则不包括(　　)。

A. 了解你的客户

B. 了解你客户的业务

C. 了解你客户的需求

D. 了解你客户的风险

44. 下列属于资产变化引起的资金需求是(　　)。

A. 商业信用的变动

B. 资产效率的下降

C. 债务重构

D. 分红的变化

45. 下列关于贷款合同复核人员工作要求的说法中,错误的是(　　)。

A. 应复核合同文本填写的完整性、准确性和合规性

B. 只需复核主合同内容是否齐全

C. 应复核文字表达是否清晰

D. 复核文本书写是否规范

46. 放款执行部门对放款前提条件的主要审核内容不包括(　　)。

A. 审核资本金按计划到位的落实情况

B. 审核贷款申请日至贷款审批日期间借款人重大风险变化情况

C. 核实担保的落实情况

D. 审核提款申请是否与贷款约定用途一致

47. 下列各项中,能够衡量目标区域信贷资产的收益实现情况的是(　　)。

A. 贷款实际收益率

B. 银行收益率

C. 利息实收率

D. 信贷资产相对不良率

48. 在一定置信水平上,在一定时间内,为弥补银行非预期损失所需的资本是(　　)。

A. 附属资本

B. 经济资本

C. 债务资本

D. 实收资本

49. 下列不属于借款人提款用途的是(   )。

A. 支付劳务费用

B. 工程设备款

C. 购买商品费用

D. 弥补企业既往的亏损

50. 贷款档案管理的原则不包括(   )。

A. 集中统一管理

B. 分散管理

C. 定期检查

D. 按时交接

51. 下列不属于商业银行一级信贷押品范畴的是(   )。

A. 银行开出的本外币存单、银行本票和银行承兑汇票

B. 保险单、提货单、产权证或其他权益证书

C. 贷前审批及贷后管理的有关文件

D. 上市公司股票、政府债券和公司债券

52. 公司贷款安全性调查的内容不包括(   )。

A. 对借款人的品行进行调查

B. 对公司借款人财务经理个人信用卡的额度进行审核

C. 对保证人的财务管理状况进行调查

D. 对股份有限公司对外股本权益性投资情况进行调查

53. 企业财务风险的表现之一是对外担保率超过(   )。

A. 60%

B. 80%

C. 100%

D. 150%

54. 对于流动资金贷款,贷款人判断是否需要对客户资金回笼情况进行更进一步的监控的依据不包括(   )。

A. 信用状况

B. 总体融资规模

C. 贷款应用状况

D. 还款来源的现金流入特点

55. 银行未与保证人约定保证期间的,应在债务履行期届满之日起(   )个月内要求保证人承担保证责任。

A. 3

B. 6

C. 9

D. 12

56. 下列关于风险预警指标体系的说法,错误的是(   )。

A. 预警指标的研究是实现信贷预警的首要环节

B. 预警体系科学性高低的首要标志是所选择的预警指标能否科学地反映经济运行过程的变化特征

C. 贷款风险的预警信号系统包含财务状况的预警信号、管理状况的预警信号和合规状况的预警信号

D. 合理地选择预警指标是建立预警体系的关键

57. 表外信贷不包括(   )。

A. 信用证

B. 包销承诺

C. 票据承兑

D. 票据贴现

58. 下列属于正常类贷款划分的参考特征的是(   )。

A. 借款人采取不正当手段套取贷款

B. 经营性现金流量虽为正值,但呈递减趋势

C. 借款人不能偿还其他债权人的债务

D. 债务人有能力履行还款承诺,能够全额归还债务本金和利息

59. 银行从内部审慎管理角度出发要求,贷款一旦逾期至少应分为(   )类。

A. 次级

B. 可疑

C. 关注

D. 损失

60. 抵债资产的管理原则不包括(　　)。

A. 严格控制原则

B. 妥善保管原则

C. 合理变现原则

D. 及时处置原则

61. 承兑是银行在商业汇票上签章承诺按(　　)指示到期付款的行为。

A. 承兑人

B. 持票人

C. 出票人

D. 背书人

62. 下列属于商业银行固定资产贷款贷前调查报告内容的特殊要求的是(　　)。

A. 对贷款担保的分析

B. 借款人财务状况

C. 借款人生产经营及经济效益情况

D. 项目风险分析

63. "6C"标准原则的内容不包括(　　)。

A. 品德

B. 实力

C. 资本

D. 担保

64. 在一个结构合理的贷款中,企业的(　　)与借款原因是相匹配的,可以通过借款需求分析来实现合理的贷款决策。

A. 还款能力

B. 风险评估

C. 流动性

D. 还款来源

65. 下列关于审查保证人的资格,说法错误的是(　　)。

A. 应注意保证人的性质,保证人性质的变化会导致保证资格的丧失

B. 保证人应是具有代为清偿能力的企业法人或自然人

C. 保证人是企业法人的,应提供其真实营业执照及近期财务报表

D. 保证人或抵押人为有限责任公司或股份制企业的,其出具担保时,必须提供股东大会同意其担保的决议和有相关内容的授权书

66. 借款人无法足额偿还本息,即使执行担保,也肯定要造成较大损失,属于(　　)。

A. 正常类贷款

B. 关注类贷款

C. 次级类贷款

D. 可疑类贷款

67. 贷款风险分类最核心的内容就是(　　)。

A. 基本信贷分析

B. 还款能力分析

C. 还款可能性分析

D. 确定分类结果

68. (　　)是判断贷款偿还可能性的最明显标志。

A. 贷款目的

B. 资产转换周期

C. 还款来源

D. 还款记录

69. 下列不属于项目融资贷款需符合的特征的是(　　)。

A. 贷款用途通常是用于建造一个或一组大型生产装置、基础设施、房地产项目或其他项目

B. 借款人通常是为建设、经营该项目或为该项目融资而专门组建的企事业法人

C. 贷款用途是满足借款人固定资产投资的资金需要,用途具体明确

D. 还款资金来源主要依赖该项目产生的销售收入、补贴收入或其他收入

70. 下列关于抵押物处理表述错误的是(　　)。

A. 抵押物因为出险所得的赔偿金应存入商业银行指定的账户

B. 抵押人应该保持剩余抵押物价值不低于

规定的抵押率

C. 抵押人转让或部分转让所得的价款应当存入商业银行专户，必须在到期才能一并清偿所担保的债权

D. 借款人要对抵押物出险后所得的赔偿数额不足清偿的部分提供新的担保

71. 下列关于行业风险分析框架中成本结构的说法，正确的是(　　)。

A.指某一行业内长期成本与短期成本的比例

B. 企业固定成本主要指原材料、广告费用等

C. 经营杠杆较低行业成功的关键在于保持较高的销售量和维持市场占有率

D. 行业的经营杠杆越高，信用风险越高

72. 下列不属于所有者权益项目的是(　　)。

A. 未分配利润

B. 资本公积

C. 盈余公积

D. 流动资产

73. (　　)反映了信贷业务的价值创造能力。

A. 总资产收益率

B. 贷款实际收益率

C. 利息实收率

D. 信贷平均损失率

74. 由于使用磨损和自然损耗造成的抵押物贬值是(　　)。

A. 功能性贬值

B. 实体性贬值

C. 经济性贬值

D. 泡沫经济

75. 下列情况中，行业内竞争比较激烈的是(　　)。

A. 行业进入导入期

B. 行业进入壁垒高

C. 资本运作比较频繁

D. 退出市场的成本高

76. 下列属于借款人挪用贷款情况的是(　　)。

A. 用流动资金贷款购买辅助材料

B. 外借母公司进行房地产投资

C. 用流动资金贷款支付货款

D. 用中长期贷款购买机器设备

77. 下列各项中，可用来考察借款人与银行关系的项目是(　　)。

A. 借款人经济效益

B. 贷款人财务状况

C. 借款人规模

D. 不良贷款比率

78. 下列不属于同行业并购目的的是(　　)。

A. 获取目标企业技术、市场及客户资源等补充

B. 获得稳定、优质、低成本原材料供应

C. 提高市场占有率及行业竞争力

D. 实现协同效应

79. 下列因素不会导致行业中现有企业之间竞争加剧的是(　　)。

A. 市场成长迅速

B. 产品差异小

C. 退出障碍较高

D. 用户转换成本很低

80. 下列有关贷款自主支付的表述，错误的是(　　)。

A. 事后核查是借款人自主支付方式下银行业金融机构加强贷款资金发放和支付的核查的重要环节

B. 在借款人自主支付方式下，商业银行仍应遵从贷款与资本金同比例到位的基本要求

C. 自主支付是监管部门倡导和符合国际通行做法的支付方式，是贷款支付的主要方式

D. 在借款人自主支付方式下，商业银行仍应遵从实贷实付原则，既要方便借款人资金支付，又要控制贷款用途

二、多项选择题（本类题共40小题，每小题1分，共40分。以下各小题所给出的五个选项中，有两项或两项以上符合题目的要求，请选择相应选项，多选、少选、错选均不得分）

1. 项目融资与一般固定资产贷款的区别主要体现在（　　）。
   A. 项目融资具有公司融资属性
   B. 项目融资可以追加第三方担保
   C. 固定资产贷款还款资金来源广泛
   D. 项目融资适用于自身还款来源充足的优质项目
   E. 固定资产贷款还款来源单一
2. 下列关于季节性融资的说法，正确的有（　　）。
   A. 季节性融资一般是短期的
   B. 公司利用了内部融资之后需要外部融资来弥补季节性资金的短缺
   C. 银行对公司的季节性融资的还款期应安排在季节性销售高峰之前或之中
   D. 银行应保证季节性融资不被用于长期投资
   E. 银行应保证发放的短期贷款只用于公司的短期投资
3. 授信额度主要包括（　　）。
   A. 贷款额度
   B. 透支额度
   C. 承兑汇票额度
   D. 贸易融资额度
   E. 不动产投资额度
4. 下列融资需求当中，既有可能通过短期融资实现，又有可能通过长期融资实现的有（　　）。
   A. 长期销售增长旺盛时期
   B. 资产使用效率下降
   C. 应付账款周转天数减少
   D. 债务重构
   E. 额外的或非预期性支出
5. 贷款审查事项的基本内容包括（　　）。
   A. 担保审查
   B. 非财务因素审查
   C. 充分揭示信贷风险
   D. 借款人主体资格
   E. 信贷业务政策符合性审查
6. 现金清收的方式主要包括（　　）。
   A. 常规清收
   B. 依法收贷
   C. 账户冻结
   D. 呆账核销
   E. 以资抵债
7. 贷前调查的方法主要包括（　　）。
   A. 现场调研
   B. 定性调查
   C. 搜寻调查
   D. 委托调查
   E. 通过行业协会了解情况
8. 对于固定资产贷款，银行确立贷款意向后，借款人除提供一般资料，还应提供（　　）。
   A. 国家相应投资批件
   B. 符合国家有关投资项目资本金制度的规定的证明文件
   C. 资产到位证明文件
   D. 项目可行性研究报告及有关部门对其批复
   E. 其他配套条件落实的证明文件
9. 贷款保证存在的主要风险因素包括（　　）。
   A. 虚假担保人
   B. 保证人不具备担保资格
   C. 保证人不具备担保能力
   D. 公司互保
   E. 保证手续不完备，保证合同产生法律风险
10. 下列质押品中，可以用市场价格作为公允价值的有（　　）。
   A. 银行承兑汇票
   B. 上市公司流通股股票
   C. 上市公司限售股股票

D. 货币市场基金

E. 公司债券和金融债券

11. 对保证人的管理内容主要包括(　　)。

A. 分析保证人保证实力的变化

B. 贷款到期后保证人管理

C. 追加担保品,确保抵押权益

D. 了解保证人保证意愿的变化

E. 追加担保人

12. 出质人向商业银行申请质押担保时应提供的材料包括(　　)。

A. 信贷申请报告和出质人提交的“担保意向书”

B. 质押财产的产权证明文件

C. 出质人资格证明

D. 财产共有人出具的同意出质的文件

E. 有权作出决议的机关作出的关于同意提供质押的文件、决议或其他具有同等法律效力的文件或证明

13. 反映客户短期偿债能力的比率主要有(　　)。

A. 流动比率

B. 资产负债率

C. 净利润率

D. 速动比率

E. 现金比率

14. 关于出质人对质物、质押权利占有的合法性,下列说法正确的有(　　)。

A. 用动产出质的,应通过审查动产购置发票、财务账簿,确认其是否为出质人所有

B. 如质押财产为共有财产,出质是否经全体共有人同意

C. 审查质押的设定是否已由出质人有权决议的机关作出决议

D. 认真查验抵押物的权属,确保抵押物的有效性

E. 用权利出质的,应核对权利凭证上的所有人与出质人是否为同一人

15. 下列关于保证合同的签订,说法正确的有(　　)。

A. 保证合同可以以口头形式订立

B. 保证人与商业银行可以就单个主合同分别订立保证合同,但是不可以就一定期间连续发生的贷款订立一个保证合同

C. 书面保证合同可以单独订立,也可以是主合同中的担保条款

D. 最高贷款限额包括贷款余额和最高贷款累计额,在签订保证合同时需加以明确

E. 从合同之间的当事人名称、借款与保证金额、有效日期等,一定要衔接一致

16. 贷款发放前,抵押人与银行要以书面形式签订抵押合同,抵押合同包括的内容有(　　)。

A. 被担保的主债权种类、数额

B. 债务人履行债务的期限

C. 抵押财产的名称、数量、质量、状况、所在地、所有权权属或者使用权权属

D. 担保的范围

E. 抵押物的保全

17. 关于抵押物的保全,下列说法正确的有(　　)。

A. 在抵押期间,银行若发现抵押人对抵押物使用不当或保管不善,足以使抵押物价值减少时,有权要求抵押人停止其行为

B. 在抵押期间,银行若发现抵押人对抵押物使用不当或保管不善,足以使抵押物价值增加时,有权要求抵押人停止其行为

C. 若抵押物价值减少时,银行有权要求抵押人恢复抵押物的价值,或者提供与减少的价值相等的担保

D. 若抵押物价值增加时,银行有权要求抵押人恢复抵押物的价值,或者提供与增加的价值相等的担保

E. 抵押物未减少的部分,仍作为债权的担保

18. 下列属于非融资性保证业务的有(　　)。

A. 履约保证

B. 预收款退款保证

C. 预付款退款保证

D. 付款保证

E. 质量保证

19. 下列各项中，属于借款人的义务的有（　　）。

A. 如实提供银行要求的资料

B. 接受银行对其使用信贷资金情况和有关生产经营、财务活动的监督

C. 按借款合同约定用途使用贷款

D. 按借款合同的约定及时清偿贷款本息

E. 将债务全部或部分转让给第三方的，应当取得银行的同意

20. 为保障信贷业务的正常开展，借款人应符合的要求有（　　）。

A. "诚信申贷"的基本要求

B. 借款人经营的合法合规性

C. 贷款用途及还款来源明确合法

D. 借款人的主体资格要求

E. 借款人信用记录良好

21. 下列属于商业银行固定资产贷款贷前调查报告内容要求的有（　　）。

A. 借款人资信情况

B. 投资估算与资金筹措安排情况

C. 项目可行性研究报告批复及其主要内容

D. 借款人流动资金需求分析

E. 项目效益情况

22. 可持续增长率的假设条件有（　　）。

A. 公司的资产使用效率将维持当前水平

B. 公司的销售净利率将维持当前水平，并且可以涵盖负债的利息

C. 公司保持持续不变的红利发放政策

D. 公司的财务杠杆不变

E. 公司未增发股票，增加负债是其唯一的外部融资来源

23. 资金周转周期的延长引起的借款需求与（　　）有关。

A. 应收账款周转天数

B. 应付账款周转天数

C. 存货周转天数

D. 设备使用年限

E. 固定资产折旧年限

24. 贷款审查事项的基本内容中，针对财务因素的具体审查内容包括（　　）。

A. 借款人基本会计政策的合理性

B. 财务报告的合理性及审计结论

C. 财务报告的完整性、真实性

D. 借款人基本会计政策的合规性

E. 客户提供的财务信息的真实性、合理性

25. 对借款人的贷后监控包括（　　）。

A. 对管理状况的监控

B. 对经营状况的监控

C. 对财务状况的监控

D. 对借款人与银行往来情况的监控

E. 对借款人关联企业的监控

26. 在贷款存续期间，贷款人可对借款人的（　　）等财务指标提出控制要求。

A. 主要股东变化

B. 流动比率

C. 分红比率

D. 资产负债率

E. 销售收入增减幅度

27. 衡量借款人短期偿债能力的指标有（　　）。

A. 资产负债比率

B. 现金比率

C. 速动比率

D. 流动比率

E. 产权比率

28. 质押物及质押权利价值的变动趋势一般可从（　　）方面分析。

A. 实体性贬值

B. 功能性贬值

C. 经济性贬值

D. 经济性增值

E. 功能性增值

29. 按贷款期限划分,公司信贷的种类有(　　)。

A. 短期贷款

B. 中期贷款

C. 长期贷款

D. 流动资金贷款

E. 透支

30. 根据贷款安全性调查的要求,良好的公司治理机制包括(　　)。

A. 激励约束机制

B. 长远的发展战略

C. 保守的会计原则

D. 健全负责的董事会

E. 严格的目标责任制

31. 加强贷款合同规范性审查管理的内容包括(　　)。

A. 合同文本选用正确

B. 银行应建立完善的档案管理制度,定期对合同的使用情况进行检查

C. 主从合同及凭证等附件齐全且相互衔接

D. 合同的填写符合规范要求

E. 银行应做好内部管理部门和岗位的设置和分工

32. 提前还款条款包括的内容有(　　)。

A. 借款人可以在贷款协议规定的最后支款日后、贷款到期日前的时间内提前还款

B. 对于提前偿还的部分可以收取费用

C. 提前还款应按贷款协议规定的还款计划以倒序进行

D. 未经银行的书面同意,借款人不得提前还款

E. 已提前偿还的部分不得要求再贷

33. 关于长期投资,下列说法中正确的有(　　)。

A. 最常见的长期投资资金需求是收购子公司的股份或者对其他公司的相似投资

B. 长期投资属于一种战略投资,其风险较大

C. 最适当的融资方式是股权性融资

D. 其属于资产变化引起的借款需求

E. 如果银行向一个处于并购过程中的公司提供可展期的短期贷款,就一定要特别关注借款公司是否会将银行借款用于并购活动

34. 行业风险分析框架通过(　　)方面评价一个行业的潜在风险。

A. 行业成熟度和行业内竞争程度

B. 替代品潜在威胁

C. 成本结构

D. 经济周期(行业周期)

E. 行业进入壁垒和行业政策法规

35. 根据并购目标企业不同,并购分为(　　)。

A. 同行业并购

B. 关联企业并购

C. 上下游企业并购

D. 跨行业并购

E. 跨国企业并购

36. 经济周期包括(　　)等几个阶段。

A. 顶峰

B. 衰退

C. 谷底

D. 复苏

E. 扩张

37. 供应阶段的核心是进货,信贷人员应重点分析(　　)方面。

A. 货品质量

B. 货品价格

C. 进货渠道

D. 技术水平

E. 付款条件

38. 信贷品种应与(　　)相匹配。

A. 客户结算方式

B. 业务用途

C. 客户还款来源

D. 银行信贷政策

E. 客户风险状况

39. 针对商业银行等金融机构的骆驼评级分析系

统包括(　　)。

A. 流动性

B. 管理能力

C. 资产质量

D. 资本充足率

E. 盈利性

40. 融资性保证业务主要有(　　)。

A. 投标保证

B. 履约保证

C. 借款保证

D. 债券偿付保证

E. 质量保证

三、判断题(本类题共20小题,每小题1分,共20分。请判断以下各小题的对错,正确的用"A"表示,错误的用"B"表示)

1. 短期贷款一般不采用一次性还清贷款的还款方式。(　　)

2. 医院、学校等以公益为目的的事业单位、社会团体提供保证的保证合同无效。(　　)

3. 企业的三类财务报表分别反映企业营运情况的不同方面,故从不同角度反映了企业的经营状况。(　　)

4. 在固定成本较高的行业中,经营杠杆及其产生的信用风险一般较低。(　　)

5. 付款条件只取决于市场供求方面,如果货品供不应求,供货商大多要求预付货款或现货交易。(　　)

6. 信贷档案是确定借贷双方法律关系和权利义务的重要凭证,是贷款管理情况的重要记录。(　　)

7. 贷款经批准后,业务人员应当严格遵照批复意见,着手落实贷款批复条件,在落实贷款批复中提出的问题和各项附加条件后,即可签署借款合同。(　　)

8. 当外币有升值趋势,或外币利率相对高于人民币利率时,常常会发生企业以外币质押向银行借人民币的情况。(　　)

9. 在银团贷款中,单家银行担任牵头行时,其承贷份额原则上不少于银团融资总金额的50%。(　　)

10. 赊账销售对厂商不利的方面主要是占压了资金,但有利的方面是可以扩大销量,收账风险很小。(　　)

11. 与固定资产扩张相关的借款需求,其关键信息主要来源于公司管理层。(　　)

12. 当消费者购买来自于另一行业的替代产品或者服务的"品牌转换成本"越低,替代品对这个行业未来利润的威胁就越大,行业风险也就越大。(　　)

13. 公司进行债务重构标志着公司面临经营危机。(　　)

14. 银行未与保证人约定保证期间的,应在债务履行期届满之日起3个月内要求保证人承担保证责任。(　　)

15. 抵债资产中的不动产和股权应自取得日起1年内予以处置。(　　)

16. 直接销售渠道的优点是贴近市场,资金投入少。(　　)

17. "6C"标准原则包括品德、资本、能力、担保、环境和控制。(　　)

18. 对借款人过去3年的经营效益情况进行调查,属于贷款效益性调查的内容。(　　)

19. 企业将所贷流动资金用于职工福利属于挪用贷款。(　　)

20. 我国现有外汇贷款币种包括美元、港元、日元、欧元和澳元。(　　)

参考答案及解析

一、单项选择题

1. D [解析]信贷人员应根据质押财产的价值和质押财产价值的变动因素,科学地确定质押率。确定质押率的依据主要有:①质物的适用性、变现能力。对变现能力较差的质押财产应适当降低质押率。②质物、质押权利价值的变动趋势。一般可从质物的实体性贬值、功能性贬值及质押权利的经济性贬值或增值3方面进行分析。

2. C [解析]低经营杠杆行业的变动成本占较高比例,但是,在经济增长、销售上升时,低经营杠杆行业的增长速度要比高经营杠杆行业的增长速度缓慢得多。经营杠杆是营业利润相对于销售量变化敏感度的指示剂。经营杠杆越大,销售量对营业利润的影响就越大。通常情况下,高经营杠杆代表着高风险。这些行业需要获得更高的销售量来维持利润,而且利润相对于销售也非常敏感。

3. B [解析]保证合同要以书面形式订立,以明确双方当事人的权利和义务。根据《担保法》规定,书面保证合同可以单独订立,包括当事人之间的具有担保性质的信函、传真等,也可以是主合同中的担保条款。

4. C [解析]商业银行向借款人借出资金的主要目的,就是期望借款人能够按照规定的期限归还贷款并支付利息,否则,不仅不能从这种资金借贷关系中获得收益,反而会遭受损失。所以,商业银行对借款人最关心的就是其现在和未来的偿债能力。

5. D [解析]贷款抵押额度的确认:由于抵押物在抵押期间会出现损耗、贬值,在处理抵押物期间会发生费用,以及贷款有利息、逾期有罚息等原因,银行一般不能向借款人提供与抵押物等价的贷款,贷款额度要在抵押物的评估价值与抵押贷款率的范围内加以确定。其计算公式为:抵押贷款额=抵押物评估值×抵押贷款率。抵押人所担保的债权不得超出其抵押物的价值。财产抵押后,该财产的价值大于所担保债权的余额部分,可以再次抵押,但不得超出其余额部分。

6. D [解析]一般来说,那些性能先进、质量稳定、性价比高和具有明显品牌优势的产品市场竞争力较强。

7. A [解析]贷款目的即贷款用途,是判断贷款正常与否的最基本标志。判断贷款是否正确使用是贷款分类的最基本判断因素之一,贷款一旦被挪用,就意味着将产生更大的风险。

8. B [解析]流动资金贷款是指贷款人向企(事)业法人或国家规定可以作为借款人的其他组织发放的用于借款人日常生产经营周转的本外币贷款。

9. D [解析]不良贷款是指借款人未能按原定的贷款协议按时偿还商业银行的贷款本息,或者已有迹象表明借款人不可能按原定的贷款协议按时偿还商业银行的贷款本息而形成的贷款。

10. A [解析]人民法院审理案件一般应在立案之日起6个月内作出判决,银行如果不服地方人民法院第一审判决的,有权在判决书送达之日起15日内向上一级人民法院提起上诉。

11. D [解析]信用证是一种由开证银行根据信用证相关法律规范应申请人要求并按其指示向受益人开立的载有一定金额的、在一定期限内凭符合规定的单据付款的书面文件。信用证属于公司信贷表外业务。

12. C [解析]流动资金贷款分为:①一般周

转类流动资金贷款，还款来源通常为借款人的综合经营现金流；②满足某笔特定经营业务资金需求的专项流动资金贷款，还款来源主要为所支持特定业务的销售回笼资金。A、D项说法正确。固定资产贷款还款来源通常为所支持固定资产投资项目未来实现收益（包括固定资产折旧对应的现金流入）。B项说法正确。项目融资还款资金来源主要依赖该项目产生的销售收入、补贴收入或其他收入，一般不具备其他还款来源。C项说法错误。故选C。

13. A ［解析］项目融资借款人通常为项目公司，且未提供第三方担保，还款来源单一，主要依赖项目自身收入，银行对融资项目的选择标准及准入门槛较高，适用于经营风险小、收益稳定、自身还款来源充足的优质项目。

14. B ［解析］单家银行担任牵头行时，其承贷份额原则上不少于银团融资总金额的20%；分销给其他银团成员的份额原则上不得低于50%，A项错误。代理行经银团成员协商确定，可以由牵头行或者其他银行担任。银团代理行应当代表银团利益，借款人的附属机构或关联机构不得担任代理行，B项正确、D项错误。按照牵头行对贷款最终安排额所承担的责任，银团牵头行分销银团贷款可以分为全额包销、部分包销和尽最大努力推销三种类型，C项错误。故选B。

15. D ［解析］福费廷也称为包买票据或买断票据，是指银行（或包买人）对国际贸易延期付款方式中出口商持有的远期承兑汇票或本票进行无追索权的贴现（即买断）。从业务运作的实质来看，福费廷就是远期票据贴现。

16. C ［解析］由于我国的法律还未就抵押物估价问题作出具体规定，一般的做法是由抵押人与银行双方协商确定抵押物的价值，委托具有评估资格的中介机构给予评估或银行自行评估。

17. A ［解析］将借款人的动产与权利凭证移交银行占有的方式属于质押，因而此种贷款方式属于质押贷款。

18. C ［解析］并购贷款期限一般不超过7年。

19. B ［解析］内部融资的资金来源是净资本、留存收益和增发股票。一般情况下，企业不能任意发行股票，因此，在估计可持续增长率时，通常假设内部融资的资金来源主要是留存收益。

20. A ［解析］借款人、保证人的财务管理状况属于贷款安全性调查的内容，其他三项都属于贷款效益性调查的内容。

21. D ［解析］商业银行应按贷款本金利息收回的可能性，至少将贷款划分为正常、关注、次级、可疑和损失五类，后三类合称为不良贷款。损失类贷款指在采取所有可能的措施或一切必要的法律程序之后，本息仍然无法收回，或只能收回极少部分的贷款。

22. C ［解析］贷款的调查人员负责调查评估，贷款的审查人员负责贷款风险的审查，贷款的发放人员负责贷款的检查和清收。这样一种审、贷、查三分离的制度，就是审贷分离制度。

23. C ［解析］评价信贷资产质量的指标主要有：不良贷款率、相对不良率、不良率变幅、信贷余额扩张系数、不良贷款生成率、不良贷款剪刀差、到期贷款现金回收率、利息实收率。

24. A ［解析］保证业务分为：①融资性保证业务，主要有借款保证、债券偿付保证等；②非融资性保证业务，较常见的产品有投标保证、履约保证、预收（付）款退款保证、质量保证、付款保证等。

25. B ［解析］信贷授权大致可分为：①直接授权，是指银行业金融机构总部对总部相关授信业务职能部门或直接管理的经营单位授予全部或部分信贷产品一定期限、一定金额内的信贷审批权限；②转授权，是指受权的经营单位在总部直接授权的权限内，对本级行各有权审批人、相关信贷业务职能部门和所辖分支机构转授一定的信贷审批权限；③临时授权，是指被授权者因故不能履行信贷业务审批职责时，临时将自己权限范围内的信贷审批权限授予其他符合条件者代为行使，到期时自动收回。

26. B ［解析］信贷业务政策符合性审查内容包括：①借款用途是否合法合规，是否符合国家宏观经济政策、产业行业政策、土地、环保和节能政策以及国家货币信贷政策等。②客户准入及借款用途是否符合银行区域、客户、行业、产品等信贷政策。③借款人的信用等级评定、授信额度核定、定价、期限、支付方式等是否符合银行信贷政策制度，贷款品种及金额是否在有效授信（信用）可用额度内，贷款条件是否满足授信额度设定的支用条件等。

27. C ［解析］贷款人应要求借款人在合同中对与贷款相关的重要内容作出承诺，承诺内容包括：贷款项目及其借款事项符合法律法规的要求；及时向贷款人提供完整、真实、有效的材料；配合贷款人对贷款的相关检查；发生影响其偿债能力的重大不利事项时及时通知贷款人；进行合并、分立、股权转让、对外投资、实质性增加债务融资等重大事项前征得贷款人同意等。

28. B ［解析］对于流动资金贷款，贷款人应加强贷款资金发放后的管理，针对借款人所属行业及经营特点，通过定期与不定期的现场检查与非现场监测，分析借款人经营、财务、信用、支付、担保及融资数量和渠道变化等状况，掌握各种影响借款人偿债能力的风险因素。

29. B ［解析］当借款人出现贷款逾期时，银行必须在贷款逾期后 10 个工作日内向保证人发送履行担保责任通知书进行书面确认。

30. D ［解析］贷款的效益性是指贷款经营的盈利情况，是商业银行经营管理活动的主要动力。贷款的盈利水平是商业银行经营管理水平的综合反映，同时也受外部环境众多因素的影响。

31. D ［解析］根据《贷款通则》的规定，银行不得对自营贷款或特定贷款在计收利息之外收取任何其他费用。但是若根据国际惯例，在借款合同中规定，变更提款应收取承担费，那么当借款人变更提款计划时，公司业务部门应根据合同办理，可按改变的提款计划部分的贷款金额收取承担费。借款人在提款有效期内如部分或全额未提款，应提未提部分的贷款可根据借款合同的规定收取承担费。在提款期终了时自动注销。公司业务部门在借款人的提款期满之前，将借款人应提未提的贷款额度通知借款人。

32. B ［解析］借款人财务状况一般应包括以下内容：根据财务报表分析资产负债比率及流动资产和流动负债结构的近 3 年变化情况、未来变动趋势，侧重分析借款人的短期偿债能力；流动资金数额和周转速度；存货数量、净值、周转速度、变现能力、呆滞积压库存物资情况；应收账款金额、周转速度、数额较大或账龄较长的国内外应收账款情况，相互拖欠款项及处理情况；对外投资情况，在建工程与固定资产的分布情况；亏损挂账、待处理流动资产损失、不合理资金占用及清收等情况。

33. C ［解析］我国全面实行贷款五级分类制度是从 2002 年开始。

34. D ［解析］银行在办理抵债资产接收后应根据抵债资产的类别（包括不动产、动产和权利等）、特点等决定采取上收保管、就地保管、委托保管等方式。

35. A ［解析］银行债权应首先考虑以货币形式受偿，从严控制以物抵债。受偿方式以现金受偿为第一选择，债务人、担保人无货币资金偿还能力时，要优先选择以直接拍卖、变卖非货币资产的方式回收债权。当现金受偿确实不能实现时，可接受以物抵债。

36. B ［解析］抵债资产应当是债务人所有或债务人依法享有处分权并且具有较强变现能力的财产，主要包括：①动产：包括机器设备、交通运输工具、借款人的原材料、产成品、半成品等。②不动产：包括土地使用权及其建筑物等。③无形资产：包括专利权、著作权、期权等。④有价证券:包括股票和债券等。⑤其他有效资产。

37. C [解析]商业银行在取得抵债资产时,要冲减贷款本金与应收利息。

38. B [解析]商业银行贸易融资是基于商品交易买卖双方信用需求提供的融资。银团贷款是指由两家或两家以上银行基于相同贷款条件,依据同一贷款合同,按约定时间和比例,通过代理行向借款人提供的本外币贷款或授信业务。流动资金贷款是指贷款人向企(事)业法人或国家规定可以作为借款人的其他组织发放的用于借款人日常生产经营周转的本外币贷款。保证业务是指银行应申请人的请求,向受益人开立书面信用担保凭证,保证在申请人未能按双方协议履行其责任或义务时,由银行代其履行一定金额的某种支付或经济赔偿责任的信贷业务产品。

39. D [解析]单家银行担任牵头行时,其承贷份额原则上不少于银团融资总金额的20%;分销给其他银团成员的份额原则上不得低于50%。

40. C [解析]长期偿债能力指标包括:①资产负债率。②负债与所有者权益比率。③负债与有形净资产比率。④利息保障倍数。负债与有形净资产比率是指负债与有形净资产的比例关系,用于表示有形净资产对债权人权益的保障程度。

41. C [解析]客户信用额度是指银行授予某个借款企业的信用额度(包括分配各类信贷业务额度)的总和,额度可在有效期内使用。

42. D [解析]风险预警程序包括:①信用信息的收集和传递;②风险分析;③风险处置;④后评价。

43. C [解析]在贷款审查审批过程中,应根据"了解你的客户""了解你客户的业务""了解你客户的风险"原则把握审查事项的基本内容。

44. B [解析]由资产变化引起的资金需求包括:①资产效率的下降;②固定资产的重置和扩张;③长期投资。

45. B [解析]贷款合同复核人员负责根据审批意见复核合同文本及附件填写的完整性、准确性、合规性,主要包括:文本书写是否规范;内容是否与审批意见一致;合同条款填写是否齐全、准确;文字表达是否清晰;主从合同及附件是否齐全等。

46. B [解析]放款执行部门核准放款前提条件,主要审核内容包括:①审核合规性要求的落实情况;②审核限制性条款的落实情况;③核实担保的落实情况;④审核审批日至放款核准日期间借款人重大风险变化情况;⑤审核资本金按计划到位的落实情况;⑥审核提款申请是否与贷款约定用途一致。

47. C [解析]利息实收率用于衡量目标区域信贷资产的收益实现情况。

48. B [解析]经济资本是指在一定置信水平上,在一定时间内,为弥补银行非预期损失所需的资本。

49. D [解析]借款人提款用途通常包括:土建费用、工程设备款、购买商品费用、在建项目进度款、支付劳务费用、其他与项目工程有关的费用、用于临时周转的款项。

50. B [解析]档案管理的原则主要有:管理制度健全、人员职责明确、档案门类齐全、信息充分利用、提供有效服务。具体要求如下:①信贷档案实行集中统一管理原则;②信贷档案采取分段管理,专人负责,按时交接,定期检查的管理模式。

51. C [解析]一级信贷档案主要是指信贷抵(质)押契证和有价证券及押品契证资料收据和信贷结清通知书。其中押品主要包括:银行开出的本外币存单、银行本票、银行承兑汇票,上市公司股票、政府和公司债券、保险批单、提货单、产权证或他项权益证书及抵(质)押物的物权凭证、抵债物资的物权凭证等。

52. B [解析]公司贷款安全性调查的内容应包括:①对借款人、保证人、法定代表人的品行、业绩、能力和信誉精心调查,熟知其经营管理水平、公众信誉，了解其履行协议条款的历史记录。②考察借款人、保证人是否已建立良好的公司治理机制。③对借款人、保证人的财务管理状况进行调查。④对原到期贷款及应付利息清偿情况进行调查。⑤对有限责任公司和股份有限公司对外股本权益性投资情况进行调查。⑥对抵押物的价值评估情况作出调查。⑦对于申请外汇贷款的客户，业务人员要调查认定借款人、保证人承受汇率、利率风险的能力，尤其要注意汇率变化对抵(质)押担保额的影响程度。

53. C **[解析]** 企业的财务风险主要体现之一是：对外担保率超过100%、对单一客户担保额过大、有同质企业互保、担保链、或对外担保已出现垫款的现象。

54. C **[解析]** 对于流动资金贷款，根据借款人的信用状况、生产经营情况、总体融资规模和本机构融资占比、还款来源的现金流入特点等因素，贷款人应判断是否需要对客户资金回笼情况进行更进一步的监控。对需要更进一步监控的，应与借款人协商签订账户管理协议，明确对账户回笼资金进出的管理。

55. B **[解析]** 银行未与保证人约定保证期间的，应在债务履行期届满之日起6个月内要求保证人承担保证责任。

56. C **[解析]** 对信贷运行过程的监测预警是通过建立科学的监测预警指标体系，并对其发展变化过程进行观察来实现的。预警指标的研究是实现信贷预警的首要环节，预警体系科学性高低的首要标志是所选择的预警指标能否科学地反映经济运行过程的变化特征。因此，合理地选择预警指标是建立预警体系的关键。贷款风险的预警信号系统根据各家银行的实际经验总结而来，通常包含财务状况的预警信号、管理状况的预警信号和经营状况的预警信号。

57. D **[解析]** 表外信贷包括信用证、票据承兑、保证、保兑、保函、担保付款、贷款承诺、包销承诺等各类贷款担保和承诺。

58. D **[解析]** 正常类贷款的主要参考特征是债务人有能力履行还款承诺，能够全额归还债务本金和利息。选项AC属于次级类贷款的特征；选项B属于关注类贷款的特征。

59. C **[解析]** 很多银行从内部审慎管理角度出发要求，贷款一旦逾期至少应分为关注类；逾期超过一定期限(如90天以上)，至少应划分为次级类；逾期严重(如180天或360天)，直接划分为可疑类或损失类。

60. C **[解析]** 抵债资产管理应遵循严格控制、合理定价、妥善保管、及时处置的原则。

61. C **[解析]** 公司信贷的表外业务主要包括承兑和信用证。其中，承兑是银行在商业汇票上签章承诺按出票人指示到期付款的行为。

62. D **[解析]** D项，项目风险分析是商业银行固定资产贷款贷前调查报告内容的特殊要求，A、B、C项是银行贷前调查报告内容的一般要求。

63. B **[解析]** 面谈过程中，调查人员可以按照国际通行的信用“6C”标准原则，即品德、能力、资本、担保、环境和控制，从客户的公司状况、贷款需求、还贷能力、抵押品的可接受性以及客户目前与银行的关系等方面集中获取客户的相关信息。

64. D **[解析]** 银行在对客户进行借款需求分析时，要关注企业的借款需求原因，即所借款项的用途，同时还要关注企业的还款来源以及可靠程度。实际上，在一个结构合理的贷款中，企业的还款来源与其借款原因应当是相匹配的，而这可以通过借款需求分析来实现。

65. D **[解析]** 保证人或抵押人为有限责任公司或股份制企业的，其出具担保时，必须提供董事会同意其担保的决议和有相关内容的授权书。

66. D **[解析]** 根据《贷款风险分类指导原则》，借款人无法足额偿还本息，即使执行担保，也肯定要造成较大损失，属于可疑类贷款。

67. B **[解析]** 贷款风险分类最核心的内容就是贷款偿还的可能性，而决定贷款是否能够偿还，借款人的还款能力是主要因素，因此，银行关心的是借款人的经营状况，现在以及未来的偿付能力。

68. C [解析] 还款来源是判断贷款偿还可能性的最明显标志，需要分析贷款时合同约定的还款来源及目前偿还贷款的资金来源。

69. C [解析] 项目融资是指符合以下特征的贷款：①贷款用途通常是用于建造一个或一组大型生产装置、基础设施、房地产项目或其他项目，包括对在建或已建项目的再融资；②借款人通常是为建设、经营该项目或为该项目融资而专门组建的企事业法人，包括主要从事该项目建设、经营或融资的既有企事业法人；③还款资金来源主要依赖该项目产生的销售收入、补贴收入或其他收入，一般不具备其他还款来源。

70. C [解析] 抵(质)押人在抵(质)押期间内转让或处分抵(质)押物的，必须首先向银行提出书面申请，并经过银行同意之后方可办理。经过银行同意，抵(质)押人可以完全或部分转让抵(质)押物，但转让价款不得低于银行认可的最低水平，抵(质)押人必须将这些价款优先用于清偿银行债权或存入银行专门账户，部分处置后所保持的剩余贷款抵(质)押物价值不得低于规定的抵(质)押率。可以提前一并清偿所担保的债权，C选项的说法错误。

71. D [解析] A选项，在行业风险分析框架中，成本结构是指某一行业内企业固定成本与可变成本间的比例。B选项，固定成本是指不随销售量变化而变化的成本，主要指固定资产折旧、企业日常开支、利息等，原材料、广告费用均属于变动成本。C选项，如果一个行业固定成本占总成本比例很高，则称行业的经营杠杆很高。在高杠杆经营行业中，企业生产量越高，获得利润越高，并且企业成本会随生产销售的增加而降低，因而经营杠杆高的行业成功的关键在于保持高市场占有率和高销售量。D选项，对于高杠杆企业，当经济恶化或销售量降低时，企业成本无法随之大幅削减，因而盈利水平大幅降低，此时容易发生信用风险。

72. D [解析] 所有者权益按实收资本、资本公积、盈余公积、未分配利润等项目分项列示。

73. B [解析] 总资产收益率反映了目标区域的总体盈利能力。贷款实际收益率反映了信贷业务的价值创造能力。利息实收率用于衡量目标区域信贷资产的收益实现情况。信贷平均损失率从静态上反映了目标区域信贷资产的整体质量。

74. B [解析] 实体性贬值，即由于使用磨损和自然损耗造成的贬值；功能性贬值，即由于技术相对落后造成的贬值；经济性贬值，即由于外部环境变化引起的贬值。

75. D [解析] 退出市场的成本越高，行业内竞争程度越大。例如在固定资产较多，并且很难用于生产其他产品的资本密集型行业，企业通常不会轻易选择退出市场。在经济周期达到低点时，企业之间的竞争程度达到最大。在营运杠杆较高的行业，这一情况更为严重。

76. B [解析] 挪用贷款的情况一般包括：①用贷款进行股本权益性投资；②用贷款在有价证券、期货等方面从事投机经营；③未依法取得经营房地产资格的借款人挪用贷款经营房地产业务；④套取贷款相互借贷牟取非法收入；⑤借款企业挪用流动资金进行基本建设或用于财政性开支或者用于弥补企业亏损，或者用于职工福利。

77. D [解析] 根据银行流动资金贷前调查报告内容的相关要求，其中不良贷款比率是反映借款人与银行关系的重要指标。

78. B [解析] 同行业并购主要目的为获取目标企业技术、市场及客户资源等补充，提高市场占有率及行业竞争力，实现协同效应。选项B属于上游并购的主要目的。

79. A [解析] 一般来说，出现下述情况将意味着行业中现有企业之间竞争的加剧：行业进入障碍较低，势均力敌竞争对手较多，竞争参与者范围广泛；市场趋于成熟，产品需求增长缓慢；竞争者企图采用降价等手段促销;竞争者提供几乎相同的产品或服务,用户转换成本很低;一个战略行动如果取得成功,其收入相当可观;行业外部实力强大的公司在接收了行业中实力薄弱企业后,发起进攻性行动,结果使得刚被接收的企业成为市场的主要竞争者;退出障碍较高。

80. C [解析] C项,受托支付是监管部门倡导和符合国际通行做法的支付方式,是贷款支付的主要方式。自主支付是受托支付的补充。

二、多项选择题

1. CD [解析] 项目融资与一般固定资产贷款的差异主要体现在担保方式及还款来源构成不同。一般固定资产贷款通常具有公司融资属性,还款资金来源较广泛,除项目自身收入外,还包括借款人除项目之外的其他经营、投资等收入,也可以通过追加第三方担保等方式,获得其他补充还款来源。项目融资借款人通常为项目公司,且未提供第三方担保,还款来源单一,主要依赖项目自身收入,银行对融资项目的选择标准及准入门槛较高,适用于经营风险小、收益稳定、自身还款来源充足的优质项目。

2. ABDE [解析] 季节性融资一般是短期的。在季节性营运资本投资增长期间,这时往往需要外部融资来弥补公司资金的短缺,特别是在公司利用了内部融资之后。银行对公司的季节性融资通常在一年以内,而还款期安排在季节性销售低谷之前或之中,此时,公司的营运投资下降,能够收回大量资金。但如果公司在银行有多笔贷款,并且贷款是可以展期的,那么,银行就一定要确保季节性融资不被用于长期投资,比如营运资金投资。这样做的目的就是为了保证银行发放的短期贷款只用于公司的短期投资,从而确保银行能够按时收回所发放的贷款。

3. ABCD [解析] 授信额度是指银行在客户授信限额以内,根据客户的还款能力和银行的客户政策最终决定给予客户的授信总额,包括贷款额度、贸易融资额度、保函额度、承兑汇票额度、透支额度等各类信贷业务额度。

4. BCDE [解析] A项,处于长期销售增长旺盛时期的企业,由于对核心资产的大量投资,营运现金流在短期内是不足以完全偿还外部融资的。因此,这表面上看是一种短期融资需求,实际上则是一种长期融资需求。

5. ABCDE [解析] 贷款审查事项的基本内容包括:信贷资料完整性及调查工作与申报流程的合规性审查、借款人主体资格及基本情况审查、信贷业务政策符合性审查、财务因素审查、非财务因素审查、担保审查、充分揭示信贷风险、提出审查结论。

6. AB [解析] 根据是否诉诸法律,清收分为常规清收和依法收贷两种。

7. ACDE [解析] 业务人员进行贷前调查的方法主要有:①现场调研;②搜寻调查;③委托调查。另外,还可以通过行业协会(商会)了解客户真实情况。

8. BDE [解析] 对于固定资产贷款,银行确立贷款意向之后,借款人除提交一般资料,还需提交的文件有:①符合国家有关投资项目资本金制度的规定的证明文件;②项目可行性研究报告及有关部门对研究报告的批复;③其他配套条件落实的证明文件。

9. ABCDE [解析] 贷款保证存在的主要风险因素包括:①保证人不具备担保资格;②保证人不具备担保能力;③虚假担保人;④公司互保;⑤保证手续不完备,保证合同产生法律风险;⑥超过诉讼时效,贷款丧失胜诉权。

10. AB [解析] 对于有明确市场价格的质押品,如国债、上市公司流通股股票、存款单、银行承兑汇票等,其公允价值即为该质押品的市场价格。

11. ABD [解析] 对保证人的管理主要分为保证人日常管理和贷款到期后保证人管理,其中保证人日常管理的内容包括分析保证人保证实力的变化和了解保证人保证意愿的变化。

12. ABCDE [解析]出质人向商业银行申请质押担保,应在提送信贷申请报告的同时,提送出质人提交的"担保意向书"及以下材料:①质押财产的产权证明文件。②出质人资格证明。法人出具经工商行政管理部门年检合格的企业法人营业执照、事业法人营业执照;法人分支机构出具经工商行政管理部门年检合格的营业执照、授权委托书。③出质人须提供有权作出决议的机关作出的关于同意提供质押的文件、决议或其他具有同等法律效力的文件或证明(包括但不限于授权委托书、股东会决议、董事会决议)。④财产共有人出具的同意出质的文件。

13. ADE [解析]反映客户短期偿债能力的比率主要有:流动比率、速动比率和现金比率,这些统称为偿债能力比率。

14. ABCE [解析]出质人对质物、质押权利占有的合法性包括:用动产出质的,应通过审查动产购置发票、财务账簿,确认其是否为出质人所有。②用权利出质的,应核对权利凭证上的所有人与出质人是否为同一人。如果不是,则要求出示取得权利凭证的合法证明,如判决书或他人同意授权质押的书面证明。③审查质押的设定是否已由出质人有权决议的机关作出决议。④如质押财产为共有财产,出质是否经全体共有人同意。

15. CDE [解析]保证合同要以书面形式订立,以明确双方当事人的权利和义务;保证人与商业银行可以就单个主合同分别订立保证合同,也可以协商在最高贷款限额内就一定期间连续发生的贷款订立一个保证合同,后者大大简化了保证手续。

16. ABCD [解析]抵押合同包括以下内容:①被担保的主债权种类、数额;②债务人履行债务的期限;③抵押财产的名称、数量、质量、状况、所在地、所有权权属或者使用权权属;④担保的范围。

17. ACE [解析]在抵押期间,银行若发现抵押人对抵押物使用不当或保管不善,足以使抵押物价值减少时,有权要求抵押人停止其行为。若抵押物价值减少时,银行有权要求抵押人恢复抵押物的价值,或者提供与减少的价值相等的担保。若抵押人对抵押物价值减少无过错的,银行只能在抵押人因损害而得到的赔偿范围内要求提供担保。其抵押物未减少的部分,仍作为债权担保。

18. ABCDE [解析]非融资性保证业务较常见的产品有投标保证、履约保证、预收(付)款退款保证、质量保证、付款保证等。

19. ABCDE [解析]《贷款通则》对借款人的义务规定如下:①应当如实提供银行要求的资料(法律规定不能提供者除外),应当向银行如实提供所有开户行、账号及存贷款余额情况,配合银行的调查、审查和检查。在此基础上银行对借款人的资信作出评价;银行的调查、审查、检查,贯穿于贷款审批、发放、执行的各环节中,银行可以借此了解借款人的生产经营情况,确保贷款的安全。②应当接受银行对其使用信贷资金情况和有关生产经营、财务活动的监督。③应当按借款合同约定用途使用贷款。④应当按借款合同的约定及时清偿贷款本息。⑤将债务全部或部分转让给第三方的,应当取得银行的同意。⑥有危及银行债权安全的情况时,应当及时通知银行,同时采取保全措施。

20. ABCDE [解析]为保障信贷业务的正常开展,借款人应符合以下要求:①"诚信申贷"的基本要求,即借款人应恪守诚实守信原则和证明其设立合法、经营合规合法、信用记录良好、贷款用途以及还款来源明确合法等;②借款人的主体资格要求,即企业和事业法人应分别依法办理工商登记和登记备案,特殊行业须持有相关机关颁发的营业或经营许可证;③借款人经营管理的合法合规性;④借款人信用记录良好,有按期偿还贷款本息的能力;⑤贷款用途及还款来源明确合法。

21. ABCE [解析]D项是银行流动资金贷

款贷前调查报告内容要求。

22. ABCDE ［解析］可持续增长率是公司在没有增加财务杠杆情况下可以实现的长期销售增长率，也就是说主要依靠外部融资即可实现的增长率，题中选项均为可持续增长率的假设条件。

23. ABC ［解析］资金周转周期的延长引起的借款需求与应收账款周转天数、存货周转天数和应付账款周转天数有关。资金周转周期的延长表明借款需求可能与其中的一个或几个因素有关。

24. ABCE ［解析］财务因素审查主要审查借款人基本会计政策的合理性，财务报告的完整性、真实性和合理性及审计结论，要特别重视通过财务数据间的比较分析、趋势分析及同业对比分析等手段判断客户的真实生产经营状况，并尽量通过收集必要的信息，查证客户提供的财务信息的真实性、合理性。

25. ABCD ［解析］借款人的贷后监控，主要是对借款人经营状况、管理状况、财务状况、还款账户及与银行往来情况的监控。

26. BCDE ［解析］贷后管理要求可针对借款人及相关授信业务的风险特征，提出相应的贷后管理要求。如就贷后走访客户的频率、需重点监控的情况及指标、获取信息的报告反馈等事项提出具体要求。此外，还可对贷款存续期间借款人的资产负债率、流动比率、速动比率、销售收入增减幅度、利润率、分红比率等相关财务指标及主要股东、核心人员变化等提出控制要求。

27. BCD ［解析］衡量借款人短期偿债能力的指标主要有流动比率、速动比率和现金比率等；衡量借款人长期偿债能力的指标主要有资产负债比率和产权比率等。

28. ABCD ［解析］确定质押率的依据主要有：①质物的适用性、变现能力；②质物、质押权利价值的变动趋势，一般可从质物的实体性贬值、功能性贬值及质押权利的经济性贬值或增值三方面进行分析。

29. ABC ［解析］按贷款期限划分，公司信贷的种类有短期贷款、中期贷款、长期贷款。

30. ADE ［解析］进行贷款安全性调查，要考察借款人、保证人是否已建立良好的公司治理机制，主要包括是否制定清晰的发展战略、科学的决策系统、执行系统和监督系统、审慎的会计原则、严格的目标责任制及与之相适应的激励约束机制、健全的人才培养机制和健全负责的董事会。

31. ACD ［解析］贷款合同规范性审查应确保以下几点：①合同文本选用正确；②在合同中落实的审批文件所规定限制性条件准确、完备；③格式合同文本的补充条款合规；④主从合同及凭证等附件齐全且相互衔接；⑤合同的填写符合规范要求；⑥一式多份合同的形式内容一致；⑦其他应当审查的规范性内容。

32. ABCDE ［解析］提前还款条款可以包括以下内容：①未经银行的书面同意，借款人不得提前还款；②借款人可以在贷款协议规定的最后支款日后、贷款到期日前的时间内提前还款；③借款人应在提前还款日前30天(或60天)以书面形式向银行递交提前还款的申请，其中应列明借款人要求提前偿还的本金金额；④由借款人发出的提前还款申请应是不可撤销的，借款人有义务据此提前还款；⑤借款人可以提前偿还全部或部分本金，如果偿还部分本金，其金额应等于一期分期还款的金额或应为一期分期还款的整数倍，并同时偿付截至该提前还款日前一天(含该日)所发生的相应利息，以及应付的其他相应费用；⑥提前还款应按贷款协议规定的还款计划以倒序进行；⑦已提前偿还的部分不得要求再贷；⑧对于提前偿还的部分可以收取费用。

33. ABCDE ［解析］比较常见的长期投资资金需求是收购子公司的股份或者对其他公司的相似投资。长期投资属于一种战略投资，其风险较大，因而，最适当的融资方式是股权性融资。在发达国家，银行会有选择性地为公司并购或股权收购等提供债务融资，其选择的主要标准是收购的股权能够提供控制权收益，从而形成借款公司部分主营业务。银行在受理公司的贷款申请后，应当调查公司是否有这样的投资计划或战略安排。如果银行向一个处于并购过程中的公司提供可展期的短期贷款，就一定要特别关注借款公司是否会将银行借款用于并购活动。

34. ABCDE 【解析】行业风险分析框架从七个方面来评价一个行业的潜在风险，分别是：行业成熟度、行业内竞争程度、替代品潜在威胁、成本结构、经济周期、行业进入壁垒和行业政策法规。需要注意的是，这七个方面并不是按照它们的重要性来排列顺序的。在不同的行业或者细分市场中，每个方面的影响程度是不同的。

35. ACD 【解析】根据并购目标企业不同，并购通常可分为：①同行业并购，主要目的为获取目标企业技术、市场及客户资源等补充，提高市场占有率及行业竞争力，实现协同效应；②上下游并购，主要目的为获得稳定、优质、低成本原材料供应，或通过向下游市场渗透，控制下游渠道、实现协同效应，提高产业链价值；③跨行业并购，为并购方提供快速进入其他行业，分享目标行业收益及成长性，实现多元化、分散行业集中度风险的机会。

36. ABCDE 【解析】经济周期包括顶峰、衰退、谷底、复苏、扩张五个阶段。

37. ABCE 【解析】供应阶段的核心是进货，信贷人员应重点分析货品质量、货品价格、进货渠道、付款条件。

38. ABDE 【解析】信贷品种首先应与业务用途相匹配，即信贷品种的适用范围应涵盖该笔业务具体的贷款用途；其次，应与客户结算方式相匹配，即贷款项下业务交易所采用的结算方式应与信贷品种适用范围一致；再次，信贷品种还应与客户风险状况相匹配，由于不同信贷品种通常具有不同的风险特征，风险相对较高的信贷品种通常仅适用于资信水平相对较高的客户；最后，信贷品种还应与银行信贷政策相匹配，符合所在银行的信贷政策及管理要求。

39. ABCDE 【解析】骆驼(CAMEL)评级分析系统包括：资本充足率(Capital Adequacy)、资产质量(Assets Quality)、管理能力(Management)、盈利性(Earning)和流动性(Liquidity)等因素。

40. CD 【解析】保证业务分为融资性保证和非融资性保证业务两大类，融资性保证业务主要有借款保证、债券偿付保证等；非融资性保证业务较常见的产品有投标保证、履约保证、预收(付)款退款保证、质量保证、付款保证等。

三、判断题

1. B 【解析】一次还清贷款是指借款人在贷款到期时一次性还清贷款本息。短期贷款通常采取一次还清贷款的还款方式。

2. A 【解析】《担保法》规定，医院、学校等以公共利益为目的的事业单位、社会团体不得作保证人。医院、学校等以公益为目的的事业单位、社会团体提供保证的保证合同无效，并且，提供保证的医院、学校等以公益为目的的事业单位或社会团体等还要就提供保证的过错承担相应的民事责任。本题说法正确。

3. A 【解析】借款人在会计期间编制的三类主要会计报表，即资产负债表、利润表、现金流量表，分别反映了企业的不同方面的内容，从不同角度反映了企业的经营状况。

4. B 【解析】在固定成本较高的行业中，经营杠杆及其产生的信用风险也较高。

5. B 【解析】付款条件主要取决于市场供求和商业信用两个因素。如果货品供不应求或者买方资信不高，供货商大多要求预付货款或现货交易。

6. A 【解析】略。

7. A 【解析】贷款经批准后，业务人员应当严格落实贷款批复条件，并签署贷款合同。

8. A 【解析】当外币有升值趋势，或外币利率相对高于人民币利率时，常常会发生企业以外币质押向银行借人民币的情况。这时，银行在办理质押贷款时，应注意质押外币与人民币的汇率变动风险，如果人民币升值，质押的外币金额已不足以覆盖它了，质押贷款金额将出现风险敞口。

9. B 【解析】在银团贷款中，单家银行担任牵头行时，其承贷份额原则上不少于银团融资总金额的20%；分销给其他银团成员的份额原则上不得低于50%。

10. B 【解析】收款条件主要包括三种：预收货款、现货交易和赊账销售。赊账销售对厂商不利的方面主要是占压了资金，存在收账风险，但有利的方面是可以扩大销量。

11. A 【解析】管理层可以推迟固定资产扩张的时间，直到固定资产生产能力受限，或者利好机会出现以及融资成本降低时再进行投资。银行必须与公司管理层进行详细的讨论，了解公司的资本投资计划，进而评估固定资产扩张是否可以成为合理的借款原因。

12. A 【解析】当新兴技术创造出替代品后，来自于其他行业中的替代品的竞争不仅仅会影响价格，还会影响到消费者偏好。当消费者购买来自于另一行业的替代产品或者服务的“品牌转换成本”越低，替代品对这个行业未来利润的威胁就越大，行业风险也就越大。

13. B 【解析】公司用长期融资来取代短期融资进行债务重构，一般是为了平衡融资结构，其原因可能是由于快速发展，公司需要将原来的部分短期融资转化为长期的营运资本，以达到更合理的融资结构。故说其面临经营危机是错误的。

14. B 【解析】银行未与保证人约定保证期间的，应在债务履行期届满之日起6个月内要求保证人承担保证责任。

15. B 【解析】抵债资产收取后应尽快处置变现，应以抵债协议书生效日，或法院、仲裁机构裁决抵债的终结裁决书生效日为抵债资产取得日，不动产和股权应自取得日起2年内予以处置；除股权外的其他权利应在其有效期内尽快处置，最长不得超过自取得日起的2年；动产应自取得日起1年内予以处置。

16. B 【解析】直接销售渠道的优点是贴近市场，应收账款少；缺点是需要铺设销售网络，资金投入较大。

17. A 【解析】国际通行的信用“6C”标准原则即品德（Character）、资本（Capital）、能力（Capacity）、担保（Collateral）、环境（Condition）和控制（Control）。

18. B 【解析】对借款人过去3年的经营效益情况进行调查，属于贷前调查中贷款安全性调查的内容。

19. A 【解析】挪用贷款的情况一般包括：①用贷款进行股本权益性投资；②用贷款在有价证券、期货等方面从事投机经营；③未依法取得经营房地产资格的借款人挪用贷款经营房地产业务；④套取贷款相互借贷牟取非法收入；⑤借款企业挪用流动资金进行基本建设，或用于财政性开支，或用于弥补企业亏损，或用于职工福利。

20. B 【解析】我国现有外汇贷款币种包括美元、港元、日元、英镑与欧元，不包括澳元。

华图教育·全国分校省级分部一览表

北京总部
地址：北京市海淀区复兴路甲 23 号（华图教育大厦）
电话：400-601-9999
网址：www. huatu. com

天津分校
地址：天津市河东区六纬路与大直沽八号路交叉口万达中心 31 层
电话：022-27307496
网址：http：//tj. huatu. com

云南分校
地址：昆明市五华区学府路 178 号华图教育
电话：0871-65521259、65308833
网址：http：//yn. huatu. com

浙江分校
地址：杭州市江干区花园兜街 175 号智谷国际人才大厦 10 楼
电话：0571-89710880
网址：http：//zj. huatu. com

山东分校
地址：济南市历下区经十路 14380 号海尔时代大厦西门华图教育（燕山立交桥西南角）
电话：0531-55777000
网址：http：//sd. huatu. com

青岛分校
地址：青岛市市南区燕儿岛路 8 号凯悦中心 3 楼
电话：0532-85971558
网址：http：//qingdao. huatu. com

湖北分校
地址：武汉市洪山区珞瑜路 419 号清和广场 5 楼（武汉体院西门旁）
电话：027 86659239、87616280、87870401
网址：https：//hb. huatu. com

江苏分校
地址：南京市玄武区太平北路 120-1 号华图教育
电话：025-83694957
网址：https：//js. huatu. com

广西分校
地址：南宁市民族大道 12 号丽原天际 6 楼
电话：0771-2808922
网址：http：//gx. huatu. com

黑龙江分校
地址：哈尔滨市南岗区西大直街 406 号华图教育
电话：0451-88882340、58933777
网址：http：//hlj. huatu. com

北京分校
地址：北京市海淀区花园路 7 号新时代大厦一层
电话：400-010-1568、010-57123947
网址：http：//bj. huatu. com

上海分校
地址：上海市杨浦区翔殷路 1088 号凯迪金融大厦 7 楼
电话：021-33621401
网址：http：//sh. huatu. com

广东分校
地址：广州市天河区天河路 518 号地中海国际酒店 9 楼
电话：020-62736939
网址：http：//gd. huatu. com

呼和浩特分校
地址：呼和浩特市回民区明泽广场 A 座 6 楼
电话：0471-3248222
网址：http：//nmg. huatu. com

赤峰分校
地址：赤峰市红山区昭乌达路天王国际商务楼一楼华图教育
电话：0476-8808485
网址：http：//chifeng. huatu. com

湖南分校
地址：长沙市芙蓉区五一大道 549 号联合商厦四楼华图教育
电话：400-843-6888
网址：http：//hn. huatu. com

湘西分校
地址：常德市武陵区武陵大道 103 号汤臣万豪酒店五楼
电话：0736-7766327
网址：http：//changde. huatu. com

湘中分校
地址：邵阳市大祥区戴家坪翠园小区新 9 栋华图教育
电话：0739-2293111 、2293222
网址：http：//shaoyang. huatu. com

湘南分校
地址：永州市冷水滩区育才路帝王广场对面曼谷峰景三楼华图教育
电话：0746-8323320
网址：http：//yongzhou. huatu. com

贵州分校
地址：贵阳市南明区花果园 J 区 1 栋 13 楼华图教育
电话：0851-85829568
网址：http：//gz. huatu. com

河南分校

地址：郑州市东三街交红旗路西 100 米路北华图教育培训基地
电话：0371-87096515
网址：http：//ha. huatu. com

陕西分校

地址：西安市雁塔区小寨长安中路 38 号领秀城 7 楼
电话：400-078-6677、029-88666789
网址：http：//sn. huatu. com

山西分校

地址：太原市小店区平阳路亲贤街口金洋会馆 6 层
电话：0351-2712669、2712679、2717333
网址：http：//sx. huatu. com

宁夏分校

地址：银川市北京中路 48 号大世界商务广场写字楼 A 栋 18 层
电话：0951-6028571、6027571
网址：http：//nx. huatu. com

新疆分校

地址：乌鲁木齐市沙依巴克区西北路 887 号（哈密路口）NAGA 尚院 3 楼
电话：0991-4539521、4539523
网址：http：//xj. huatu. com

甘肃分校

地址：兰州市城关区皋兰路 1 号工贸大厦 16 层
电话：0931-8186071、8186072、8186073
网址：http：//gs. huatu. com

青海分校

地址：西宁市西大街西门王府井 A 馆 7 楼华图教育
电话：0971-8253117
网址：http：//qh. huatu. com

西藏分校

地址：拉萨市城关区新藏大对面 300 米处华图教育
电话：0891-6227608、6227609
网址：http：//xz. huatu. com

重庆分校

地址：重庆市渝北区嘉州协信中心 A 栋 10 楼 华图教育
电话：023-67518090
网址：http：//cq. huatu. com

海南分校

地址：海口市琼山区龙昆南路 97-1 号乾坤华源大厦 3 楼
电话：0898-66769773
网址：http：//hi. huatu. com

福州分校

地址：福州市鼓楼区五四路 82 号融都国际大厦 2 层
电话：0591-87618197、0591-88780197
网址：http：//fj. huatu. com

厦门分校

地址：厦门市思明区鹭江道 100 号财富中心 304-307（轮渡客运码头对面）
电话：0592-5168870
网址：http：//xiamen. huatu. com

河北分校

地址：石家庄市红旗大街 88 号广友大厦 6 层（十七中南区对面）
电话：0311-85335555
网址：http：//he. huatu. com

吉林分校

地址：长春市西安大路 823 号吉隆坡大酒店一楼
电话：0431-88408222、88967678
网址：http：//jl. huatu. com

江西分校

地址：南昌市西湖区站前西路 105 号一德大厦（老福山向东 100 米）——1 楼 4 号报名咨询，8、9 楼教学区域，10 楼办公区域
电话：0791-86627628 、86627678、88252995
网址：http：//jx. huatu. com

安徽分校

地址：合肥市蜀山区长江西路 200 号三里庵置地投资广场 1-2 层（之心城对面）
电话：0551-63635866
网址：http：//ah. huatu. com

四川分校

地址：成都市武侯区领事馆路 7 号保利中心南塔 19 楼华图教育
电话：028-86755760
网址：http：//sc. huatu. com

辽宁分校

地址：沈阳市沈河区青年大街 114 号市委旁边（地铁青年大街站 B 出口北行 50 米）
电话：400-024-1113
网址：http：//ln. huatu. com